社会科学の
パラダイム論争
2つの文化の物語

A TALE OF
TWO CULTURES:
Qualitative and Quantitative Research in the Social Sciences
Gary Goertz and James Mahoney

ゲイリー・ガーツ
ジェイムズ・マホニー
［訳］
西川 賢
今井真士

keiso shobo

A TALE OF TWO CULTURES:
Qualitative and Quantitative Research
in the Social Sciences
by Gary Goertz and James Mahoney

Copyright©2012 by Princeton University Press
Japanese translation published by arrangement
with Princeton University Press
through The English Agency (Japan) Ltd.
All rights reserved.
No part of this book may be reproduced or transmitted in any form or by any means,
electronic or mechanical, including photocopying, recording or by any information storage
and retrieval system, without permission in writing from the Publisher

日本語版序文

　まずはこの本の翻訳作業を担当された西川賢さんと今井真士さんのご尽力に感謝いたします。

　『二文化物語』（原題）と題するこの本を最初に翻訳した言語が日本語であるということはとても納得できます。日本は，その歴史のほぼすべての時期において，日本文化と優勢を誇る別の文化との間で２つの文化の問題に直面してきたからです。その相手は，初めは中華文化であり，その次は西洋文化でした。日本の書店にはこのような別の文化に対する日本人のアイデンティティーに関する書籍を数多く並べたコーナーが見られます。

　この本もそれと同じように２つの文化に関する関心の高さを反映したものと言えるでしょう。しかし，２つの文化といっても，ここで扱われるのはアメリカの社会科学の文化です。この本では，社会学と政治学における定性的研究と定量的研究の伝統の違いはまさしく文化の違いであると論じました。この２つの伝統は，規範の違い，研究の進め方の違い，分析手段の違いによって特徴づけられます。この本では，社会科学に文化の違いがあるからこそ，互いの真意が相手にうまく伝わらず，誤解が生まれ，言葉を言い換えられないという問題を分析しました。たとえば，同じ記号，同じ方程式，同じデータが並んでいても，定性的研究者と定量的研究者では見方や理解の仕方が大きく異なってしまうことを明らかにしました。このように，私たちは，文化間の言い換え問題などを含め，「文化」という比喩をかなり真面目に扱っています。

　定性的文化と定量的文化は対等な立場にありません。現在，特に政治学では統計学アプローチに基づく定量的研究が優勢を誇っています。それと比べて社会学の状況はもっと多様ですが，主要な学術誌に掲載される論文はほとんどが定量的研究で占められているのが現状です。そのため，私たちは，あまり知られていない定性的文化の規範とその研究の進め方に特に注意を払いました。論理学全般，特にファジー集合との関係を重視して定性的研究を論じたことがこ

の本の分析の特徴です。ファジー論理は，欧米ではつねに論争にさらされ，受け入れられるまで苦難の道を歩みましたが，アジアでは急速に，そして熱狂的に受け入れられました。そのため，アメリカの読者より日本の読者のほうがこの本で論じた定性的文化をごく自然に，そして直観的に理解できるかもしれません。

　この本では，2つの文化にはどちらにも価値があり，その価値はそれぞれの文化の観点で評価・受容されうるものであり，そのようにされるべきものであると論じました。私たちは研究者にこの双方の文化への寛容と尊重を働きかけたいと思います。日本の読者の皆さんはこのような考え方に特に共感を抱くかもしれません。日本は長らく2つの文化の問題に直面してきたため，欧米の読者より「同じ論点や同じ問題に対するアプローチの違いを寛容すべきである」という考え方が評価されやすく，受け入れられやすいように思うからです。

2014年7月

ゲイリー・ガーツ

ジェイムズ・マホニー

序　文

　この本では社会科学の定量的研究と定性的研究を別々の文化として分析しています。この10年間，授業や研究を進めていく中でたどり着いたのが，この「2つの文化」という考え方です。私たちは，方法論上の発想や研究の進め方が定性的研究者と定量的研究者で異なることを絶えず実感しただけでなく，互いの真意が相手にうまく伝わらず，誤解を抱いてしまうさまを目の当たりにしてきました。そのような誤解が生じてしまう本当の意味合いを探り始めていく中で，私たちは，研究の規範，研究の進め方，分析手段などに表れる定性的研究と定量的研究という伝統の違いには文化の違いがあると確信するにいたったのです。

　定性的文化と定量的文化にはどのような違いがあるのか。そして，その違いは根本的な考え方の違いをどのように反映しているのか。その学術的理解を深めるために私たちはこの本を執筆しました。そのため，この本では方法論について幅広い題材を取り上げました。研究設計やデータ分析など，ほぼすべての社会科学者が対処せざるをえない重要な問題を題材として扱っていますが，これまでその多くは，研究手法に関する教科書で扱われたことはなく，定性的研究にせよ定量的研究にせよ，方法論の概説書でも取り上げられたためしがありません。それゆえ，この本は，社会科学者が研究を設計し，実際に研究を進めるときに生じかねない多くの問題に対処するための手引きとして読むこともできます。

　筆者の私たちは，定性的手法・複数的手法研究会（Institute for Qualitative and Multi-Method Research）で講義を行うかたわら，お互いの研究内容を学びました。そして，その研究会の場で「2つの文化」というこの本の考え方について毎年多くの受講者からさまざまなご意見を賜りました。この場を借りて，お礼を申し上げます。特に，座長のコリン・エルマンには，研究会の年次講座でこの本の内容を取り上げることにご配慮を頂いたことに，心から感謝いたし

ます。また，この本に収録した論文の中には，草稿段階でアメリカ政治学会（American Political Science Association）の定性的手法・複数的手法部会（Organized Section of Qualitative and Multi-Method Research）で報告し，ニューズレターに掲載されたものもあります。そのような発表の場を与えて頂いたことに感謝します。

　私たちは Political Analysis に 2006 年に掲載された論文の中で「2 つの文化」という考え方を初めて公表しました。同誌の編集者を務めるロバート・エリクソンには論文を掲載して頂いたことに感謝いたします。その論文が掲載されていなければ，定量的研究と定性的研究の違いを探究し続けるきっかけをつかめなかったかもしれません。

　アリゾナ大学とノースウェスタン大学の大学院ではこの本の草稿の一部を題材に方法論の授業を行いました。定量的手法を用いる大学院生も，定性的手法を用いる大学院生も参加してくれました。その授業で浮かび上がった論点の多くを方法論上の重要な論点としてこの本で取り上げることができたのは，そうした大学院生たちとのやりとりのおかげです。加えて，この本の多くの部分を，アメリカ，ヨーロッパ，ラテンアメリカ各国で開催されたワーク・ショップや短期講座で発表しました。そのすべての授業，ワーク・ショップ，短期講座を受講してくれた大学院生たちの洞察力の鋭さには目を見張るものがありました。巻末付録として掲載されている論文調査を進めてくれたのはカイルーンニーサ・モハメダリとクリストフ・グエンです。その献身ぶりに心から感謝します。ノースウェスタン大学，ウィスコンシン大学，イェール大学でこの本の内容に関する私たちの発表にコメントを下さった教授陣や学生諸君にもお礼を申し上げます。

　この本が貴重な査読結果を得ることができたのは Princeton University Press のチャック・マイヤーズのおかげです。執筆作業の迅速化にも尽力して頂きました。原稿の整理編集を行ってくれたグレンダ・クルーパにも感謝します。第 13 章の題辞は，John Fox, *Applied Regression Analysis and Generalized Linear Models* 2nd ed.（Los Angeles, CA: Sage Publications, 2008）からの引用文です。この文章の転載を許可していただいた Sage Publications Inc. に感謝します。

序　文

　最後に，以下に挙げる多くの同僚からも洞察に満ちたコメントを頂きました。マイケル・バウムガートナー，ナサニエル・ベック，アンドリュー・ベネット，ジャネット・ボックス＝ステッフェンスマイアー，ベア・ブラウモーラー，デイヴィッド・コリアー，サッド・ダニング，コリン・エルマン，ジョン・ゲリング，ジャック・リーヴィ，ダイアナ・カピシュースキー，チャールズ・レイガン，カーステン・シュナイダー，ジェイソン・シーライト，デイヴィッド・ワルドナー，セバスチャン・ザヤの皆さまです。もちろん，この全員がこの本のすべての主張と全く同じ意見を持っているわけではありません。しかし，この本で提示した考え方を議論の俎上に載せること自体，社会科学の定量的研究と定性的研究の進展に寄与するはずであると，私たちは期待しています。

目　　次

日本語版序文　i
序　　文　iii

第1章　概　　論　―――――――――――――――――――　1
　1. なぜ2つの文化なのか　4
　2. 2つの文化の特徴と比較　7
　3. 定性的研究の特徴とは何か　12
　4. 結　　論　16

第2章　数学的序論：社会科学者のための論理学と集合論に関する解説　19
　1. 序　　論　19
　2. 自然言語と論理学　21
　3. 二値範疇における必要条件と十分条件　23
　4. ファジー集合における必要条件と十分条件　31
　5. 集　　計　35
　6. モデルとデータを突き合わせる　38
　7. 結　　論　44
　8. 推薦文献　44

第Ⅰ部　因果モデルと因果推論

第3章　結果の理由 対 原因の効果　―――――――――――　49
　1. 序　　論　49

2. 研究上の問いの種類　51
   3. 個別事例　55
   4. 結論：相互補完性と多重手法的研究　58
   5. 推薦文献　59

第4章　因果モデル ———————————— 61

   1. 序論　61
   2. 2つの因果モデル　62
   3. 集合論モデルと事例過程分析：その一例　65
   4. 因果関係の複雑さ　68
   5. 同一結果帰着性　71
   6. 結論　73
   7. 推薦文献　74

第5章　非対称性 ———————————— 75

   1. 序論　75
   2. 対称性モデル 対 非対称性モデル　76
   3. 集合論モデルに基づく非対称的説明の具体例　78
   4. 結論　86
   5. 推薦文献　86

第6章　ヒュームの因果論とその2つの定義 ———————————— 89

   1. 序論　89
   2. 定量的伝統　90
   3. 定性的伝統　93
   4. 結論　97
   5. 推薦文献　98

目　次

第Ⅱ部　事例過程分析

第7章　事例過程分析 対 事例比較分析 ——————— 103
1. 序　論　103
2. 単一事例研究／少数事例研究の事例過程分析 対 実験研究／統計的研究　105
3. 因果過程観察 対 データセット観察　107
4. 過程追跡による検証 対 統計分析における検定　110
5. 結　論　115
6. 推薦文献　116

第8章　因果メカニズムと過程追跡 ——————— 117
1. 序　論　117
2. メカニズムと因果推論　118
3. 複数手法的研究における過程追跡 対 定性的研究における過程追跡　125
4. 結　論　129
5. 推薦文献　130

第9章　反実仮想 ——————— 131
1. 序　論　131
2. 因果推論の根本問題：対応の違い　133
3. 反実仮想を構築する　134
4. 結　論　140
5. 推薦文献　141

第Ⅲ部　概念と測定

第10章　概念：定義・指標・誤差 ——————— 145

1. 序　　論　145
   2. 定義的特徴 対 指標　146
   3. 誤　　差　151
   4. 結　　論　156
   5. 推 薦 文 献　157

第 11 章　意味と測定 ―――――――――――――――――― 159

   1. 序　　論　159
   2. 意味論的変形と集合のメンバーシップ関数　163
   3. 非重要変量の原則　165
   4. メンバーシップ関数と尺度水準　168
   5. 結　　論　170
   6. 推 薦 文 献　171

第 12 章　意味論・統計学・データの変形 ――――――――――― 173

   1. 序　　論　173
   2. 標準化 対 意味の保持　174
   3. 対数化 対 ファジー集合上の変形　177
   4. データの変形の原則的根拠　180
   5. 結　　論　184
   6. 推 薦 文 献　184

第 13 章　概念上の対義語と分類枠組み ――――――――――― 187

   1. 序　　論　187
   2. 概念上の対義語に関する対称性アプローチ 対 非対称性アプローチ　188
   3. 重複的分類 対 排他的分類　192
   4. 意味論的分類と名義的分類　195

目　次

5. 結　　論 199
6. 推　薦　文　献 199

第Ⅳ部　研究設計と一般化

第14章　事例選択と仮説検証 ——————— 203

1. 序　　論 203
2. 従属変数に基づく選択 204
3. 事例選択の戦略 208
4. 結　　論 216
5. 推　薦　文　献 217

第15章　一　般　化 ——————— 219

1. 序　　論 219
2. 定性的一般化 221
3. 集合論的一般化と四分表 225
4. 統計モデル，完全予測変数，集合論的一般化 225
5. 統制変数と完全予測変数 228
6. 結　　論 230
7. 推　薦　文　献 231

第16章　射　　程 ——————— 233

1. 序　　論 233
2. 因果関係の錯綜性問題に対するモデル内対応 235
3. 射程条件をなぜ設けるのか 239
4. 射程と実証的検証 244
5. 結　　論 248

6. 推薦文献　249

第 17 章　結　　論──────────── 251
　　　1. 文化の違いのまとめ　252
　　　2. 社会科学における方法論の多元主義　257

巻 末 付 録　259
訳 者 解 説　265
参 考 文 献　277
事 項 索 引　301
人 名 索 引　307
著訳者紹介　313

※本文中の〔　〕は訳者による補足である。

第 1 章
概　　論

　本書は，社会科学，特に政治学と社会学における定量的研究（quantitative research）と定性的研究（qualitative research）という2つの伝統の関係性を考察し，その2つの伝統がさまざまな点で異なっていることを明らかにしていく。この両者は，研究上の問いの種類からデータ分析の様式，さらには推論の方法にいたるまで，方法論のさまざまな領域において対照的な立場にある。定量的研究と定性的研究の違いは，互いに体系的かつ明確に関連しているため，この両者を別々の研究パラダイムとして論じることには意味があるというのが本書の考えである。

　本書は，定量的研究と定性的研究という2つの伝統を別々の文化として扱う。どちらの伝統も，それぞれ独自の価値観，信念，規範を有し，研究手続きや研究の進め方は独特である。どちらの文化も，文化内の交流は円滑に進みやすく，実りも多いが，文化間の交流は難しく，誤解を招きやすい。どちらか一方の伝統に属する研究者がもう一方の伝統に属する研究者に何らかの知見を伝えても，そうした助言は不適切で役に立たないものと見なされがちである。定量的研究者と定性的研究者が出会うと，相手の真意がうまく伝わらず，疑いや不満が生まれてしまうときもある。2つの文化の不和はそのようなときに見受けられる。社会科学における定量的研究と定性的研究の論争の本質はまさしく文化の衝突なのである。

　あらゆる文化と同じように，定量的文化と定性的文化はどちらも一枚岩では

ない（「文化」の概念を論じた優れた議論は Sewell 2005 を参照）。どちらの文化もさまざまな伝統が緩やかにまとまったものでしかなく，それぞれ矛盾や論争を内部に抱えている。定量的文化と定性的文化をそれぞれ成り立たせる研究の方向性や研究の進め方は，時間の経過とともに変化し，いま現在も進化し続けている。2つの文化は，秘術のように隠されているわけではなく，風通しもあり，垣根を超えて交流することもできる。しかし，どちらの文化も，意味や慣習の体系として**相対的な**まとまりを保ち，それぞれわかりやすい価値観，信念，規範，手続きを多く有しているのである。

　本書は，定性的研究と定量的研究の違いを強調するという点でゲイリー・キング，ロバート・コヘイン，シドニー・ヴァーバの著書，*Designing Social Inquiry: Scientific Inference in Qualitative Research* とは正反対の立ち位置にある。「定量的研究と定性的研究の伝統の違いは，様式上の違いに過ぎず，方法論的にも実質的にも重要な違いはない」（King, Keohane, and Verba 1994: 4）という有名な一節に見られるように，彼らは，この2つの伝統が1つの推論の論理を共有しているとし，おもに統計分析の規範の観点からその論理を要約できると考えた。2つの伝統の違いは，表面上の特徴，特に数字を用いるか言葉を用いるかの違いに過ぎないと見なしたのである。

　しかし，筆者たちは，統計学の規範に根差した1つの推論の論理が定量的研究と定性的研究の両方の指針であるという前提には立脚せず，定量的研究と定性的研究の違いは数字を用いるか言葉を用いるかの違いに過ぎないとは考えない。むしろ，この両者の違いは，定性的研究者のようにおもに事例過程分析（within-case analysis）によって個別事例に関する推論を立てるのか，それとも，定量的研究者のようにおもに事例比較分析（cross-case analysis）によって母集団に関する推論を立てるのかという研究の基本的な方向性に見ることができる。さらに言えば，この2つの伝統は別々の数学的基礎に依拠していると理解したほうが賢明であるというのが，本書の考えである。すなわち，定量的研究が推測統計（統計学と確率論）に根差しているのに対して，定性的研究は論理学と集合論に（概して何気なく）基づいているのである。本書で論じていくように，2つの伝統を数学的基礎の対比から考えれば，その両者の違いの多くも理解しやすくなる。

第1章 概　　論

　本書が定量的研究と定性的研究の基本的な違いを指摘するのは、その2つの研究パラダイムの関係を険悪にしたいからではなく、別々のパラダイムに属している研究者の交流と協力を手助けしたいからである。互いの長所と短所の対比を理解することを含め、相手との違いを認識し、それを正しく評価しなければ相互理解は進まないというのが、筆者たちの考えである。定性的研究と定量的研究のそれぞれのパラダイムに特有の研究目標を追求することが求められるような問いを取り上げることもあるだろう。そのときには両者の垣根を越え、多重手法的研究（mixed-method research）を採用することを勧めたい。しかし、どちらか一方のパラダイムの枠内に留まる研究も尊重されるし、そのような研究も本質的に劣った研究とは見なされない。定量的研究、定性的研究、多重手法的研究は、社会科学にそれぞれの居場所を持っているのである。

　定量的研究と定性的研究のどちらが優れているのかを問うことに実りはないというのが本書から導かれる1つの教訓である。キングたちも「定量的研究と定性的研究のどちらか一方が優れているわけではない」（King, Keohane, and Verba 1994: 5-6）と述べているが、彼らがこのような結論に達したのは、定性的手法を、統計分析を行えないときの最後の頼みの綱と考えていたからに過ぎない[1]。このような見解に対して、定量的手法と定性的手法とではそれぞれ適した研究課題が異なるばかりか、達成されるべき研究目標も異なるというのが本書の立場である。定量的手法と定性的手法のどちらを用いるのかという選択は、そのときたまたま手に入れられるデータによって左右されるものではない。むしろ、定量的手法のほうが適している研究目標もあれば、定性的手法のほうが適している問いもある。もちろん、**両方**の手法に依拠しなければ研究目標を達成できないような研究課題もあるだろう。定量的手法と定性的手法を組み合わせた多重手法的研究は、研究を遂行するうえでその両方の伝統の方向性や長所に頼らざるをえないような多くの複雑な研究プロジェクトに欠かせないものである。

　筆者たちは、異文化を学ぶ文化人類学者のように両方の文化に対して一定の

1　キングたちは次のように述べる。「社会科学者が関心を抱く分析対象の多くは、仮説を定量的データによって統計的に検証できるような形には表現できない。それゆえ、筆者たちは定量的手法のみの使用は推奨しない」（King, Keohane, and Verba 1994: 6）。

中立性を保ちながら，双方の研究の進め方の意義を考えていくことにしたい。本書の目的は，おもに記述であり，規範の押し付けや指図ではない。2つの伝統に見られる研究手法が批判を免れないことも確かである。しかし，研究手法に対する批判や再定義はそれぞれの伝統の**枠内**でのみ最もうまくいくというのが筆者たちの考えである。統計的手法の向上に最も適材なのは統計的方法論者であり，定性的手法の向上に最も適任なのは定性的方法論者なのである。定性的研究者が定量的研究に対して行う批評のように，従来の「文化の垣根を越えた」批判の多くがうまくいかなかったのは，相手の伝統の基本的な目標や目的を考慮しなかったからである。ある視点から見れば，問題を孕んでいるように思えるものでも，別の伝統の視点から見れば，納得がいくかもしれない。

この二文化物語（A Tale of Two Cultures）の語り部として，筆者たちは，次のような問いを何度となく考察していくことになる。明示されず，あまり知られていない定性的研究の想定と進め方は，念入りに体系化され，よく知られている定量的研究の想定や進め方とどのように異なるのか。このアプローチは定量的手法が定性的手法に比べて社会科学の中で明晰かつ体系的に発展してきたことの副産物である。広く知られているのは定量的手法である。2つの文化のうち社会科学のほとんどの分野で優勢を誇るのは明らかに定量的文化のほうである。そのため，本書では定性的手法の議論のほうに多くの分量を割く。とはいえ，本書全体のアプローチとしては2つの伝統を不公平に比較することなく，あくまでその**両方**の伝統の特徴を明らかにしていく。

1. なぜ2つの文化なのか

キングたちは，1つの推論の論理が定量的研究と定性的研究の両方を含むあらゆる社会科学の研究を特徴づけると考えた。つまり，1つの基本的文化が存在すると考えたのである。これに対して，「複数の文化が存在する」という見解に立てば，定量的研究と定性的研究の伝統はそれぞれ内部にさまざまな派閥や下位文化を抱えた雑多な集合体であると主張できるだろう。実際，あらゆる文化と同じく，それぞれのパラダイムには大小さまざまな内部分裂が見受けられる。たとえば，統計学パラダイムには古典的な頻度主義学派とベイズ主義学

第 1 章 概　　論

派という大きな内部分裂が歴史的に存在した（この点については Freedman 2010a と Jackman 2009 を参照）。さらに，頻度主義かベイズ主義かという大枠の論争をめぐって同じ見解に立つ研究者同士でさえ，固定効果モデルの有用性や，統計モデルに加えるべき独立変数の数をめぐって小さな内部分裂が見られるのである。

　同じく，定性的研究パラダイムにもさまざまな内部分裂が存在する。おそらく最も大きな溝は，概して行動論の伝統に立脚し，おもに因果推論（causal inference）に関心を寄せる研究者と，さまざまな解釈アプローチに立脚する研究者の違いである。この二大陣営はそれぞれさらに細かい内部分裂をいくつも抱えている。たとえば，同じく因果推論の追求という目標を掲げる定性的研究者同士であっても，反実仮想分析（counterfactual analysis）や定性的比較分析（Qualitative Comparative Analysis; QCA）など，個別の分析手段の重要性に対しては異なる見解を持つかもしれない。また，解釈アプローチの陣営も，クリフォード・ギアツのような解釈分析（Geertz 1973）を採用する研究者と，批判理論やポスト構造主義アプローチを支持する研究者に分かれている。

　定量的研究と定性的研究を 2 つの異なる文化として捉える本書のアプローチは，両者を 1 つの文化として捉えるキングたちのアプローチと共通している部分もある。特に共通しているのは，因果推論と一般化を志向する研究に焦点を絞っているという点である。本書で論じていく分析手法はいずれも妥当な科学的推論を立てるためのものである。定量的研究と定性的研究という 2 つの伝統は何よりもまず科学的手法を用いて妥当な因果推論を一般化するという点でつながっている。

　本書は，因果推論に焦点を絞るため，定性的研究パラダイムのいくつかの重要な系譜を分析から除外する。特に，定量的研究と定性的研究を 2 つの異なる文化として捉える本書の議論では解釈アプローチは取り上げない。解釈アプローチは，通常，因果分析にあまり関心を寄せず，行動の意味の解明や権力行使への批判など，別の研究目標に重点を置く。その研究伝統の模範と進め方は独特であり，それは定量的研究・定性的研究のパラダイムとは根本的に異なる。解釈アプローチの文化と本書で取り上げる「因果推論」文化はどのように異なるのかを論じようとすれば，それに関して新たにもう 1 冊執筆することになっ

ていただろう。そのような書籍が刊行されれば，社会科学の一部に見られる認識論や存在論をめぐる根源的対立に一石が投じられるかもしれない。これに対して，本書が焦点を当てるのは，おもに因果分析に基づいて社会的世界を理解することなどに見られるように，認識論と存在論に関する多くの基本的見解を共有している研究者たちである[2]。

　本書が定量的研究と定性的研究という2つの伝統に注目したのにはさまざまな理由がある。まず，定量的研究・定性的研究という区別は，ほぼすべての社会科学者の言い回しに組み込まれ，さまざまな研究を区別するときの一般的な判断基準として役立っている。ほとんどの社会科学者は定量的研究と定性的研究の対立を口にするが，その両者の違いを同じように理解しているわけではない。筆者たち自身も含め，「定量的」(quantitative)・「定性的」(qualitative) という名称では2つの研究伝統の最も顕著な違いをあまりうまく把握できないと思っているはずの研究者でさえ，その専門用語を使わないわけにはいかないと感じてしまうのである。

　さらに，公式的にも非公式的にも，社会科学者は定量的研究と定性的研究の研究コミュニティをそれぞれ作り上げている。アメリカ政治学会には方法論に関する部会が2つある。政治学方法論部会 (Section on Political Methodology) という定量的方法論を代表する部会と，定性的手法・複数的手法部会 (Section on Qualitative and Multi-Method Research) という新しい部会である。アメリカ社会学会には，おもに定量的方法論を代表した方法論部会 (Section on Methodology) と，本書で論じる定性的手法と関連した比較・歴史社会学部会 (Section on Comparative and Historical Sociology) がある。学会主導の方法論講習会にも2つの文化の違いが反映されている。すなわち，もっぱら定量的手法を教えるのが政治・社会研究大学間コンソーシアム (Interuniversity Consortium for Political and Social Research; ICPSR) であり，定性的研究と多重

---

[2] 本書では解釈アプローチは取り上げないが，それは筆者たちが社会科学に解釈アプローチの入り込む余地はないと考えている証左ではない。実際，2つの文化に関する本書の議論は，広く言えば，記述と解釈である。本書では相対的にまとまりを保った2つの研究文化における研究の進め方とそれにまつわる意味を解明することを目指す。そのため，解釈アプローチを採用する分析者は，定性的文化の議論に自分たちの研究伝統が反映されていないと思うかもしれないが，それでも自分たちの分析手法の多くが本書の分析に取り入れられていると感じるだろう。

第1章 概　　論

手法的研究に焦点を当てた講習を行うのが定性的・複数的手法研究会（Institute for Qualitative and Multi-Method Research; IQMR）である。

　本書の目的は，定量的研究者を定性的研究者へと転向させることではないし，その逆でもない。むしろ，2つの研究文化の規範や研究の進め方（そして研究の根本的意義）をどちらも理解できる研究者を増やすことにある。定量的研究と定性的研究の方法論上の違いや，そもそもそのような違いが存在する理由をもっと詳しく理解できるようになれば，社会科学のその2つの研究伝統の対立を大いに克服できるはずであるというのが，筆者たちの考えである。

2. 2つの文化の特徴と比較

　本書は，さまざまなデータに依拠し，研究の進め方のいくつかを厳選し，定量的研究と定性的研究という2つの伝統を論じていく。本節では，その2つの文化の特徴を比べるときの本書のアプローチについて簡単に触れておきたい。

(1) データの種類
　本書は，以下の3種類のデータを踏まえて研究の進め方について論じていく。第一に，定量的研究・定性的研究の方法論に関する先行研究に基づいて議論を展開する。特定の研究伝統で用いられる研究手法とその手法の背景を明らかにするという点で方法論研究者たちは優れた研究を多く残している。まず，定量的研究パラダイムに関して，本書は優れた研究者たちが統計学，計量経済学，計量社会科学について執筆した教科書を大いに活用する。特に依拠したのは，ネイマン＝ルービン＝ホランド・モデルとそれに関連する「潜在反応」（potential outcomes）という分析枠組みに関する文献である（たとえば，Angrist and Pischke 2009; Berk 2004; Freedman 2010a; Morgan and Winship 2007）。また，必要に応じて，社会科学の実験研究に関する文献も参照した。次に，定性的研究パラダイムに関して，本書は，ジョバンニ・サルトーリ，アレキサンダー・ジョージ，デイヴィッド・コリアーなどの「往年の名著」を踏まえて議論を進める。加えて，チャールズ・レイガンの多くの洞察も活用した。各章の最後には推薦文献の一覧を掲載した。これはその章で論じた方法論の違いをさらに探

求するのに役立つだろう。

　第二に，各章で定量的研究と定性的研究の違いを説明していくにあたって双方の模範的研究を取り上げる。こうした模範的研究は，単なる研究例ではなく，その2つの文化を特徴づける研究の進め方に関する洞察の情報源としても役に立つ。この中には，民主主義研究のように，両方の研究文化にとって重要な題材を扱っているものもある。同じ題材についてそれぞれの文化で模範的とされている研究を見比べれば，その2つの文化を形作る問いや手法の違いをさらに鮮やかに浮かび上がらせることができる。しかし，どちらか一方の文化にとって扱いやすい題材もあるという点も重要である。そのため，本書で取り上げる題材の中にはどちらか一方の文化でしか扱われていないものもある。

　第三に，政治学・社会学の主要学術誌に掲載された大量の論文を標本として抽出し，コード化した。コードとして用いた項目とその分析結果は巻末付録に掲載した。このような膨大な標本を集めたのは，優れた研究（政治学・社会学の主要学術誌に掲載された研究として定義する）の代表を提示するためである。研究の主な進め方を一般化するための根拠は，こうした標本からも得ることができる。一例を挙げると，定量的研究者は統計モデルに複数の統制変数を投入しがちであるといった本書の主張は，この標本調査の結果に基づいたものである。

(2) 明示される研究の進め方，明示されない研究の進め方

　本書は，定量的研究パラダイムと定性的研究パラダイムの研究の進め方として，最も有力な方法論に絞って議論を進めていく。概して，定量的研究を論じるときには，方法論の文献で確立されている研究方針に基づく**明示される**研究の進め方に焦点を当てる。定量的研究の分析手法と手続きは，はっきりと規定されることが多く，定量的研究者はそうした厳密に組み立てられた方法論の考え方に従うことが多い。

　とはいえ，定量的研究の伝統で明示されない前提や研究手続きについて議論すべき点も多い。定量的研究と定性的研究を比較すれば，その2つの伝統の根底にある規範や研究の進め方の違いに気づくことができる。たとえば，多くの定性的手法が非対称性を議論の前提にしていることを踏まえると，ほとんどの

第1章 概　論

定量的研究者が対称関係をどれだけ何気なく想定しているのか，さらにはっきりとわかるだろう。この2つのパラダイムを体系的に比較することは，当然のこととして自明視されがちな研究の進め方の違いを際立たせるのに役立つのである。

　これに対して，定性的研究を論じるときには，一連の**明示されない**手続きや手法に重点を置いて議論を進めていく。概して，定性的手法が明示的に用いられることは定量的手法と比べて非常に少ない。実際，現在のところ，手法を明示せずに用いることは，定性的研究の文化的特徴と見なすこともできるだろう。このような研究伝統を記述していくためには，定性的研究者が研究を進めるときに用いる手続きを再構築しなければならない。本書は，定性的研究に関する論文を体系的にコード化することも含め，既存の文献を広く渉猟することで定性的研究の再構築を進めていく。加えて，本書で取り上げる定性的研究の進め方は，それを明示的に集成してきたほかの方法論の教科書の内容とも一致する（たとえば，Brady and Collier 2010; George and Bennett 2005; Ragin 1987）。しかし，定性的手法は体系的に用いられないことも多いため，その研究伝統の特徴を論じようとすると，必然的に論争を招いてしまう。本書は，定性的研究に関して最も有力とされる研究の進め方を論じていくが，その中で論争の火種になりそうな領域については本文中ではっきりと示しておきたいと思う。

(3) 典型的な研究の進め方，最良の研究の進め方，ありうる研究の進め方

　どのような研究伝統においても，典型的と考えられる研究の進め方と，いわゆる最良の研究の進め方（たとえば，主要な方法論研究者によって認定された進め方）は必ずしも合致しないかもしれない。社会科学において「最良の研究の進め方」を認定しようとすると，いつも大論争が巻き起こってしまう。それぞれの研究伝統の内部で方法論研究者たちの論争の的になるのは，特定の研究手続きの良し悪しである。こうした論争は，定量的方法論と定性的方法論のそれぞれの内部にさまざまな下位文化が存在していることをうかがわせる。たとえば，実験を用いることを支持する研究者たちは，観察データから因果推論を立てようとする大多数の研究をかなり疑問視している。

　本書は，最良の研究の進め方を構成するものは何かという方法論上の論争は

重視しない。その代わり，研究者が実際にどのように研究を進めているのかを記述することに重点を置き，定量的研究と定性的研究のそれぞれの伝統において典型的と考えられる研究（有力な媒体に発表された研究として定義される）の進め方に焦点を当てたい。研究の進め方として本書で考察するのは，社会科学の標準的な分析手段である。すなわち，記述推論と因果推論を立てるにあたって，普遍的ではないにせよ広く受け入れられ，妥当なものと考えられている分析手段である。実際，研究の世界という広い視点から見た場合，こうした分析手段を用いた研究が（良い意味で）影響力を持ち，最有力の査読付き学術誌に繰り返し掲載され，最も評判の高い出版社から繰り返し出版されるなら，そこに典型的に表れる研究の進め方は，まさしく「良い研究の進め方」なのである。そのため，本書も，研究の世界全体から最良の研究として受け入れられやすい研究の進め方に焦点を絞って分析していく。

　2つの文化に見られる研究の進め方の違いを論じるにあたって，定量的研究者が定性的研究者の進め方を模倣することや，その逆が起こりうることは否定しない。しかし，本書の議論と関係するのは，このような「ありうる研究の進め方」ではなく，実際に見られる研究の進め方である。たとえば，統計学のネイマン＝ルービン＝ホランド・モデルは，組み立て直せば，必要条件・十分条件に関する分析のように定性的研究において重要と考えられている論点も扱えるようになるかもしれない。しかし，必要条件・十分条件を学ぶことは定量的文化では自然なことではなく，実際にそれを用いた研究も実質的に見受けられない。同じく，定性的研究パラダイムとの関係が深い集合論に基づく分析は数学的表現を用いるが，それは母集団における平均因果効果を分析するときに役立つかもしれない。しかし，筆者たちが知る限り，そのような数学的表現を平均因果効果の分析に用いた社会科学者はいない。単純に言えば，然るべき分析手段は然るべき方法で用いることがいちばん自然なのである。「一方の文化で用いられている分析手段を無理にでも応用すれば，もう一方の文化のほうが扱いやすいとされている論点をも分析できるようになる」と考えてしまいがちであるが，そのような応用は不自然であり，普通は単なる仮定の話で終わってしまう。

　高い評価を受けた研究の進め方の特徴は定量的研究パラダイムのほうが論じ

第1章 概　論

やすい。主要な教科書の中でかなり明示的に説明されているからである。定量的手法を応用する研究者は，教科書から分析手法を学び，できる限り厳格にその規則に従うために自らの研究成果を公開することが多い。もちろん，それぞれの教科書に書いてある内容はつねに一致するとは限らず，日々刻々と変化していく。しかし，定量的伝統に関する規範や研究の進め方の基礎が広く共有されているのは，こうした教科書のおかげである。

　定性的研究パラダイムの状況はもっと流動的である。教科書的な統計分析についての議論はよくあるが，「教科書的な定性的分析」という表現はいまだかつて聞いたことがない。定性的手法を扱った書物（や教科書）は数多く刊行されているが，学生たちが定性的手法に関する授業で学べるような1つの中心的な分析手法は存在しない。その理由の1つとして，定性的研究が因果推論におもに関心を持つ研究者と解釈的方法論を用いる研究者との間で内部分裂していることが挙げられる。また，定性的手法は何気なく使われるため，定量的研究パラダイムと比べて研究分野として標準化しにくいことも挙げられる。

　それでも，定性的研究の中でも因果推論を重視する学派に焦点を絞るなら，明示されなくても広く知られている研究の進め方を確認し，議論することはできる。そのような研究の進め方は，多くの著名な定性的研究者の研究に見てとることができるばかりか，定性的方法論に関する優れた研究（たとえば，Brady and Collier 2010; George and Bennett 2005; Gerring 2007a; Ragin 1987）の中でも論じられている。

　非常に高い評価を受けた学術誌や書籍に典型的に見られる研究の進め方を吟味すれば，より良い研究を進めていくための新たな着想を得られるかもしれないと，筆者たちは期待している。その着想はさまざまな形で得ることができる。第一に，一方の伝統に属している研究者は，そこで用いられている研究の進め方を理解してもらうのに役立つような着想を，もう一方の伝統の中から発見できるかもしれない。この一例として，定性的研究の概念形成のアプローチは，測定基準の妥当性の高め方に関する洞察として，定量的研究者には斬新に映るかもしれない。逆に，定性的研究者は記述推論を立てるときに，さまざまな統計学の文献を踏まえて，測定誤差に関するさまざまな着想を得られるかもしれない。ここからうかがえるのは2つの文化の垣根を越えた相互学習の可能性で

ある。この点については本書の随所で繰り返し論じていく。

　第二に，研究者たちは，自分が属している伝統で広く知られている研究の進め方と，自分が最良だと思っている研究の進め方が合致しないことに驚くかもしれない。たとえば，ネイマン＝ルービン＝ホランド・モデルを支持する定量的方法論者は，そのモデルが実際の研究の進め方として社会科学であまり影響力を持っていないことを知れば，意外に思うかもしれない。対して，定性的方法論の場合，中程度の事例数を扱う定性的比較分析（medium-N QCA）を支持する研究者は，ほとんどの定性的研究が依然として事例過程分析を因果推論の基礎に位置づけていることを知れば，好奇心を抱くかもしれない。広く使われている研究の進め方を支持し，批判し，改善していくには，そうした研究の進め方を熟知することが求められる。本書は，そのような研究の進め方を熟知するための基礎を提示したい。

3. 定性的研究の特徴とは何か

　定性的手法は何気なく用いられることも多い。そのため，本節では，定量的研究と区別され，定性的研究の伝統を特徴づけると思われる主要な分析手段のうち2つの手段を取り上げたい。第一の分析手段は，**事例過程分析**（within-case analysis）である。過程追跡（process tracing）に見られるように，この手法は，アレキサンダー・ジョージとアンドリュー・ベネットの著書，*Case Studies and Theory Development in the Social Sciences* や，ヘンリー・ブレイディとデイヴィッド・コリアーの編著，*Rethinking Social Inquiry: Diverse Tools, Shared Standards* など，おそらく最も有名な書籍を含む，政治学の定性的手法に関する多くの主要な研究で重視されている。第二の分析手段は，論理学と集合論である。事例過程分析を含むほぼすべての主要な定性的手法はこの手法によって形作られる。特に，レイガンの研究（Ragin 2000; 2008）に関連づけられることが多い。

（1）事例過程分析
　定量的研究と定性的研究を区別するときによく注目されるのはNの数であ

第1章 概　論

る。「多数事例」(large-N) の研究は統計的研究,「少数事例」(small-N) の研究は定性的研究と関連づけられがちである。キングたちは，定性的研究を論じるときにそうした研究が「少数事例問題」を抱えていることに大きな関心を寄せた (King, Keohane, and Verba 1994)。すなわち，事例数が十分に多くなければ，伝統的な統計的手法を用いて推論を立てることが難しくなるという問題である。こうした彼らのアプローチは，定性的方法論を自由度の問題から捉えた一連の研究 (Lijphart 1971; Campbell 1975) の系譜に位置づけられる。

　とはいえ，事例数が比較的多くても定性的研究と見なされる場合がある一方，事例数がかなり少なくても主流の統計的手法を用いている場合もある（たとえば，Collier, Brady, and Seawright 2010a: 178-179 を参照）。ここからうかがえるのは，少数事例の研究は定性的研究と相関関係にあるが，定性的研究を**定義する**わけではないということである。むしろ，定性的研究を定義するときに重視すべきは事例過程分析の有無である。事例過程分析には特定の事例に関する広範な知識が必要とされる。これを踏まえると，ほとんどの定性的研究が少数事例の研究である理由もわかりやすい。定性的研究者が少数事例の研究を選びやすいのは，彼らがおもに行う推論方法（事例過程分析）には多数事例では扱いにくい事例志向の分析が必要になるからである。

　事例過程分析こそ定性的研究の中心的特性であると考えるならば，定性的研究を少数事例問題と結び付けてしまうような考え方は的外れということになる。〔そのように考えると〕定性的研究が因果分析に関する独自のアプローチであることもわかりやすくなる。データや情報の特定部分を用いて個別事例に関する推論を立てることが事例過程分析にはつきものである。そうした事例内観察は，所与の理論を決定的に裏付けるか覆すような「動かぬ証拠」となるかもしれない。このような文脈で自由度の問題を取り上げると定性的方法論はわかりにくくなってしまう。

　こうした定性的研究に対して，統計的手法は事例比較分析 (cross-case analysis) のための手段であると定義できるだろう。実験に基づく手法にも同じことが言える。実験は定量的研究パラダイムの因果推論の判断基準として取り上げられることが多い。実験では，処置群に含まれる被験者と統制群に含まれる被験者が対比され，因果推論も根本的にその事例比較に基づいて行われる。そ

のため，たとえば，処置群に含まれる特定の被験者に何が起こるのかを説明することは試みない。この手法の目的は，処置が誰か特定の被験者に特定の結果を引き起こしたかどうかを語ることではない。観察分析と実験は，多くの重要な点（たとえば，研究設計）で異なっているが，基本的に事例比較によって因果推論を立てるという点では一致している。

(2) 論理学と集合論

定性的研究者は，自らの理論を言語で定式化するときに論理学の表現を何気なく使ってしまう。このような定性的研究と論理学の関係には「ジュルダン氏」[3]のような状況を見てとることができる。定性的研究者は論理学の表現を口にしても，それを完全には自覚していないことが多いのである。しかし，定性的研究の進め方を体系的に記述していくには，何気なく使われる論理学の用法を明示し，定式化する必要がある。

定性的研究の進め方の中心を占めるのは，必要条件・十分条件に関する考え方である。この種の条件は定性的伝統のさまざまな仮説形成において何気なく用いられる。概念形成の定性的手法，事例選択の定性的アプローチ，さらには，ほぼすべての仮説検証の定性的手法における構成要素の中心なのである。必要条件・十分条件に基づく仮説検証のための定性的手法には，ミルの一致法（method of agreement）・差異法（method of difference）のほか，「絞り込みの検証」（hoop tests）や「動かぬ証拠の検証」（smoking gun tests）などの主要な過程追跡法，さらにはQCAのすべての手法が含まれる。必要条件・十分条件という考え方を踏まえなければ，定性的研究とその方法論は完全には体系的に理解できないというのが本書の考えである。

研究者が仮説を定式化するときに論理学の知識に依拠していることは，そこで使われている膨大な用語を列挙してみれば，直接的・間接的にうかがい知ることができる。「XはYの必要条件である」という因果関係に関する考え方を表現するときには，「～という場合に限り」，「～は…に欠かせない，必須である，不可欠である，必要である」，「～を阻む，拒否する，妨げる」，「～の必須

---

[3] モリエールの〔『町人貴族』の主人公〕ジュルダン氏は，知らぬ間に自分が散文詩を口にしていたことを音楽教師に指摘され，感動したのである。

第1章 概　論

条件である」，「〜を可能にする，許可する，許容する」などの言葉や表現が用いられる。この中には，因果関係の性質を表すうえで，「X という場合に限り Y である」のように，かなり明示的かつ直接的に論理学の表現を用いているものもあれば，「X は Y に不可欠である」や「X でなければ Y は妨げられる」のように，意味ははっきりしていても，あまり明示的に論理学の表現を用いていないものもある。

同じように，研究者が「X は Y の**十分条件**である」と考えていることもさまざまな用語からうかがえる。このような場合，「〜を確実にする，保証する」，「〜の後にはつねに…が生じる」，「必然的に〜をもたらす」，「〜を生む，生じる，生み出す」などの言葉や表現が用いられる。この中でも，「X は Y を生む」という表現より「X の後にはつねに Y が生じる」という表現のほうが十分条件に基づく関係を直接的に示している。

日常的に使われている論理学の表現を意識し始めると，社会科学の文献のあらゆるところに同じような表現が使われていることに気づくだろう。定性的研究者（ひいては，あらゆる研究者）が1つにせよ，複数にせよ，上述のような表現を用い，言葉で理論を定式化するのは全くめずらしいことではない。筆者たちは，必要条件・十分条件に関して，文字通り数百もの仮説例を見つけ出した[4]。それらの仮説は，それぞれの仮説を提示したもともとの研究だけに関係しているのではなく，本書で展開していく議論の中心を占めているのである（必要条件に関する 150 の仮説例については Goertz 2003b を参照）。

論理学と集合論の用途は仮説の定式化だけに留まらない。たとえば，サルトーリの研究（Sartori 1970）とも関連する定性的手法の古典的アプローチに立脚して概念を定義するなら，その概念の要素（membership）として個別では必要条件であるが全体としては十分条件になるような諸条件を組み立てること

---

[4] この仮説例に含まれるのは，Skocpol (1979: 154), Moore (1966: 418), Rueschemeyer, Stephens, and Stephens (1992: 270) などの有名な比較社会学者の仮説や，O'Donnell and Schmitter (1986: 65), Linz and Stepan (1996: 61), Levi (1988: 144) などの名高い比較政治学者の仮説である。国際政治学の分野では，ほぼすべての主要な研究者がこの種の仮説を（明示せずに）提示している。（ネオ）リアリズムに関しては Waltz (1979: 121)（その詳細な議論は Levy and Thompson 2010 を参照），リベラリズムに関しては Keohane (1980: 137), Young and Osherenko (1993), コンストラクティヴィズムに関しては Wendt (1992: 396), Finnemore (1996: 158) に提示されている仮説がこれに該当する。

が求められる。サルトーリの伝統を踏襲する定性的研究者は，概念化の問題を考えるための枠組みとして論理学を「ごく自然」に受け入れている[5]。同様に，仮説を「棄却」するためにミルの一致法を用いるならば，その仮説が必要条件に基づいていると何気なく想定していることになる。「絞り込みの検証」や「動かぬ証拠の検証」などの主要な過程追跡の検証方法でさえ，必要条件・十分条件という考え方に立脚した議論なのである。この点についてはあらためて取り上げる。

　本書は，定性的研究の手続きと手法がどのような形で論理学に基づいているのかを論じていく。とはいえ，数理論理学とその同類とも言える集合論は，社会科学ではあまり知られていないので第2章で手短に紹介したい。さしあたり，論理学と必要条件・十分条件という考え方はレイガンが発展させたQCAだけの道具ではないことを強調しておきたい。むしろ，その考え方は定性的研究者が何十年間も気づかないうちにさまざまな形で利用してきた資源なのである。

4. 結　論

　本書を読み終えるころに，読者のあなたが「定量的」や「定性的」という用語に満足できなくなっていれば，幸いである。本書は，この2つのパラダイムに関するさまざまな重要な違いを論じていくが，パラダイムの違いはその用語の違いではうまく表現できないのである。とりわけ，「定量的」と「定性的」という用語が数字と言葉の対立という意味で理解されているならば，なおさらである。

　第17章では，結論として，本書で明らかにした2つの文化の違いの多くを整理し，全部で25項目に及ぶ対照表を提示する。事例過程分析と事例比較分析の違い，統計学と論理学の違いなどが本書の中心を占めているが，何か1つの違いがほかのすべての違いを牽引しているとは考えない。むしろ，2つの文化はそれぞれ多種多様な規範と研究の進め方によって成り立ち，それらが全体として相対的なまとまりを保っているというのが，本書の結論である。

---

[5] もちろん，サルトーリ自身は，自らのアプローチの論理学的基礎をかなり自覚していた。

第1章 概　論

　本書の読み進め方は読者次第である。それぞれまとまりのある題材ごとに章立てしているが，各章を決まった順序で読み進める必要はない。各章の内容はそれぞれ別々の小論として完結している。そのため，読者は，読み飛ばしながら，興味を持った題材を気軽に選んで読み進めることもできる。次章の数学的序論は，必要条件・十分条件という考え方に基づく研究手法への予備知識がない読者でも本書の内容を理解できるよう，論理学と集合論を手短に解説したものである。その数学的序論に続く各章は，2つの文化が同じデータを全く異なる（が，どちらも正しい）見方で読解し，解釈していることを論じたものである。

第 2 章

数学的序論：社会科学者のための論理学と集合論に関する解説

> 私が心底不満なのは（例外もあるが）政治学者に論理学（それも初等レベルの論理学）の素養がほとんど備わっていないことである。
>
> ジョバンニ・サルトーリ

1. 序　論

　本章では，定性的研究に関する本書の議論の根底にある論理学と集合論の重要概念について論じていく[1]。本書の目的は，論理学と集合論の包括的な紹介ではない。包括的に紹介しようとすれば，それだけでもう 1 冊必要になってしまう。ここでは，定性的方法論に関連した概念，特に必要条件・十分条件という概念に着目して議論を進めていきたい。

　論理学と集合論という定性的研究の根底にある有力な数学的発想は（その考え方を何気なく用いる定性的研究者も含め）ほとんどの社会科学者にはあまり知られていない。だからこそ，この序論には重要な意味がある。論理学や集合論に関する文献は，ほかの学問分野（たとえば，哲学，システム工学，人工知能学，計算機科学など）では多く刊行されているが，社会科学では事実上刊行

---

[1] 本書では「論理学」と「集合論」を同じ数学を意味するものとして扱うことにする。論理学の記号を用いたほうが自然に議論を展開できる場合もあるし，集合論の記号を用いたほうが簡単に議論できる場合もある。論理学と集合論に関するさまざまな比喩的な考え方としては Lakoff and Núñez（2000）を参照。

されていない[2]。簡単に言えば，社会科学では定性的研究の数学的発想を教わることがほとんどないからこそ，本書に数学的序論が必要とされるのである。

さらに，この議論によって，定性的研究と定量的研究のいちばん大きな違いも明らかになる。この両者は異なる数学的伝統に根差しているのである。定量的研究は，統計学と確率論に基づく数学的手法を用いる。ほとんどの社会科学者はその分析手法には馴染みがあるだろう。研究手法に関する授業で広く取り上げられ，定量的研究で明示的に用いられているからである。「統計学や確率論に基づく理論こそ，社会科学の**唯一の**数学である」との前提に立つ社会科学者が大半であるという意見すらあるかもしれない。これに対して，筆者たちの考えでは，明示するにせよ，明示しないにせよ，定性的研究は論理学と集合論に基づくことが多い。定性的研究と定量的研究を比較しようとするなら〔論理学と集合論という〕考え方自体を理解しなければならない[3]。

本書の議論で特に重要なのは，ファジー集合分析（fuzzy-set analysis）で用いられる数理論理学である。社会科学者に統計学の学習が必要であるのと同じように，哲学研究者には論理学の学習が必要であるが，哲学の教科書はファジー集合分析を主要な論題として扱っていない。ファジー集合分析がおもに取り上げられるのは，工学，計算機科学，エキスパート・システムなどの応用分野である。エキスパート・システムの設計者は，ファジー集合の数学を用いて，洗濯機，エレベーター，ビデオカメラなどの「スマート」な機器を開発する（McNeill and Freiberger 1994）。ファジー集合の数学は，その実用性の高さが実世界で証明されているにもかかわらず，社会科学の世界でデータ分析の正式な手法として活用され始めたのはごく最近になってからである（たとえば，Smithson 1988; Ragin 2000; 2008）。

本章は定量的研究者と定性的研究者の双方に向けた序論である。定量的研究者に対しては，統計学に基づかない研究文化がどのような数学的基礎に立脚しているのかを論じていく。論理学の授業が統計学の授業では扱わない研究手法

---

[2] チャールズ・レイガンの一連の著書や，Schneider and Wagemann（2012）などは定性的比較分析（QCA）として論理学と集合論を明示的に論じている。しかし，社会科学者のための解説を掲載した教科書として広く用いられている書籍は刊行されていない。

[3] 統計学と集合論の対比は，*Fuzzy Sets and Systems* などの専門誌で広く取り上げられる題材である。

を紹介するのと同じく，本章で取り上げる研究手続きは，主要な統計的手法とは全く異なる。定性的研究者に対しては，概して定性的研究で何気なく用いられる数学的発想を明らかにしていく。

2. 自然言語と論理学

　定性的研究者は，自らの理論を言語で定式化するときに論理学の表現を何気なく使ってしまう。定性的研究と論理学の間に見られる「ジュルダン氏」のような状況については，第1章で指摘したばかりである。定性的研究者は，論理学の表現を口に出していながら，それを完全には自覚していないことが多いのである[4]。

　論理学と集合論で表現された理論は，通常2つの構成要素で成り立っている。第一に，集合論において，概念は集合（set）や範疇（category）として扱われ，事例（ないし観察）は部分的にせよ，それら集合や範疇の要素（membership）を含むと考えられている。日常言語で言えば，民主主義，経済発展，戦争といった概念は，特定の事例が完全に（あるいは部分的にでも）〔その概念の〕要素を含む（あるいは含まない）範疇として扱われる（Lakoff 1987）。以下で論じるように，論理学と集合論は，このように日常言語を使いながら概念を捉えるのである。

　第二に，複数の概念の結びつきによって成り立つ仮説は，必要条件・十分条件という考え方に基づく論理項によって表現される。さらに言えば，その関係性は上位集合（superset）・下位集合〔部分集合〕（subset）の関係性と同義である。必要条件・十分条件という考え方は社会科学の研究にはふさわしくないと即座に反駁する研究者もいるだろうが，そうではないというのが本書の見解である。第1章でも述べたように，仮説の定式化，概念の構築，事例の選択，そして仮説の検証に際して，多くの研究者が必要条件・十分条件という考え方を踏まえているのである。

---

[4] 数理モデルを構築する研究者も必要条件・十分条件という言葉を口にする。経済学やゲーム理論などは数学的定理の中で必要条件や十分条件を提示することが一般的である（その一部はGoertz 2003bを参照）。しかし，実証分析を行うときには統計学のパラダイムが優勢になってしまう。

定性的文化で通用する論理学の自然言語と，定量的文化で通用する確率論・統計学の表現には大きな違いがある。後者の表現は統計学の授業で学ぶものであり，統計的手法を用いた学術論文でもよく目にするので，ほぼすべての研究者はそれに見覚えがあるはずである。その一例として，以下のような定式的表現が広く知られている。

- Xの水準の違いや発生の有無に応じて，Yの発生確率が増大（減少）する。
- Xの水準の違いや発生の有無に応じて，Yの水準が平均して増大（減少）する。

　どのような統計モデルを用いるかによって，XとYの関係性を表す関数形はさまざまである。たとえば，OLS〔最小二乗法〕回帰モデルの関数形は線形であり，プロビット・モデルやロジット・モデルはS字形であり，ほかの統計モデル（たとえば，貿易の重力モデル）は対数線形である。確率モデルを用いた際には，関数形が定まらないこともある。すなわち，$P(Y|X) \neq P(Y|\neg X)$である。

　どちらの文化に属する研究者も統計学上の仮説と論理学上の仮説の違いを見落としてしまうときがある。自らの仮説を提示するとき，この2つの考え方を行き来し，あたかも相互変換できるものとして扱ってしまうときさえありうる。たとえば，ケネス・ウォルツは論理学の自然言語を使って仮説を提示することが多いが，ある一節で次のように述べている。「集団が小さいほど……集団内の成員の一部，特に大規模な成員が集団の利益を考えて行動する可能性は高くなる。……単位の相対的な規模が大きくなるほど，その成員は自らの利益とシステムの利益を同一視するようになる」（Waltz 1979: 198）。このウォルツの言い回しは，定量的文化の典型的な表現の一例である。だが，ウォルツは結論部分で論理学に立ち戻って，「アメリカ主導という現在の状況**でなければ**大々的な国際協力は**起こりえない**」（Waltz 1979: 210）と主張しているのである。

　理論の検証に際して自然言語による理論はどのように定式化すればよいのか。この問題こそ，まさしく実証的社会科学の根本的論点である。論理学の言葉で

第2章　数学的序論：社会科学者のための論理学と集合論に関する解説

表現された理論を，意味を損なうことなく，従来の統計的手法と齟齬をきたさない表現に言い換えることは可能であろうか。同様に，確率論と統計学で表現された理論を，必要条件・十分条件に基づく理論に言い換えることは可能であろうか。こうした疑問から想起される問題を**言い換え問題**（translation problem）と呼ぶことができる。なぜパラダイムの垣根を超えて理論を言い換えることが問題になるのか。この理由を理解するためには，論理学と集合論をより深く理解する必要がある。

3. 二値範疇における必要条件と十分条件

（1）集合論とベン図

定性的研究者は，必要条件・十分条件など，論理学の専門用語を明示的に用いることもあるが，集合論の専門用語を明示的に用いて議論を展開することはめったにない。しかし，命題論理（propositional logic）と集合論の関係は根深く，相互変換できることが多い。この両者を言い換えてみると，以下のようになる。

- 「X は Y の必要条件である」と「Y は X の部分集合である」は同義である。
- 「X は Y の十分条件である」と「X は Y の部分集合である」は同義である。

図 2.1 は，この考え方をベン図（Venn diagrams）で示したものである。簡単な具体例をこの図の範疇に使ってみるとわかりやすい。まず，図 2.1a の Y を論理学 101 という講義の単位を落とした学生の集合とし，X を論理学 101 の期末試験をずる休みした学生の集合と仮定しよう。期末試験をずる休みした学生の要素であるということは，単位を落とした学生の集合の要素であることの**十分条件**である。X は十分条件であるが，必要条件ではない。論理学の単位を落とす理由は，試験のずる休み以外にもありえるからである（たとえば，課題の取り組みに対して不可の評価を受けた場合など）。このように，同じ結

図 2.1　ベン図における必要条件と十分条件

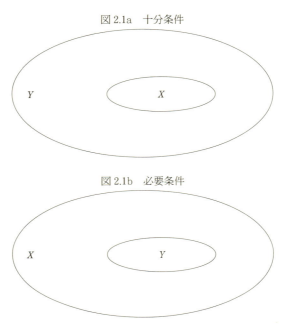

果にいたる経路が複数考えられることを「同一結果帰着性」(equifinality) という。

次に，図 2.1b を簡単に理解するために，Y を妊娠している人々の集合とし，X を女性の集合と仮定しよう。女性の集合の要素であることは，妊娠している人々の集合の要素であることの**必要条件**である。X は Y の十分条件ではない。女性であるが妊娠はしていない人は多いからである。このことはベン図を見るとすぐにわかる。

集合論の表現はデータ分析で何気なく用いられることもある。「すべての X は Y である」という表現はその1つである。研究者が「すべての X は Y である」と述べたなら，それは「X は Y の部分集合である」と述べていることになる。逆に「すべての Y は X である」と述べたなら，それは「Y は X の部分集合である」と述べていることになる。集合論の観点から見ると，「すべての X は Y である」という表現と「すべての Y は X である」という表現には大き

第2章 数学的序論：社会科学者のための論理学と集合論に関する解説

な違いがある。とはいえ、このような考え方を定量的文化にもわかるように言い換えるにはどうすればよいだろうか。この2つの立言が意味しているのは、どちらもXとYの関係性である。普通に考えれば、XとYの相関関係はどちらも強いということになる。しかし、このような集合論の立言を確率論や統計学の表現に言い換える方法は自明ではない。原則として、言い換えはおそらく可能であろう（言い換えの具体例は、Goertz 2003a: chap.10; Cioffi-Revilla 1998; Seawright 2011 などを参照）が、それは自然なものではないし、簡単にできるものでもない。

この言い換え問題は、定性的研究者が線形相関や統計的関連性を必要条件・十分条件を用いた表現へと言い換えようとするときの難点によく似ている。この種の言い換えにはいくつかの方法がある（たとえば、Eliason and Stryker 2009）が、それには制約も多く、不自然である。本書の「2つの文化」という比喩からもわかるように、一方の文化にとっては自明で簡単に思えるようなことでも、もう一方の文化にとっては問題含みであることが多く、（理解不能とは言えないまでも）理解しがたいのである。

(2) 四分表

必要条件・十分条件を表現するための最も一般的な方法は、四分表（2×2 tables）である。表2.1aや表2.1bは、二値範疇における必要条件・十分条件を表現したものである。必要条件と十分条件の違いを覚えやすいよう、先ほどと同じ例をもう一度使ってみよう。初めに、女性であること（$X=1$）は、妊娠していること（$Y=1$）の必要条件であるというのが表2.1aである。次に、期末試験をずる休みすること（$X=1$）は、その講義の単位を落とすこと（$Y=1$）の十分条件であるというのが表2.1bである。

「XはYの必要条件である」という主張を四分表の観点で表現すると、関連する3つの主張を意味することになる。つまり、(1)「$Y=1$でないことは$X=0$である」、(2)「すべての$X=0$は$Y=0$である」、(3)「すべての$Y=1$は$X=1$である」、である。それぞれ先ほどの具体例に即して言えば、(1) 妊娠していない人は女性ではない（すなわち、男性である）、(2) すべての非女性（男性）は妊娠していない、(3) すべての妊娠している人は女性である、とい

表 2.1　四分表における必要条件と十分条件

表 2.1a　必要条件

表 2.1b　十分条件

う意味になる[5]。この四分表の最も重要な特徴は（¬X, Y）のセルが空のセルということである（¬X は「X ではない」を意味する）。このセルを四分表の必要条件のセルと名づけることができる。同じく，表 2.1b の場合，十分条件のセルは（X, ¬Y）である。十分条件が成り立つにはこのセルが空のセルでなければならないからである。

この議論を社会科学に引き付けて考えるために，民主主義国間の平和（democratic peace）に関する表 2.2 のデータを考察してみよう。民主主義国間の平和の理論を検討するために用いられる事例は，二国間関係（dyad）（すなわち，二国一組の組み合わせ）である。その主な分析対象は平和である。平和は二値範疇として扱われ，戦争がその対義語になる（この考え方については「概念上の対義語と分類枠組み」の章で反論するが，二値範疇の説明に役立つので，このまま用いることにする）。因果関係上の説明要因は「民主主義国同士の二国間関係」（democratic dyad）である。これも二値範疇である。「民主主義国同士の二国間関係」は，両方の国が民主主義国である場合のみを指し，どちらか一方あるいは両方の国が民主主義国ではない場合は「民主主義国同士ではない二国間関係」としてコード化される。

---

[5] 非女性と男性は同義とは限らないと考える研究者もいるだろう。第 13 章で論じるように，特定の範疇の否定語と対義語は同じ意味ではない。

第 2 章 数学的序論：社会科学者のための論理学と集合論に関する解説

表 2.2 十分条件の具体例：民主主義国間の平和

	民主主義国同士ではない二国間関係	民主主義国同士の二国間関係
平和	1045	169
戦争	36	0

出典：Russett (1995: 174)

　論理学の観点から見ると，この四分表のデータは，十分条件を表現した一例としてわかりやすい。特に，「民主主義国同士の二国間関係」(X) は，平和 (Y) の十分条件である。これは表 2.2 を見るとよくわかる。「民主主義国同士の二国間関係」の事例は，戦争のセルには 1 つも含まれず，すべて平和のセルに含まれている。

　たしかに，表 2.2 のような四分表から統計量を計算することも可能である。しかし，用いる統計量が違えば，その計算結果は大きく変わってしまう。たとえば，表 2.2 のデータのカイ二乗統計量は 5.80 で，その有意水準〔p 値〕は 0.02 である。スピアマンの〔順位〕相関係数，ピアソンの〔積率〕相関係数，〔ケンドールの〕順位相関 (τ_b) は -0.07 で，その有意水準〔p 値〕は 0.006 である[6]。オッズ比には，さらに重要な結果を見てとれる。すなわち，オッズ比は 0.08 できわめて有意である（オッズ比が 1.00 であるということは無関係であるということを意味しており，0 に近い値や，1 より大きな値ほど，非常に有意な結果であると言える）。そのため，ロジット分析を用いてオッズ比を計算すると，「民主主義国同士の二国間関係」は，民主主義国同士ではない二国間関係に比べて平和である見込みがきわめて高い。しかしながら，これらの標準的な統計量では，データが十分条件の関係に完全に合致していることを把握できない。

　必要条件に関する立言は，いずれも十分条件に関する立言として言い換えることができる（し，その逆もできる）。必要条件から十分条件へ（あるいは十分条件から必要条件へ）の言い換えは，分析に用いる範疇を否定するだけでよ

---

[6] 厳密に言えば，カイ二乗統計量などは四分表に空のセルが含まれている場合には計算できない。しかし，ほとんどの統計ソフトは，このような統計量の計算を可能にする調整方法を標準搭載している。

い。たとえば，X が Y の十分条件であるならば，$\neg X$ は $\neg Y$ の必要条件である。民主主義国間の平和という具体例で考えると，その重要な知見を次のように定式化できる。「『民主主義国同士の二国間関係』が存在しないということは，戦争が起こる必要条件である」。

　必要条件と十分条件を混同してしまうことは論理学ではあまり考えにくいが，統計学の手法を用いると，この2つは同じ関係性に見えてしまう。実際，四分表で表現される関連性を計算すると，データが必要条件の分布であろうと，十分条件の分布であろうと，**全く同じ結果になってしまう**。というのも，統計的関連性に関する標準的手法は対称関係を前提にし，非対称関係の発見や要約を目的にしていないからである。

　もちろん，四分表のデータセットでも，対称関係を測定できるような形で事例が分布していることは多い。これに該当するのは，事例が対角線上の2つのセルに集中している二変量の相関関係である（たとえば，正の相関関係の場合，事例は左下のセルと右上のセルに集中する）。論理学と集合論の分析手法を身につけた研究者がこうした対称的なデータセットを目にしたら，必要条件と十分条件の属性を兼ね備えたデータセットと見なすかもしれない。データをそのように解釈したとしても問題はない。問題なのは，論理学や集合論を用いたときに，対称的な相関関係の観点から関係性を考えることは（不可能ではないにせよ）不自然だということである。

　この四分表に関する議論が示すものを「ロールシャッハの原理」（Rorschach Principle）と名づけることもできるだろう。ロールシャッハ・テストとは被験者に曖昧な画像を見せ，その画像に対する解釈を尋ねるものである。社会科学者にとって，データはまさしくこれと同じ役割を担う。そもそも不十分なデータで理論を説明するというのが科学の中心的原則である。研究者が同じデータを見て，そこに異なるものを見出したとしても無理はない。データの特定の見方だけが正しいわけではない（が，データの見方がすべて等しく有益とは限らない）。四分表からもわかるように，研究目標が違えば，データから異なるパターンを読み解くことができるのである。

第2章　数学的序論：社会科学者のための論理学と集合論に関する解説

表 2.3　実証分析のための真理値表

X_1	X_2	Y	N
1	1	1	5
1	1	0	0
1	0	1	3
1	0	0	10
0	1	1	0
0	1	0	7
0	0	1	0
0	0	0	12

(3) 真理値表

　論理学に根差したアプローチで用いられる真理値表（truth tables）は，統計分析で用いられるデータセットと似ているが，この両者には興味深い違いもある。表 2.3 は真理値表の一例である。定量的研究の長方形のデータセットのように，変数は列ごとに表現される。この表は「実証分析」のための真理値表である。そのため，最後の列（4列目）は，それぞれの真理値の配列に対応した実証分析上の観察を表している（Ragin 1987: chap.7 を参照）。

　列のほとんどは統計分析で用いられる長方形のデータセットとよく似ているが，行は全く異なる。統計学のデータセットでは行は**観察**（observations）を意味するが，真理値表の行は真理値の**配列**（configurations）を意味する。論理的にありうるすべての配列が列挙されているので，行の数は変数の数で決まる。行の数は観察の数とは無関係である。行が意味するのは論理的な立言なのである。たとえば，1 行目は $X_1=1$ AND $X_2=1$ AND $Y=1$ である。データは，この立言と合致する場合もあるし，合致しない場合もある（表 2.3 のデータはこの立言と合致し，矛盾もない）。

　定性的比較分析（QCA）は，このような真理値表に埋め込まれた論理関係を記述し，分析するための方法論である（Ragin 1987; 2000）。論理的表現は，ブール代数の算法（たとえば，最小化や論理包含など）によって，なるべく単純な論理式へと置き換えられる。ここで筆者たちが強調したいのは，個々の変数ではなく，**変数の値の配列**こそが分析の中心であるということである。

　概して，配列とは，結果に対して全体として十分条件の関係になるような複数の変数の値の組み合わせ（もしくは集合の重複部分〔積集合〕）である。配

列を構成する個々の変数の値は，論理積（AND）によって連結される。その個々の変数の値は「INUS 条件」（INUS conditions）であることが多い（そうでなければ，必要条件ということになる。Mackie 1965; 1980)[7]。INUS 条件とは，結果に対して個別では必要条件や十分条件ではないが，結果に対して十分条件になるような配列全体の構成要素としては不可欠である（すなわち，余分ではない）変数の値のことを意味する。そのため，複数の変数の値の組み合わせが結果の十分条件である場合，その個別の変数の値は必要条件か INUS 条件ということになる。後者の場合，「同一結果帰着性」がつねに存在する。つまり，同じ結果にいたる経路は1つではなく，複数存在するのである。

表2.3のデータは統計的手法で分析することもできる。しかし，そのデータをそのままの形で分析することはできない。たとえば，行を観察に置き換える必要がある。観察数は37なので統計分析のデータセットの列は37ということになる。真理値表の中で事例が1つも存在しない論理的配列（たとえば，2・5・7行目）については，この変換作業を経た後は実質的に考慮しなくてもよい。統計分析者であれば，個々の独立変数（X_1 と X_2）と Y の間の共変動を考察するかもしれない。これに対して，QCA を用いる研究者であれば，このデータに見られる興味深いパターンを以下のように要約するかもしれない。

1. $X_1=1$ は $Y=1$ の必要条件である可能性がある。
2. $X_1=1$ AND $X_2=1$ は $Y=1$ の十分条件の組み合わせである可能性がある。

X_1 と Y，X_2 と Y に見られる統計的共変動を考えることは，決して間違いではないし，論理学に基づくアプローチの分析結果の要約より正しいわけでも，間違っているわけでもない。アプローチの違いでデータの異なる側面が浮かび上がるだけなのである。理想を言えば，研究者は自らの研究関心や研究目的に応

---

[7] INUS という頭文字を考案したのはジョン・マッキーである（Mackie 1965)。その頭文字の意味は以下の通りである。「原因というものは〔結果に対する条件の〕一部分としては**十分条件ではない**（insufficient）が，**必要条件である**（necessary）一方，その原因を含む条件自体は，結果に対する**必要条件ではない**（unnecessary）が，**十分条件である**（sufficient）ことを指し，そうであるとされている」（p.246)。

じて，データに備わった最も適切な特徴への注意を喚起すべく，複数の視点からデータを分析する手段と意欲を持ち合わせておくことが望ましいだろう。

4. ファジー集合における必要条件と十分条件

　概念や変数は，アリストテレス論理学やクリスプ集合論（crisp-set theory）として知られる考え方においては，事例を要素として含むか含まないかという二値的観点で議論される。通常，特定の範疇の要素を含むことは1の値（$X=1$）で表現され，要素を含まないことは0の値（$X=0$）で表現される。これに対して，ファジー論理（fuzzy logic）は，その重要な特徴として，範疇の要素に含まれる度合いは部分的でもよいと考える。ここでも，要素を完全に含むときは1の値，要素を完全に含まないときは0の値が割り振られるが，事例は特定の範疇の集合である度合いに応じて0から1の間のどの値をもとりうる（たとえば，$X=0.75, X=0.33, X=0.10$）。一例として，「戦争」という範疇の要素として0.50という値をとる事例もありうる。これは範疇に含まれる度合いと含まれない度合いが半々であるということを意味する。

　必要条件・十分条件は，四分表で論じることができたように，XとYの連続値の散布図で論じることもできる。ファジー集合分析を用いれば，こうしたことも可能であり，無理も生じない。集合の要素を含む度合いは0から1の間の連続値で測定されるからである。そのため，2つの範疇のファジー集合の値をプロットする場合，X軸とY軸はそれぞれ0から1の範囲で設定しなければならない。

　たいていの研究者なら，特に講義を受けなくても必要条件・十分条件について四分表を解釈できるだろうが，ファジー集合の散布図を解釈するとなると，そうはいかなくなる。四分表の場合，必要条件・十分条件にまつわる空のセルに注意を向ける必要があることは既に述べたとおりである。それでは，連続値のファジー集合の場合，どこに注目したらよいだろうか。

　図2.2aと図2.2bは，事例をファジー集合の散布図にプロットしたときの必要条件と十分条件の見え方を表したものである（Ragin 2000を参照）。散布図の形はどちらも「三角形」に見える。三角形が右下にある散布図は必要条件，

図 2.2 ファジー論理：必要条件と十分条件

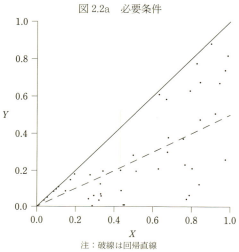

図 2.2a　必要条件

注：破線は回帰直線

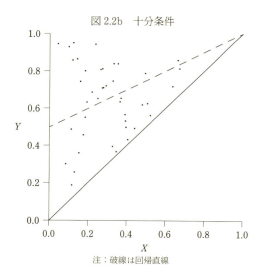

図 2.2b　十分条件

注：破線は回帰直線

第2章　数学的序論：社会科学者のための論理学と集合論に関する解説

三角形が左上にある散布図は十分条件を表す。この散布図は四分表で行った分析の発展版である。四分表には，4つのセルのうち3つにデータが含まれていた。データを含んだ3つのセルの並び方は三角形のように見える。その表をそのまま引き延ばしていくと，図2.2の散布図のような形になる。

　ファジー論理をさらに定式化して言えば，**必要条件**（X）は，Xのファジー集合の値はすべての事例においてYの値と等しいか，それよりも高い値でなければならないという論法に基づく。つまり，以下のように定式化できる。

　　　XはYの必要条件である：すべてのiにとって$x_i \geq y_i$，$x_i, y_i \in [0,1]$

　この必要条件の定式化は，事例はXの要素とYの要素を少なくとも同程度含んでいなければならず，そうでなければ「XはYの必要条件である」とは言えないという考え方に基づく。たとえば，Xの要素をほとんど含んでいない（たとえば，要素0.1）がYの要素を完全に含んでいる（つまり，要素1.0）事例があるとすれば，そのXの要素がYの要素にとって必要不可欠であったと主張するのは（ほかの前提を立てない限り）正しくない。

　これに対して，**十分条件**をファジー論理から考えると，Xのファジー集合の値はすべての事例においてYの値と等しいか，それよりも低い値であるということになる。つまり，以下のように定式化できる。

　　　XはYの十分条件である：すべてのiにとって$x_i \leq y_i$，$x_i, y_i \in [0,1]$

この十分条件の定式化は，「XはYの十分条件である」と主張するなら事例はXの要素とYの要素を少なくとも同程度含んでいなければならないという考え方に基づく。一例を挙げると，Yの要素を完全に含んでいる（つまり，要素1.0）がXの要素をほとんど含んでいない（たとえば，要素0.1）事例があるとすれば，そのXの要素はYの要素の十分条件である可能性があると主張しても差し支えない。

　前掲の図2.1のベン図を思い出してみると，以下のように，クリスプ集合（二値的集合）における関係性と，ファジー集合における関係性が合致するこ

とがわかる。

　　必要条件：$Y \subseteq X \equiv y_i \leq x_i$
　　十分条件：$Y \supseteq X \equiv y_i \geq x_i$

双方の記号が似ていることも偶然ではない。
　散布図のロールシャッハ・テストを統計学の観点から試みてもよい。その散布図の特徴の中で，回帰分析の講義を1つか2つ履修したばかりの学生でもわかることは何であろうか。

1. 控えめな適合：データ全体に一本の直線を引くと，XとYの間に明確な関係性の存在を見出すことができるが，その強さは控えめである。
2. 傾き：図2.2aと図2.2bの回帰直線の傾きは同じである。
3. 分散不均一性（heteroskedasticity）：回帰直線の分散は明らかに均一ではない。

それでは「2つの文化」の観点から，以上の3点を考えてみよう。第一に，ファジー論理の観点から見ると，図2.2の散布図は**完全な適合である**ように思われる。必要条件に完全に適合するのは（前述の必要条件の定義に従えば）すべての観察が45度の対角線上かそれより下にある場合である。同じく，十分条件に完全に適合するのは，すべての観察が45度の対角線上か，それより上にある場合である。これに対して，OLS回帰モデルにおいて，完全な適合が生じるのはすべての点が回帰直線上に並んでいる場合である。
　第二に，統計学の観点から見ると，図2.2の散布図に示されたXとYの関係は基本的に同じである。切片は異なるものの，そのパラメーターはあまり重視されない。反対に，ファジー集合を用いた分析であれば，2つの散布図が同じような関係を表しているという結論は下さないだろう。つまり，XはYの必要条件であるという知見と，XはYの十分条件であるという知見とは完全に異なるのである。これは四分表で確認したことと全く同じである。定性的文化では，一方の表は必要条件，もう一方の表は十分条件と見なされるのに対し

第 2 章　数学的序論：社会科学者のための論理学と集合論に関する解説

て，定量的文化では，2つの表は同じ関係性を表すものとして解釈される。

　もちろん，集合論の観点から見ると，これらの表は非対称の散布図である。だからこそ，集合論に基づくアプローチの利点を説明するのに特に役立つのである。これに対して，データの点が直線の周りに無作為に分布した，対称性のある2つの散布図から議論を始めていたら，集合論では簡単には表現できない微妙な違いを定量的研究の観点から浮き彫りにできる。ここでも，本書が主張したいのは，どちらか一方のアプローチが正しく，もう一方が間違っているということではなく，アプローチが違えば，データの特徴として気づく箇所や注目する箇所が異なるということである。この点，集合論の分析手法が特に向いているのは，非対称関係を分析するときなのである（が，対称関係の分析にも用いることはできる）。

　第三に，分散不均一なデータを目の当たりにしたら，変数を変形させて均一な分散を得ようとするのが統計学の標準的対応である。定量的伝統において妥当な統計的推論を下すには，このような変数の変形が欠かせないと言えるだろう。これに対して，定性的研究者は，そのような変数の変形を普通は行わない。定性的研究者にとって，変数を変形するということは往々にして，変数の意味の変化をともなうものなのである。分析対象となっている基本的概念の意味が増大することを示せない限り，そのような変数の変形は適切ではない（詳しくは「意味論・統計学・データの変形」の章を参照）。

5.　集　　計

　集計手続きの選択は方法論上の根本的な争点である。ここでは便宜上，集計（aggregation）を，複数の X を組み合わせて Y を導き出すときに用いる関数，$Y=f(X_1, X_2,\cdots)$ として定義したい。この関数 f は，アプローチや前提の違いに応じてさまざまな形をとりうる。論理学と統計学の集計手続きは，それぞれ独自の標準的前提に基づく。

　統計学において広く用いられる集計方法は，加重和〔＝重み付けした値の合計値〕である。一般線形モデルは，その典型例である。その数式は以下の通りである。

$$Y = w_0 + w_1 X_1 + w_2 X_2 + \cdots\cdots \qquad (2.1)$$

この場合，Y の値は重み付けした複数の X の値の合計値〔X の加重和〕である。特に $1/N$ という重み付けをして集計したら，その値はもちろん〔X の〕平均値ということになる。

　統計学で広く用いられているもう1つの集計方法は，$X_1 * X_2$ という交互作用項である。交互作用項は，方程式（2.1）のように，重み付けをした線形モデルの集計の一部に含まれることが一般的である。しかし，以下のように交互作用項だけの集計モデルを立てることも不可能ではない。

$$Y = X_1^{w_1} * X_2^{w_2} * X_3^{w_3} * \cdots\cdots \qquad (2.2)$$

この種の方程式は，実際に分析に用いるときには対数線形モデルとして方程式（2.1）のような形へと変換されるだろう。もちろん，定量的文化が集計に用いるのは加算や乗算だけではない。しかし，研究上・統計上の有力な理由から，統計モデルは加重和や対数線形の加重和に基づくことがほとんどである。

　これに対して，明示するにせよ，明示しないにせよ，論理学や集合論に依拠する研究者が標準的に用いる集計方法とはどんなものであろうか。表2.3の真理値表の各行はそのさまざまな具体例であり，すべての行が同じ基本形である。たとえば，1行目は以下のように表現できる。

$$X_1 = 1 \text{ AND } X_2 = 1 \text{ AND } Y = 1 \qquad (2.3)$$

各々の条件を論理積（AND）で連結することで全体の条件の組み合わせが成立する。ブール代数では論理積を乗算記号（*）で表すことが多い。

　論理学と統計学の類似点を強調したいと思うなら，論理積と統計学の乗算を**言い換える**こともできる。この2つの数学的演算は，どちらも $Y = X_1 * X_2$ という同じような形で表現できる。X_i が二値変数であれば，論理積と乗算の類比はうまく成り立つ。しかし，連続変数になると，この類比は成り立たなくなる。たとえば，方程式（2.3）の変数をファジー集合と見なし，$[0,1]$ の連続値としてコード化した場合，どのような集計手続きになるだろうか。論理積（ブール代数における乗算記号）で事例の要素を計算するときの標準的手法は，複

第 2 章 数学的序論:社会科学者のための論理学と集合論に関する解説

数の X の**最小値**(minimum)を求めることである。

$$Y = \min(X_1, X_2, X_3, \cdots), X_i \in [0,1] \tag{2.4}$$

そのため,論理積を用いた場合,事例の Y の要素は集合 X_i の最小値に等しい。たとえば,複数の X のファジー集合の最小値が 0.1 であれば,その事例の Y の値は 0.1 である。論理積と最小値は二値変数でも全く問題なく利用できる。

自明のことではあるが,あえて言えば,

乗算を用いることと最小値を用いることは同じではない。

このような違いこそが「2 つの文化」に関する本書の主張の核心である。統計分析が用いる乗算と集合論分析が用いる論理積は似ているが,その数学的手続きは同じではない。さらに言えば,どちらか一方の数学的手続きが本質的に優れているということもない。データの集計方法の違いに過ぎないのである。研究者が,特定の理論的・現実的な文脈において,どちらか一方の集計方法を好んだとしても無理もない。しかし,「どちらか一方の集計モデルを**優先すべき**」とアプリオリには主張できないのである。

「2 つの文化」という比喩からわかるように,どちらか一方の文化に属する研究者でも,もう一方の文化の集計方法を用いることは**可能である**。統計学の文化に属する研究者が, $Y = \beta_0 + \beta_1 X_1 + \min(X_2, X_3)$ のようなモデルを用いてはいけないという原則はない。同様に,加重和と乗算をファジー論理の枠内で用いることも可能である。しかし,どちらも不自然であり,少なくとも社会科学の領域ではめったに行われない。

ここまでは乗算と論理積の関係を論じてきた。それではこれと同じように加算に該当するようなものはあるだろうか。論理学の集計方法として加算の役割を担うのは論理和(OR)である。論理和はブール代数では加算記号(+)で表されるため,ここにも類似点を見出すことができる。論理和で事例の要素を計算するときの標準的手法は,複数の X の**最大値**(maximum)を求めることである。

$$Y = \max(X_1, X_2, X_3\cdots),\ X_i \in [0,1] \tag{2.5}$$

たとえば、複数の X のファジー集合の最大値が 0.85 であれば、その事例の Y の値は 0.85 である。この式は二値変数でも成り立つため、論理和の一般的な集計手続きと見なすことができる。

自明のことではあるが、あえて言えば、加算を用いることと最大値を用いることは同じではない。同じ結果を導き出すこともありうるが、そうならないことも多いだろう。ここであらためて強調しておくと〔最大値と加算の〕どちらか一方の数学的手続きのほうが優れているというのではなく、定性的文化と定量的文化が標準的にそれぞれ異なる集計手続きを用いていることに注目してほしいというのが本書の主張である。

6. モデルとデータを突き合わせる

理論、モデル、仮説が実証データにどの程度「適合」（fit）するのかを判断することは科学の基本である。社会科学では、こうした判断を下すために統計分析が用いられることが多い。たとえば、モデル全体の適合度の判断基準として古典的に用いられているのは R^2〔決定係数〕である（が、近年の定量的社会科学はモデル全体の適合度をあまり重視しなくなっている）。個別の変数の適合度を判断するには、データがその変数に関する仮説を「裏付けているか」どうかを見ればよいのである。例を挙げると、個々の変数の因果効果と統計的有意性に注目すればよい。

それでは、論理学や集合論はモデルや因果的要因をどのように判断するのだろうか。モデルの「適合度」や特定の因果的要因の「重要性」の判断基準とは何なのか。本節では、こうした疑問に答えたい。QCA に基づくかどうかにかかわらず、定性的研究と関連する考え方を取り上げていく。

(1) 適合と合致

理論やモデルの適合度を判断するために最低限必要なことは、その理論やモデルがデータに関して明確な予測を立てることである（予測自体はさまざまな

第2章 数学的序論:社会科学者のための論理学と集合論に関する解説

形をとりうる)。予測が明確であれば,研究者は「データとモデルがどれほど一致しているか」を考えることができる。統計モデルを用いた場合,モデルと非常に一致するデータは,モデルが描き出す線の近くか線上に位置する(パラメトリック・モデルを想定してほしい)。学生は,統計学の基礎講義において二変量の散布図を凝視し,そこからデータに適合する直線や曲線が存在するか否かを確認する方法を学ぶことが普通である。

集合論分析は,必要条件・十分条件に関する仮説の適合度の判断基準として「合致」(consistency)という用語を用いる(Ragin 2008)。二値であろうと,ファジー集合のコード化であろうと,必要条件・十分条件に関する仮説は,データのパターンについて明確な予測を立てられる。四分表の簡単な具体例を考えてみたい(表 2.1 を参照)。必要条件に関する仮説であれば,($\neg X, Y$) のセルに該当する事例はないと予測できる。このとき,事例が1つも該当しないはずのセルにある程度の事例が含まれているような四分表を考えることができる。こうした事例は仮説に対する「反証事例」(counterexamples)である。とはいえ,表 2.1 の ($\neg X, Y$) のセルに「少数」の事例が含まれていても,ほかの N_2, N_3, N_4 のセルの事例数が非常に多いのであれば,必要条件に関する仮説は 100% の合致ではなくても十分に裏付けられたということになる。統計学でよく用いられる基準になぞらえて言えば,このデータは,$Y=1$ の行〔の2つのセル〕の事例全体のうち 95% が (X, Y) のセルに含まれているような場合を意味する(「すべての $Y=1$ は $X=1$ である」という立言が必要条件の定義の1つであったことを思い出してほしい)。そのように考えると,そのデータは必要条件に関する仮説にかなり合致していると言って差し支えないだろう。

この基本的な考え方はファジー集合に基づく仮説にも適用できる。図 2.2 からわかるように,データが十分条件に関する仮説と完全に合致しているのであれば,すべてのデータは 45 度の対角線上か,それより上に位置しているはずである。対角線より下に位置する観察が増えるほど,合致しなくなっていく。観察がどれだけ合致していないかを表す数式をつくってみるというのもよいだろう(Ragin 2008 を参照)。これは OLS 回帰モデルにおいて,偏差平方和を総変動で割って得られる結果と似ている。この値は観察が OLS 回帰モデルの直線にどの程度一致していないかを表している。

要するに，定性的文化は，論理学に基づく仮説やモデルがどの程度データに適合するのかを判断するための基準として非常に精密な手法を有しているのである。その具体的な数式は，統計学で用いられる数式とは異なるが，原理は同じである。すなわち，データとモデルの予測を比較するのである。その2つが近似していれば，モデルや理論がデータによって一般的に裏付けられたということになる。

(2) 重要性の判断：範囲と瑣末性

必要条件を用いて仮説を定式化してみると，ある疑問が思い浮かぶ。ある特定の原因が特定の結果の必要条件だったとしても，それは瑣末な原因に過ぎないのではないかという疑問である[8]。ジョージ・ダウンズは，この疑問を次のようにうまく表現する。「どのような現象であっても，必要条件は無限に存在する。たとえば，軍隊のすべての行動には水と重力が必要である。だが，このような普遍的な特徴は結果にあまり寄与しない」(Downs 1989: 234)。

必要条件（や十分条件）の「重要性」には違いがあるという考え方も，こうした瑣末性（trivialness）に対する批判の1つである。統計モデルの場合，特定の変数の重要性を判断する方法はいくつかある。たとえば，直線の傾きは，変数の重要性を考える1つのヒントになる。一般的に，直線の傾きが急なほど，その変数は重要である。必要条件・十分条件の重要性の違いを測定するために厳密な判断基準を設定することもできる。その手掛かりはダウンズの議論にある。彼は，必要条件の中でも普遍的に存在しているものは瑣末であるという趣旨の主張を述べているが，その主張は，必要条件の頻度の違いが重要性の違いと関係しているのではないかという意味にも受け取れるのである。

集合論の分析手段を用いると，この論点を体系的に考えることができる (Ragin 2008; Goertz 2006b)。たとえば，X は Y の上位集合である（同義的に言えば，Y は X の下位集合である）というのが必要条件の関係である。この定義は，集合 X と集合 Y の**大きさの違い**について何も語らない。原則として，

---

[8] 興味深いことに，研究者は必要条件に関してこのような疑問を抱くことは多いが，十分条件に関してはこのような疑問を抱くことはほとんどないか，あったとしても少なくともその疑問を明示的に取り上げない。

第 2 章　数学的序論：社会科学者のための論理学と集合論に関する解説

図 2.3　瑣末な必要条件：集合論の具体例

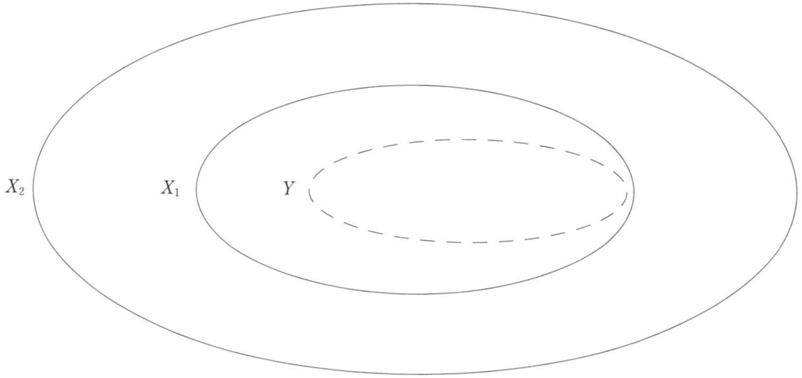

X_2：重力が存在する事例
X_1：権威主義体制の事例
Y：社会革命の事例

　集合 Y の上位集合として集合 X の範囲が小さくなるほど，必要条件 X の重要性は増していく。すなわち，集合 Y との完全重複に近づくほど，集合 X の重要性は増していくのである。

　この論点に関して，「瑣末」な必要条件や，重要ではない必要条件の対義語は何かという点から考えることもできる。その答えは，まぎれもなく，必要十分条件である。集合論の観点から見ると，必要条件が十分条件に近づくというのは，上位集合 X に占める下位集合 Y の「範囲」が増えていくことを意味する。その範囲の上限として，集合 X と集合 Y が同じ大きさになったとき，X は Y の必要十分条件になり，X の重要性は最大になる。

　この一例として，「重力の存在と権威主義体制の存在は社会革命の必要条件である」（すなわち，重力と権威主義体制のどちらかが存在しない社会には社会革命は起きない）という知見を取り上げてみたい。この 2 つの必要条件のうち，権威主義体制の存在のほうが重要な要因であることは明らかである。それでは，集合論を踏まえると，これをどのように表現できるだろうか。図 2.3 からわかるように，重力の事例の集合がすべての社会の母集団全体を包含していることを表現すればよい。このとき〔重力の事例の〕集合 X に占める集合 Y の「範囲」は可能なかぎり最小ということになる（すなわち，集合 X に含ま

れない事例は存在しないのである)。これに対して,権威主義体制の事例の集合は社会の母集団全体を包含しているわけではなく,集合 X に占める集合 Y の「範囲」もかなり大きい。この考え方を一般化すれば,次のように言えるだろう。必要条件が複数存在する場合,存在しうる頻度が低い条件(すなわち,特定の母集団の範囲内において,存在することがめずらしい条件や,存在するとは考えにくい条件)ほど,必要条件としての重要性は高くなる。

　十分条件(や,全体として十分条件を成り立たせる複数の要因の組み合わせ)の重要性の違いも同じように判断できる。この場合,X は Y の下位集合である。十分条件 X は Y に占める範囲が増えるほど,重要性を増していく。すなわち,部分集合 X は,Y との完全重複に近づくほど,重要性が増すのである。このように,十分条件の重要性は,その条件が結果に対してどの程度必要なのかに左右される。特定の結果を生むのに必要になるほど,その十分条件の重要性は高くなる。これに対して,完全に瑣末な十分条件とは,その条件が**存在すれば**特定の結果をもたらすだろうが,そのような条件は現実には存在しえないため,その結果をもたらすこともないという条件のことである。この考え方を一般化すれば,次のように言えるだろう。特定の結果に対する十分条件が複数存在する場合,存在しうる頻度の高い条件ほど,十分条件としての重要性は高くなる。

　民主主義国間の平和の理論はここでも具体例としてわかりやすい。前述のように,この理論は「民主主義国同士の二国間関係は平和の十分条件である」[9]という形に定式化できる。この仮説に基づけば,X(「民主主義国同士の二国間関係」の集合)は Y(「平和な二国間関係」の集合)の部分集合ということになる。しかし,この部分集合の大きさは時間の経過とともに変化する。図 2.4.a は,1820 年の国家関係を仮に表現したものである。その当時,世界には民主主義国家はほとんど存在せず,「民主主義国同士の二国間関係」も非常に少なかった。「民主主義国同士の二国間関係」の集合(X)は「平和な二国間関係」(Y)の小さな部分集合に過ぎなかった。しかし,ここから図 2.4b の 2000 年の国家関係に話を移すと,今度は民主主義国家が世界の国々の半数以

---

[9] とはいえ,先ほども指摘したように,この定式化には問題があるだろう。非戦争と平和は同じ意味ではないからである。

第 2 章　数学的序論：社会科学者のための論理学と集合論に関する解説

図 2.4　瑣末な十分条件 対 瑣末ではない十分条件：民主主義国間の平和

図 2.4a　架空の民主主義国間の平和（1820 年）：瑣末な十分条件

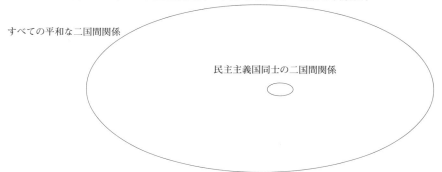

図 2.4b　架空の民主主義国間の平和（2000 年）：瑣末ではない十分条件

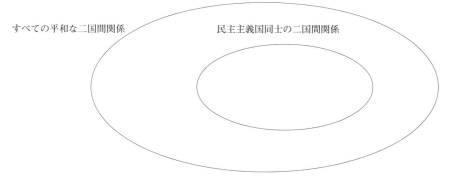

上を占めている。これは Y の部分集合としての X の範囲が劇的に増大し，Y の母集団に多く含まれるようになったことを意味する。1820 年のデータから考えれば，民主主義国間の平和は理論としては正しくても瑣末なものに過ぎないだろうという主張が説得力を持つ。しかし，われわれが生きている現代であれば，民主主義国間の平和の理論は瑣末な議論とは言えないだろう。なぜなら，「民主主義国同士の二国間関係」は「平和な二国間関係」の部分集合として非常に大きな範囲を占めているからである。

7. 結　論

　本章は，数学的序論として，論理学と集合論に関する基本原則を社会科学の実証研究と関連づけて説明した。この章の目的は，論理学と集合論に関する一般的な紹介ではない。むしろ，定性的研究を何気なく彩ってきた論理学や集合論の考え方に着目して議論を進めてきた。その中で「論理学・集合論」と「統計学・確率論」の対比を取り上げたことからもわかるように，この序論自体も〔定性的研究と定量的研究という〕2つの文化の比較分析の一環である。分析の結果，この2つの文化には多くの類似点があることもわかった。しかし，その類似点は理解の一助になりうるが，誤解の一因にもなりかねない。つまり，2つの文化を理解するための最初の取っ掛かりとしては役立つだろうが，両者を全く同等のものと考えると誤解を招いてしまう。なぜなら，「論理学・集合論」と「統計学・確率論」の間には言い換え問題が存在するからである。

　この章で指摘した〔定性的研究・定量的研究の〕対比は，この後に続く各章でも繰り返し取り上げていく。つまり，2つの文化に見られる数学の違いは，研究目標に始まり，因果モデル，概念，測定，さらには事例選択の手続きにいたるまで，研究のあらゆる側面に広範な影響を及ぼしていると言えるのである。

8. 推 薦 文 献

　論理学の優れた入門書は哲学の分野に多い。まず，Copi, Cohen, and McMahon（2010）は，社会科学者にも読みやすい古典的文献である。ほかにも，論理学の概論として優れているのは Hausman, Kahane, and Tidman（2010），Gensler（2002），Suppes（1999）である。また，Klir and Yuan（1995）は，ファジー集合の論理について数式を用いた包括的入門書である。ファジー集合を初めて扱った論文としては Zadeh（1965）も参照。この章で論じた考え方の多くは Ragin（1987; 2000; 2008）の一連の研究に基づくものである。さらに，Schneider and Wagemann（2012）と Rohlfing（2012）も参照。論理学と集合論を用いた社会科学の文献目録については COMPASSS のウェブサイト

第 2 章 数学的序論：社会科学者のための論理学と集合論に関する解説

(http://www.compasss.org/) を参照のこと。その他，Kam and Franzese (2007), Russett (1995) を参照。

第Ⅰ部

因果モデルと因果推論

第3章

結果の理由 対 原因の効果

> 原因（Cause）：（語源はラテン語の Causa。古期フランス語から派生した中期英語。理由，目的）名詞。1. (a) 効果，結果，帰結をもたらすもの。1. (b) 人物，事象，条件のように，特定の動作や結果を招くもの。
> *The American Heritage Dictionary of the English Language*

1. 序　　論

　因果関係に関する問いの立て方は2つに分けることができる。第一に，結果（Y）について考えることから始め，その複数の原因（Xs）へとさかのぼる方法である。第二に，その正反対の方向として，原因と思われるものについて考えることから始め，それが Y にどのような影響を与えたかを問う方法である。前者の手続きは「結果の理由」（causes-of-effects）アプローチと呼ばれることが多く，後者の手続きは「原因の効果」（effects-of-causes）アプローチとして知られている。地球温暖化の原因を問うのであれば，「結果の理由」を問うことになる。二酸化炭素の排出量が地球気温に与える影響を問うのであれば，それは「原因の効果」を追究していることになる。優れた科学研究とは，この両方に関する疑問に関わるものであるが，社会科学においてこの2つのアプローチの違いは，方法論に大きな影響を与える。本書で取り上げる論点の多くは，まさしくこの違いに由来するのである。

　定量的文化と定性的文化では，「原因の効果」の問いと「結果の理由」の問いの扱い方に違いがある。一般に定量的研究者が社会科学の標準的手法として

明確に支持するようになったのは「原因の効果」アプローチである。特に，定量的研究者は母集団や標本の範囲内で特定の変数の**平均効果**（average effects）を推定することを支持してきた。その研究伝統においては対照実験こそが研究の良し悪しを判断する基準であるとされる。実験研究は処置群に関する平均効果の推定を試み，観察データを用いる統計的研究は，自らが関心を持つ独立変数の平均効果の推定を試みる。定量的研究者は分散説明力の最大化（たとえば，R^2〔決定係数〕の高さ）によってY〔の変動〕を説明しようとするときもあるだろうが，現在，このような研究の進め方は著しく減少している。本書の調査（巻末付録参照）によれば，定量的研究の論文の中でR^2の統計量を明示的に議論するものは，全体のわずか6％に過ぎない。

これに対して，定性的文化が関心を示すのは，個別事例の結果の説明や個々の事例内における特定の因果的要因の結果の分析である。定性的研究者は，実世界で起こった事象の研究から始め，そこからさかのぼって，事象の原因を探求していくことが多い。博物学，自然史，地質学，宇宙論を含む歴史科学（historical science）の研究者と同様，定性的研究者は「結果の理由」モデルを展開し，過去に起きた特定の出来事の原因を突き止めようとする。いずれも瑣末ではない必要条件で成り立ち，結果にとって十分条件となるような諸条件の組み合わせを突き止めることができるモデルであれば，理想的である。

概して，「結果の理由」の問いに答えるには，**多くの変数**による説明が求められる。特定事例の結果について因果分析を行えば，さまざまな要因の働きを見てとることができる。これに対して，統計的研究の平均効果アプローチは，普通は**わずか1つ**の独立変数のみに着目しがちである。もちろん，実験を用いた研究環境以外では，研究者は特定の変数が効果を有しているのかを推定するために，統計モデルにほかの「統制」変数を投入する必要がある。しかし，それらの統制変数は原因の交絡（confounding causes）の問題に対処するために投入されるのであって，そうした変数が分析対象に与える効果や寄与に関心があるからではない。

定性的研究者も，「結果の理由」アプローチの一端であるにせよ，効果そのものに何らかの関心があるにせよ，個々の原因の効果を考察することはあるが，原因の効果の分析と平均因果効果の分析を同一視することはない。むしろ，因

第3章　結果の理由 対 原因の効果

果効果を分析するときは，諸要因が特定事例の結果に対して必要条件になっているのか，それとも全体として十分条件になっているのかを問う。そのため，原因の効果を研究する場合，定性的研究者は，明示していなくても集合論と論理学の考え方に則して因果効果を概念化しているのである。

　このような定量的研究者と定性的研究者の違いは，研究者が母集団と個別事例のどちらにどれくらい関心を抱いているのかということと密接に関連している。定義上当然のことながら，定量的分析者は母集団の分析に関心を寄せ，個別事例には関心を示さない。そのため，おのずから原因の効果を母集団の平均という観点から考えがちである。対して，定性的伝統に属する研究にも複数の事例間に成り立つ一般化はつきものであるが，概して強い関心を寄せるのは個別事例の説明である。そのため，定性的研究者は平均効果にあまり関心を示さず，特定事例の結果をもたらした原因におもに注目するのである。

2. 研究上の問いの種類

　定量的研究者と定性的研究者がどちらも関心を寄せるのは「何が Y の原因なのか」という一般的な問いに答えることである。だが，その問いは異なる形へと言い換えられる。定量的研究者は「原因の効果」アプローチを用いて，問いを「母集団全体において X は Y にどの程度の平均効果を与えるのか」という形へと言い換える。彼らが「結果の理由」アプローチを用いて，問いを「母集団全体において Y を説明する X_S は何か」という形へと言い換えることはめったにないだろう。これに対して，定性的研究者は，「結果の理由」アプローチを用いて，問いを「単一あるいは複数の特定事例において，Y を説明する X_S は何か」という形へと言い換えることが多い。また，独自の「原因の効果」アプローチを用いて，「単一あるいは複数の特定事例において，X は Y の原因であったのか」へと言い換えることもありうる。

　統計学の方法論者は「結果の理由」アプローチと「原因の効果」アプローチの違いを認識している。たとえば，統計学者のポール・ホランドは，2つのアプローチの間には「橋渡しできないほど大きな溝」があるとし，以下のように論じた。

第I部　因果モデルと因果推論

　どちらのアプローチも「A が B の原因になる」という表現に意味を与えようとしている。〔「結果の理由」アプローチは〕「A が B の原因になる」という表現を「A が B の原因の1つである」と解釈し，〔「原因の効果」〕モデルは，「A が B の原因になる」という表現を「A の**効果**が B である」と言い換える（Holland 1986: 970）。

　ホランドの引用文では単一の因果的要因が強調されているが，「結果の理由」に関する問いには，結果を「完全」に理解するためおのずから多くの変数による説明が求められる。「結果の理由」アプローチは，結果 Y から議論を始めて，その Y を説明しうる諸条件を特定できるような因果モデルの構築を試みるのである。

　この2つのアプローチがあることは承知しつつも，今日の定量的研究者は「原因の効果」アプローチを採用する。レベッカ・モートンとケネス・ウィリアムズは以下のように述べる。

　　政治学の定量的研究の多く（数学的表現に基づくアプローチと言えるだろう）は……特定の原因の効果を調べることに焦点を当てている。このような作業は結果の理由に関する一般モデルを構築するための一環として掲げられるときもあるが，研究者がそのような目標を抱いていても，明示されないことが普通である（Morton and Williams 2010: 35）。

　たとえば，定量的研究者が「民主主義の原因は何か」を問うとき，関心に合った特定の独立変数の効果を検討するのが普通である。経済発展（Londregan and Poole 1996），政党（Mainwaring 1993），大統領制（Cheibub 2007）などの変数が，民主主義に何らかの効果を与えるのかを問うことになる。まさしく，経済発展，政党，大統領制などが母集団内で民主主義に何らかの効果を与えるのかを知ることこそが，こうした研究の要点なのである。

　定量的研究の根底にあるのは実験パラダイムである。それゆえ，定量的研究者には「結果の理由」の伝統は支持しにくい。むしろ，「結果の理由」に関す

第3章 結果の理由 対 原因の効果

る研究を軽視するほうが普通である。たとえば，定量的方法論者の中には，「結果の理由」の研究は「記述」に過ぎないと主張する研究者（Sobel 1995）や，因果関係に関する一般的知見を生み出せないと批判する研究者（Beck 2006）もいる。ヨシュア・アングリストとヨーン＝ステフェン・ピスケによれば，「いかなる実験でも答えられないような研究上の問いはFUQsである。すなわち，根本的に確認不能な問い（Fundamentally Unidentified Questions; FUQs）なのである」（Angrist and Pischke 2009: 5）。すでに指摘されているように，因果関係に関する有力なモデルとして，ネイマン＝ルービン＝ホランド・モデルは，「純粋に原因の効果についてのモデルである。このモデルは，結果の集合から結果の理由のモデルをどのようにして導くのかということについては何も語らない」（Morton and Williams 2010: 99）。統計学者のアレキサンダー・ダウィードは「結果の理由」アプローチを因果関係の特例として提示した（Dawid 2000）が，その見解はほとんど相手にされなかった。何人かの高名な統計学者から寄せられた意見に応酬するうちに，ダウィードは自らの「結果の理由」についての分析がほとんど何の議論も喚起していないことに気づき，驚きを感じた。彼は「自分が『結果の理由』の推論について言及したことは大きな論争を呼ぶものと期待していたが，ほとんど議論として取り上げられなかったことに拍子抜けした」（Dawid 2000: 446）という。

それでは，統計学者であれば，「結果の理由」の問いをどのように取り上げるだろうか。「Y〔の変動〕を説明する」という目標を達成する1つの方法は，分散説明力の最大化を試みることである。従来の統計学は，分散説明力，すなわち，R^2の最大化こそが主要な研究目標であり，統計モデルの重要な判断基準であった。このアプローチを用いれば，モデルのR^2の値が1.00に近いほど，Yを説明していることになる。統計学者が，(1) 個別のX_iがYの分散をどの程度説明できるか，(2) モデル全体でYの分散がどの程度説明できているか，という2つの点に興味を抱いてきたことは，過去数十年にわたる数多くの統計学の論文を読めばわかるだろう。

しかし，1980年代中頃以降，政治学と社会学の統計学者は「R^2モデル」を否定し始め，「原因の効果」アプローチを採用するようになった。主要な定量的方法論者たちは，分散の説明を研究目標に掲げることを疑わしいと思うよう

第 I 部　因果モデルと因果推論

になったのである。

> R^2 の値の大きさを研究目標に掲げても，それは回帰分析の本来の目標とは同じではない。……最良の回帰分析モデルの R^2 であっても，ほかのモデルで得られる R^2 の値を下回ることが常である。R^2 の値の大きさを求めるという目標は……政治学の何らかの問いに対して意味を持つとは考えにくいのである（King 1986: 677；また，King 1991 も参照）。

ゲイリー・キングたちは，従属変数に近い変数（たとえば，ラグ付き従属変数）を加えれば，いとも簡単に R^2 の値が跳ね上がることを示した。R^2 をなるべく高めようとするあまり，多くの独立変数を投入してしまいがちであるが，こうした手法はさまざまな理由から問題を孕んでいると言えるだろう（Achen 2005b）。要するに，因果モデルの判断基準として R^2 を用いる定量的研究者はいまでは少なくなっている。R^2 が 0.10 に満たなくても，非常に優れた研究が公表されることも十分ありうるのである。

さらに，前世代の統計学者たちが結果を多少なりとも包括的に説明しようとしてパス・モデルを開発してきたことも指摘しておきたい（たとえば，Blalock 1964）。これらの研究者は，構造方程式モデルのような手法を用いて，ある事象の配列の異なる場所に配置された複数の独立変数がどのようにして結びつき，特定の結果を生じさせるかを突き止めようとしたのである（Bollen 1989）。パス・モデルは，統計分析に関する研究では現在でも取り上げられることはあるが，たいていは社会科学の範囲外である（たとえば，Pearl 2000; Morgan and Winship 2007）。パス・モデルは，社会科学の実証研究の手法としてはすでに用いられなくなっている。

これに対して，定性的研究は，結果に対して全体として十分条件になるような要因を突き止めるべく，因果関係に関する議論を展開し続けている。たとえば，定性的研究者が試みるのは，第一次世界大戦の勃発，東アジアの著しい経済発展，冷戦の終焉，非常に手厚い福祉国家の構築，ネオ・ポピュリズム体制の出現などの原因を突き止めることである。こうした研究の主な目的は，分析射程内のすべての個別事例で生じた特定の結果について，包括的説明を提示す

第3章 結果の理由 対 原因の効果

ることにある(たとえば,Levitsky and Way 2010)。

また,定性的研究者は,結果を包括的に説明しようとするときに個々の原因の効果についても同時に分析することが多い。Yの説明(すなわち,結果の理由の分析)に焦点を当てるには,さまざまなXsの因果効果を示すこと(すなわち,原因の効果を分析すること)が求められる。定性的研究者は特定の原因とそれが及ぼす特定の効果にしか興味を示さないこともある。たとえば,デイヴィッド・コリアーとルース・ベリンス・コリアーの*Shaping Political Arena*が着目したのは,労働者包摂期に見られた違いがラテンアメリカ諸国のその後の長期的な政治力学に与えた効果を理解することであった(Collier and Collier 1991)。その主な分析目標は,労働者包摂期に見られた類似点と相違点が個々の事例の主な政治状況の類似点と相違点を説明するのにいかに重要なのかを示すことである。

しかし,定性的研究者は「原因の効果」アプローチを用いて事例の母集団全体について一般化を試みたとしても,平均因果効果を推定することはない。むしろ,単一あるいは複数の事例で実際に生じた結果にとって必要条件と考えられる条件の効果を考察することが多い。そのため,XがYに因果効果を与えたと定性的研究者が主張するとき,通常,その研究者は,分析対象の事例においてXが生じていなかったら(あるいは,違う形で生じていたら),Yは生じていなかっただろう(あるいは,違う形で生じていただろう)と考える[1]。たとえば,コリアーたちの議論が根差しているのは,労働者の包摂の仕方の違いがそれぞれ固有の遺産をもたらしたという考え方である。労働者包摂期は,政治的帰結を完全に規定したわけではなかったが,研究対象の国々で起こった多くの重要な政治的力学にとっては必要不可欠な構成要素であった。

3. 個別事例

定性的研究者は,民主主義,戦争,経済成長,制度変化などの重要な結果がなぜ生じたのかという一般的な問いに答えようとするが,それと同時にそうし

---

[1] 例外は,複数の十分条件が特定事例の結果を過剰決定した場合である。この場合,個別の要因Xは,その特定事例のYの必要条件ではないかもしれない。

た結果がなぜ個々の事例に生じたのかを説明しようとする。「結果の理由」アプローチを採用すると、事例の集合だけではなく、その集合に属する個別事例にも同時に当てはまるような説明を提示することが求められる。定性的文化において説得力のある一般的説明を提示することは、同時に個別事例に対して説得力のある説明を提示することなのである。

それゆえ、定性的研究者が掲げるのは、以下の基本原則である。

Y に関する優れた一般的説明は、Y に関する個別事例の説明としても優れている。

たとえば、戦間期欧州の社会民主主義に関する説明は、スウェーデン、ノルウェー、デンマークそれぞれの社会民主主義の原因を突き止めなければ、優れた説明とは言えない。有名な研究例として、グレゴリー・ルーバート (Luebbert 1991) の場合、一般的に戦間期欧州に社会民主主義をもたらした要因（中間層の分裂、自由主義勢力の弱さ、社会主義政党と農民政党の連合）は、スウェーデン、ノルウェー、デンマークそれぞれの個別事例に社会民主主義をもたらした要因と同じである。ある結果に対する一般的説明が存在したとしても、個別事例をうまく説明できなければ、それは一般的説明として優れているとは言えない。別の有名な研究例を挙げると、シーダ・スコチポルは植民地支配を受けなかった農業国家における社会革命の説明を提示した (Skocpol 1979)。彼女の説明は（限定的な）分析射程の範囲に含まれる正の事例〔社会革命が生じた事例〕に自らの説明を適用することを目指しているという点において、一般的説明であると言える。同時に、その説明は分析射程の範囲内における正の個別事例（すなわち、フランス、ロシア、中国）を適切に説明することを目指したものである。もし社会革命に関する正の個別事例を1つでも説明できなければ、その説明は一般的説明として成功しているとは言えない。

そのため、定性的研究者に求められるのは、自らが提示した因果モデルが個別事例についても成り立つと納得させることである。定性的研究者は、自らの因果モデルが（あまり広くない分析範囲内の）**すべての事例**（あるいは少なくともほぼすべての事例）に関する Y の説明として成り立つことを立証したい

第3章 結果の理由 対 原因の効果

と考える。それゆえ，有意な平均効果を推定するのではなく，「$Y=1$」の事例を説明するときにおよそつねに成り立つ因果的議論を立てようとするのである。

これに対して，「原因の効果」に関する定量的分析の場合，個別事例やその事例の原因を詳細に論じる研究はほとんど重視されない。その理由は，スタンリー・ミルグラムの服従実験（Milgram 1974）のような，典型的な実験における個々の観察の位置づけを踏まえると理解しやすい。個々の被験者は，実験条件を操作する際に（たとえば，「先生」に対する空間的近接性に応じて）処置群と統制群のどちらかに無作為に割り振られる。この実験は，権威のある人物との空間的近接性が服従に与える効果について何か重要なことを教えてくれるかもしれないが，それは**特定の**被験者の振る舞いの理由を説明することを目指したものではない。さらに言えば，実験には個々の被験者について議論するための方法はないかもしれない。そもそも，研究全体として，被験者の身元を特定できないことが多いからである。

同じく，定量的研究が重視するのは，特定事例の説明ではなく母集団における独立変数の平均効果である。その平均効果は個別事例に適用できるかもしれないし，適用できないかもしれない。独立変数が特定の観察に対していつも通りの効果を示すのか否かを問うことは的外れである。何らかの単一事例において，X が Y にどのような影響を与えるのかを知らなくても，母集団全体において，X が Y にいつもの効果を与えることを知ることはできるのである。

原則的に言えば，「原因の効果」の多数事例分析でも個別事例を問うことはできる。すなわち，「X は処置群に含まれる被験者 i に因果効果を与えたのか」を問えばよいのである。しかし，何らかの事例内の情報がなければ，この問いに答えることは難しい。実際，個別事例 i における因果効果は推定できないというのが，統計学の標準的アプローチの想定である。だからこそ，母集団全体についての平均因果効果を推定するほうがよいと考えられているのである（たとえば，King, Keohane, and Verba 1994）。

とはいえ，平均因果効果に関する情報が，個別の観察を論じるときに役立つことは確かである。たとえば，医師は多数事例の実験研究や観察研究に基づいて，個々の患者を診察するのが常である。薬を処方し，症状がなくなれば，医師はその薬が患者に因果効果を与えたと**推論する**かもしれない（もちろん，プ

ラシーボ効果の場合もありうる)。しかし,ある程度の情報に基づいているとはいえ,その薬が症状に効果を与えた因果経路を分析しなければ,この推論は推測の域を出ないのである。

4. 結論:相互補完性と多重手法的研究

　「結果の理由」アプローチと「原因の効果」アプローチのどちらを採用するのか。この判断は,概して研究の方向性と目的の違いに左右される。すなわち,事例過程分析(within-case analysis)を用いて個別事例を研究するのか,それとも事例比較分析(cross-case analysis)を用いて母集団の中心的傾向を分析するのかによって分かれるのである。定性的研究者は,事例過程分析を用いて,結果をもたらした特定の事象や過程に関する推論を立てようとする。事例過程分析と密接に関係しているのは,特定事例の結果をもたらした要因を論じようとする研究である。これに対して,定量的研究者は,事例比較分析を用いて,母集団に関する推論を立てようとする。母集団全体における特定の変数の効果に関する問いを立て,それに答えようとするが,変数が特定事例に与える効果について何かを論じることはほとんどない。

　この2つのアプローチは,補完的に利用できるし,実際に補完的に活用されるときもある。これはどちらのアプローチもそれぞれ役に立つことを示している。定性的研究者は,特定の結果を説明しようとするとき,特定の原因の効果に関する統計分析の先行研究など,既存の知識を踏まえて研究を始めることが多い。同じく,優れた定量的研究は,個別事例の結果の理由に関する知見を踏まえていることが多い。定性的研究の知見は,後々の統計分析の考察対象になりうるのである。

　以上のことからもわかるように,定性的アプローチと定量的アプローチは,ともに相手にはない研究上の価値を持ち,相互に補完できると考えられる。少数事例の結果を論じた優れた定性的説明が存在すれば,その説明を踏まえて,研究者は分析範囲を広げてもその議論と同じ要因が働くのかという疑問を抱くだろう。そして,特定事例の説明より平均効果の推定を目指した多数事例分析を行おうとするだろう。同じく,原因の効果に関する定量的研究の知見を目に

すれば，研究者は個別事例の歴史を踏まえて，その知見が意味を持つのかどうかを問い，特定の事例の中にその効果を見出そうとするのは自然なことである。この種の相互補完性があるからこそ，多重的手法が可能になり，〔定性的文化と定量的文化という〕文化間の対話と協力の価値は高まるのである。

5. 推薦文献

「結果の理由」アプローチと「原因の効果」アプローチの違いは Holland (1986), Dawid (2000), Morton and Williams (2010) で論じられている。この2つのアプローチは，政治学と社会学の定性的研究と定量的研究のパラダイムと密接に関係している（し，実際の研究でもそのように用いられている）が，つねに関係しているとは限らない。実験アプローチと統計アプローチを多数事例分析の「結果の理由」モデルの検証にどのように役立たせるかという議論は Heckman (2005), Morton and Williams (2010: 33-41, chap.6) を参照。定性的研究を平均効果の推定に役立たせる方法に関する議論は Gerring (2007a) を参照。定性的研究における個別事例の役割については Collier, Brady, and Seawright (2010a), George and Bennett (2005), Mahoney and Rueschemeyer (2003) を参照。

第 4 章

因果モデル

> 因果モデルに関して言えば，用いられる対象や分析されるシステムの種類の違いによって，さまざまな形をとるはずである。
>
> ナンシー・カートライト

1. 序　　論

　本章では，統計的文化で一般的に用いられている加算・線形の因果モデル (causal model) と，定性的文化で（何気なく）用いられることが多い論理学に基づく，集合論の因果モデルを比較する。以下の各章で論じていくのは，この因果モデルのどちらか一方を選択したときに派生的に生じる論点である。というのも，因果モデルの違いは，因果関係，非対称性，反実仮想などに関する考え方の違いを意味するからである。

　本章では，初めに，研究例を踏まえて 2 つの因果モデルを紹介し，次に，その双方の主な違いを論じる。2 つの因果モデルは大きく異なるため，どちらか一方がアプリオリに正しいわけではないというのが，筆者たちの考えである。どちらのモデルも社会現象や政治現象を説明する方法として役立つだろう。しかし，双方に違いがあるからこそ，2 つのモデルを組み合わせようとしたり，どちらかのモデルの知見をもう一方のモデルに活用しようとしたりすると大きな障壁に直面してしまう。それぞれの特徴を正確に理解することこそが，こうした障壁を乗り越えるための初めの一歩である。

2. 2つの因果モデル

　定性的研究と定量的研究の標準的な因果モデルは，一見しただけではわかりにくいが，似て非なるものである。このことを説明するために以下の2つのモデルを取り上げてみたい。この2つは定量的研究と定性的研究のそれぞれのパラダイムで広く用いられているモデルである。

$$Y = \beta_0 + \beta_1 X_1 + \gamma_1 C_1 + \gamma_2 C_2 + \cdots\cdots + \varepsilon \tag{4.1}$$

（A AND B AND not C）OR（A AND C AND D AND E）は，
Yの十分条件である。 (4.2)

　方程式（4.1）は，OLS 回帰など，最も広く用いられている一般線形モデルや，DID 回帰（difference-in-differences regression）など，人気の高い回帰モデルに見てとることができる。対数線形モデルや多項式回帰モデルも，この基本形の方程式に該当する。ロジット・モデルで用いられるのは非線形関数であるが，その指数は線形である。通常，ロジット・モデルが用いられる理由は，そのモデルが二値の従属変数を扱うことができるからであって，分析者が因果関係のパターンを非線形と考えているからではない[1]。主要学術誌に掲載された研究を見てみると，定量的研究が因果関係のモデル化のアプローチとして最も広く用いているのは，方程式（4.1）に類するモデルである（巻末付録参照）。

　本章の趣旨から言えば，方程式（4.1）の特徴として重要な点は，X_1がYに与える効果（β_1）の推定に研究者が関心を寄せていることである。このモデルには，中心的仮説（X_1）に関する変数以外に，統制変数や交絡変数（C_i）も含まれている。X_1とYの二変量間の有意な効果（$\hat{\beta}_1$）が説得力を持つことはほとんどなく，その二変量間の関係性が変数C_iの統制によって消えてしまうかもしれないという懸念に対処する必要がある。方程式（4.1）の精緻化を試みる議論は，方法論に関する文献の中に豊富に見られるが，定量的手法によって最も高い評価を受けている実証研究が用いているのは，この基礎的な加算・線

---

[1] たとえば，Bates and Watts（1988）が論じたように，非線形モデルを推定するための統計的手法も存在する。しかし，政治学や社会学で教えられたり，使われたりすることはほとんどない。

第 4 章 因果モデル

形関数の標準形であることに依然として変わりはない。

とはいえ、最良の研究の進め方をめぐる定量的研究者の論争に視点を移すと、そこには下位文化ごとの違いを見ることができる。最も特筆すべきは、ネイマン＝ルービン＝ホランド・モデル、すなわち、「潜在反応」(potential outcomes) という枠組みが一般線形モデルとは異なる統計学のアプローチとして無作為実験の理想に明らかに近い枠組みを提示していることである (Morgan and Winship 2007 を参照)。この枠組みの基本モデルは以下の通りである。

$$\text{因果効果} = \overline{Y}_{(X=1)} - \overline{Y}_{(X=0)} \tag{4.3}$$

方程式 (4.1) の Y と同じく、この「因果効果」は確率変数 (random variable) である。因果効果が有意であり、0 ではないという仮説の検証を試みることが一般的である。X の**平均**因果効果の推定を目指した一般線形モデルのようなアプローチと比べて、この枠組みのほうがわかりやすい。膨大な数の観察から処置群を無作為に割り当てているため、この基本モデルには統制変数は不要なのである。

潜在反応は、統計的方法論者の間で非常に有力であるが、研究の進め方としてまだ広く行き渡ってはいない (巻末付録参照)[2]。というのも、このアプローチは、二値変数に代えて連続変数を用い、交互作用項や媒介変数などの微妙な違いを導入するため、非常に複雑なものになってしまうからである。とはいえ、多くの方法論者は、研究の進め方として広く用いられている方程式 (4.1) ではなく、方程式 (4.3) こそが定量的研究パラダイムの因果モデルの基本であるべきと主張するだろう。

現在の統計的方法論者に見られるもう 1 つの重要な下位文化は、ベイズ主義アプローチである。ベイズ主義に基づく分析は、何十年にもわたって用いられているが、社会科学の研究においては歴史的にあまり用いられてこなかった。しかし、近年の演算能力の発達とマルコフ連鎖モンテカルロ法 (Markov Chain Monte Carlo methods) の登場によって、ベイズ主義アプローチを応用するときの障害は消えつつある。政治学の定量的方法論者の間には、ベイズ主

---

[2] Pearl (2000) も、因果関係に関して、有力な確率論的アプローチを提示しているが、研究の進め方としてまだ大きな影響を与えていない。

第I部 因果モデルと因果推論

義の下位文化が存在し，活発に研究を進めている（たとえば，このことを肯定的に捉える見方として Schrodt 2010 を参照）。この下位文化の前提や哲学は，方程式（4.1）とは大きく異なる（これに関しては Jackman 2009 が優れた議論を展開している）。ベイズ主義アプローチと頻度主義アプローチは実質的に大きく異なるため，ベイズ主義の下位文化は，少なくとも直接的には潜在反応〔の枠組み〕とはあまり関係ない[3]。

要するに，統計的方法論にはさまざまな主要学派が存在し，その学派間で論争が生じているのである。とはいえ，本書の目的は，社会科学の研究者の世界において，最良の研究という評判を受け，有力と見なされている研究の進め方を論じることにある。それを踏まえると，最も本書の目的と合致するのは方程式（4.1）の基本モデルである。

次に定性的研究パラダイムの議論に移りたい。筆者たちの考えでは，多くの研究の根底にあるのは方程式（4.2）である。この提案には異論もあるだろう。定性的研究者は，方法論を体系的に論じないことも多く，議論を方程式として表現しないからである。しかし，筆者たちは，定性的研究者の議論に方程式（4.2）に類似した考え方が何気なく使われやすいことを見出した。その方程式では加算モデルのような代数学や統計学の代わりに集合論の考え方が用いられる。

ここまではモデルを言葉で表現してきたが，数理論理学（mathematical logic）によって表現することもできる。方程式（4.4）の因果モデルは，2つの要因の組み合わせが結果をもたらすこと，すなわち，結果に対して十分条件であることを示している。用いられるのは，論理学の記号とブール代数の演算子である。記号 $\land$ は論理積（AND），記号 $\lor$ は論理和（OR），記号 $\neg$ は論理否定（logical negation），記号 $\to$ は十分条件を表している。

$$(A \land B \land \neg C) \lor (A \land C \land D \land E) \to Y \tag{4.4}$$

同じ方程式を集合論の記号によって表現することもできる。$\cap$ は積集合（inter-

---

[3] たとえば，Jackman（2009）は，ベイズ主義アプローチに関して優れた議論を展開しているが，その著書の索引には「潜在反応」の項目が掲載されておらず，因果効果という考え方に事実上言及していない。

section），∪は和集合（union），$\overline{C}$はCの補集合（complement），⊆は部分集合ないしは同等の集合を表している．

$$(A\cap B\cap \overline{C})\cup(A\cap C\cap D\cap E)\subseteq Y \tag{4.5}$$

方程式（4.4）と方程式（4.5）で表現したような因果モデルは，方程式（4.1）の定量的モデルとは大きく異なるように見える．しかし，この方程式を以下のように定量的モデルと類似した形で表現することはできる．

$$Y=(A*B*c)+(A*C*D*E) \tag{4.6}$$

このように表現すると，集合論・論理学モデルは交互作用項を表現するための方法と見なされてしまうかもしれない．しかし，言語間の言い換えがそうであるように，論理積と統計モデルの乗算との類似は一部に過ぎない．「数学的序論」の章で論じたように，この類比では両者の実質的な違いを把握できない．

さらに，方程式（4.6）を用いて，定性的モデルを統計学の方程式へと言い換えることもできる．

$$Y=\beta_1(A*B*c)+\beta_2(A*C*D*E)+\varepsilon \tag{4.7}$$

このようなモデルを研究論文で見たことはあるだろうか．答えは「ノー」である．このようなモデルを推定することは統計学のソフトウェアで禁止されているわけではない．しかし，標準的な統計学の方法に従えば，そのような研究の進め方を避けるほうが無難である．たとえば，このモデルには切片項（intercept term）が含まれていない．方程式（4.7）の推定は切片項が0であるという想定に基づく．しかし，おそらく，それはただ想定するだけでなくて，検証してみなければわからないであろう．これに対して，集合論・論理学のパラダイムでは「切片項」という概念はほとんど意味を持たない．

3. 集合論モデルと事例過程分析：その一例

ほとんどの社会科学者は，統計学の講義をいくつか履修し，そこで一般線形モデルを学習する．これに対して，集合論に基づく因果モデルは，多くの社会

第 I 部　因果モデルと因果推論

科学者，特に集合論を何気なく分析に用いる定性的研究者にとってさえ，あまり馴染みがないものである。そのため，方程式（4.5）のような考え方が実際の研究を進めるうえでどのように表れるのかを見てみるとわかりやすい。その一例として，2000 年大統領選挙においてフロリダ州でのゴア勝利を伝えた選挙速報の効果を分析したヘンリー・ブレイディの研究（Brady 2010）を考察してみたい。この研究は特定の結果に関する事例過程分析（within-case analysis）において集合論モデルを何気なく用いているのである。

　ブレイディのアプローチの目的は，ジョン・ロットの有力な主張（Lott 2000）に反論することにあった。ロットは，ゴア勝利を伝えた選挙速報によって，ブッシュ陣営はフロリダ州の北西部 10 郡（panhandle counties）の少なくとも 1 万票を失ったと主張していた。メディア各局が見切り発車でゴアの勝利を伝えていた時間帯には，北西部諸郡の投票はまだ締め切られていなかった。この主張に対して，ロットが用いた DID 回帰分析（Angrist and Pischke 2009 を参照）は適切ではなく，誤った推論を導き出したと指摘したのが，ブレイディであった。

　ブレイディは，失った可能性のある得票数を推定するため，統計的方法論による事例比較分析ではなく事例過程分析を用いた。メディアの速報によってブッシュ陣営が獲得していたはずの票が失われるまでのメカニズムを反実仮想によって検討したのである。とりわけ，「絞り込みの検証」（hoop tests; この種の検証方法に関しては「事例過程分析 対 事例比較分析」の章を参照）を何度も行うことで，早い段階での速報が，ブッシュ陣営がフロリダ州の住民の票を失うための必要条件になるような諸条件を割り出した。

　ブレイディは，ブッシュ陣営が投票者 i の票を失うには，その投票者が同時に 3 つの集合の要素でなければならないことを絞り込みの検証によって示した。第一に，フロリダ州北西部諸郡の東側に住む居住者の集合の要素でなければならない。第二に，投票を終えていない有権者の集合の要素でなければならない。第三に，ゴア当選の速報を視聴した諸個人の集合の要素でなければならない。論理学の観点から見ると，この各集合の要素であることは，ブッシュ陣営に投票していた可能性があったと見なされる諸個人の**必要条件**である。そのため，ブレイディは（何気なく）以下の集合論の方程式を用いていたということにな

第4章　因果モデル

る。

$$Y \subseteq L \cap E \cap H \tag{4.8}$$

この方程式の L はフロリダ州北西部諸郡の東側の居住者，E は速報前に投票を終えていない有権者，H はゴア当選の速報を視聴した諸個人を意味し，Y は早い段階での速報によってブッシュ陣営が失った可能性のある得票数の最大値を表す。この方程式は，**起こりうる**票の変動の集合が $L \cdot E \cdot H$ という3つの集合の積集合であることを示すものである。これは，失われた可能性のある票の最大値（すなわち，3つの集合の積集合の要素である諸個人の人数）を計算する方法として，単純ではあるが有益な手法である。

さらに，ブレイディが重要な課題として取り組んだのは，以上の3つすべての集合の要素である人口の規模を推定することである。従来の投票パターン，フロリダ州のメディア視聴率，投票行動の一般的知識に基づき，事例過程分析を用いて，ブレイディは推計値を割り出した。その計算によれば，「ブッシュ陣営が失った得票数のおおよその上限は224票，……実際に失った得票数は，およそ28票から56票である。1万票というロットの値は全く意味を持たない」（Brady 2010: 240）ということになる。

この簡潔な研究例を踏まえると，集合論の因果モデルと統計学の一般線形モデルとの間に3つの大きな違いがあることがわかる。

1. 統制変数が存在しない：たとえば，DID 分析を用いた場合，フロリダ州の各郡に関して，さまざまな統制変数（あるいは固定値）を加えることになる。
2. 従属変数が異なる：方程式 (4.8) で推計するのは，失った可能性のある得票数の最大値である。「数学的序論」の章で論じたように，集合論モデルにおける最大値（ないしは最小値）は，統計モデルにおける平均値の役割を担うことが多い。
3. 必要条件と十分条件：ブレイディのモデルで仮定されているのは，失った可能性のある得票数に対して個別に必要条件になるような諸条件である。

本節の目的は，ロットの統計モデルとブレイディの集合論モデルの優劣を判断することではない。あくまでも，この両者がかなり異なる形で研究を進め，異なる従属変数を検討し，異なる結果を導き出したことを強調したかったのである。

4. 因果関係の複雑さ

定量的研究者と定性的研究者はどちらも，実世界の因果関係のパターンを何らかの形でかなり複雑なものとして想定する。また，因果関係をモデル化すること自体，複雑な作業であると考えている。しかし，因果関係の複雑さをどのような形で表すかは，定量的研究パラダイムと定性的研究パラダイムでは異なる。

定量的文化の場合，従属変数につねに多くの原因が存在するという研究者の想定に因果関係の複雑さを見てとることができる。たとえば，方程式（4.1）には複数の独立変数が含まれており，さらには，誤差項（ε）は通常見過ごされた独立変数の一端として解釈される。非常に多くの原因が存在し，そのすべてを特定することは不可能であると想定することが，定量的伝統における慣例である。

従属変数に多くの原因が存在しているとしても，定量的研究は1つの特定の独立変数に着目しがちである。たとえば，方程式（4.1）で示した因果モデルが焦点を当てるのは X_1 である。つまり，ほかの独立変数は「統制変数」として扱われ，特段の関心は払われない。ほかに多くの変数が存在することを踏まえて，特定の変数の平均効果をうまく推定する方法を開発することが，因果関係の複雑さにともなう課題である。この課題への対応は難しい。なぜなら，ほかの原因が従属変数だけでなく研究対象となっている主たる独立変数にさえも影響を与えうる（擬似的関係になりうる）ため，その要因を特定し，統計モデルに加えることが求められるからである。より一般的に言えば，統制変数を追加し，因果関係上，同質的な事例群を作り出すことが求められる[4]。

これに対して，定性的研究パラダイムの場合，研究者が原因の**組み合わせ**に

第 4 章　因果モデル

着目し，因果関係のパターンをモデル化することが多いという点に因果関係の複雑さを見てとることができる（Ragin 1987）。方程式（4.2）で示したように，定性的研究者は，特定の結果をもたらす（すなわち，特定の結果の十分条件である）原因の束（causal packages）ないしは配合表（causal recipes）を探求することが多い。定性的モデルを統計学の観点から表現し直した方程式（4.7）は，その一例である。すなわち，この方程式で β と結び付いているのは，個々の変数ではなく，原因の束なのである。これと同じ考え方は，3つの集合の組み合わせからブッシュ陣営が失った可能性のある得票数の最大値を導き出すことができるというブレイディの研究例からも読みとれる。

因果関係の配合表を探求するときには個々の変数の役割は軽視されがちである。個々の変数が必要条件ではないときは特に軽視されやすい。「原因 C の平均効果とは何か」という問いは，C の役割が因果的配列（causal configurations）ごとに変化するのであれば，あまり大きな意味を持たないだろう。たとえば，方程式（4.2）の C は，ほかの因果的要因との関係性の違いによって，正の効果を示すときもあれば，負の効果を示すときもある。同じく，B は，A が存在し，かつ，C が存在しない場合と組み合わさったときには意味を持つが，ほかの状況では結果に対して効果を示さない。そのため，B の効果を適切に特定するには B が生じる文脈（すなわち，ほかの因果的要因）について何かを論じることが求められる。

同じことは統計モデルの交互作用項にも生じうる。方程式（4.1）で提示したのは，最も広く用いられている統計モデルであるが，以下のように交互作用項に基づく仮説やモデルも広く用いられていないわけではない（巻末付録参照）。

$$Y = \beta_0 + \beta_1 X_1 + \beta_2 X_2 + \beta_3 X_1 * X_2 + \gamma_1 C_1 + \gamma_2 C_2 + \cdots\cdots + \varepsilon \tag{4.9}$$

このモデルの場合，X_1 は，X_2 のある範囲の値では正の効果を示し，X_2 の別の範囲の値では負の効果を示す可能性がある。交互作用の効果が存在する場合，その交互作用項を構成している変数ごとの個別の影響について言えることは少ないという点において，どちらの文化も同じ見解に立つ。

4　これは因果関係に関する統計学哲学の文献では重要な論点である（たとえば，Cartwright 1989: 55-56）。

第Ⅰ部　因果モデルと因果推論

　とはいえ，優れた統計学者であれば，方程式（4.6）のような複雑な集合論モデルを推定することはほぼないだろう。こうした方程式を推定するには，A, AB, AC, AD など，すべての低次項をモデルに加えるべきと考えるのが，統計学の研究の進め方である。このように研究を進めることに関して，統計学に非常にもっともな理由がある一方，集合論にはそのような根拠は存在しない。定性的モデルで示される因果的配列をモデル化するための統計的手法を開発することも仮定上は可能である。だが，そのような統計モデル（たとえば，ブール・プロビットやブール・ロジット）（Braumoeller 2003）は，統計学の主流の手法から大きく逸脱している。

　しかし，集合論モデルで因果関係を表現することは，決して交互作用項を表現することではない。むしろ，そこで表現されるのは，特定の因果関係の組み合わせである。方程式（4.6）を定式化する際には $X_1 * X_2$ という一般項は用いず，「集合 A の要素であり，集合 B の要素であり，集合 C の要素ではない（c）」という特定の因果関係の組み合わせを用いる。この A, B, c という特定の配列の要素こそ，Y の十分条件なのである。それゆえ，集合論モデルは，複数の因果的要因を論理演算子 AND によって「束」にまとめる。あるいは（その〔原因の〕組み合わせが結果の十分条件であるという考え方を強調すれば）「十分条件の組み合わせ」と呼ぶこともできる。このように考えると，原因の束全体は，その個々の構成要素より大きなものと見なすことができる（Ragin 1987）。

　比較歴史分析など，定性的研究の因果的議論には，このような十分条件の組み合わせがつきものである。たとえば，シーダ・スコチポルは，国家の崩壊と農民の叛乱の組み合わせが農業中心的・官僚的社会における社会革命の発生の十分条件であると提示（Skocpol 1979）し，ブライアン・ダウニングは，中世の立憲主義の存在と軍事革命の欠如が早期の民主主義の確立の十分条件であったと論じた（Downing 1992）。さらに，ジェイムズ・マホニーは，旧スペイン領アメリカ諸国において，先住民の人口の少なさと経済発展の高さとの組み合わせが社会発展の高さの十分条件であったと論じた（Mahoney 2010b）。また，因果関係の組み合わせに含まれる個々の要因を別々の時点に位置づける研究例もある。その一例として，グレゴリー・ルーバートは，ヨーロッパ各国の戦間期の政治体制に関して，第一次世界大戦前の自由主義勢力の弱さと第一次世界

大戦後の赤緑連合〔社会主義政党と農民政党の連合〕の存在が組み合わさって，原因の束として社会民主主義をもたらす結果になったと論じている（Luebbert 1991）。

5. 同一結果帰着性

定性的研究と定量的研究の2つのパラダイムの因果モデルに見られるもう1つの違いは，「同一結果帰着性」（equifinality; George and Bennett 2005）という概念に対する立ち位置の違いである。レイガンは，この概念を「複数因果関係」（multiple causation; Ragin 1987）と名づけた。同一結果帰着性は，同一の結果にいたる因果的経路が複数存在するという考え方である。集合論の因果モデルでは同一結果帰着性は論理和によって表現される。たとえば，方程式（4.6）には ABc OR $ACDE$ という2つの因果的経路が存在する。どちらの経路も結果にいたるための十分条件である。重要な点として，複数の原因の組み合わせでなくとも，同一結果帰着性が生じうることを指摘しておきたい。一例を挙げると，$A \vee B \vee C \to Y$ というモデルは，因果関係の合接（conjunctions）を含まずに同一結果帰着性を表現している。すでに言及したような，合接した因果関係ではなく，同一の結果をもたらす複数の条件や条件の組み合わせが存在することこそが，同一結果帰着性の際立った特徴なのである[5]。実際，少なくない数の事例への適用を目指した定性的研究の因果モデルは，因果的要因の合接と同一結果帰着性の両方を含んでいることが多い（方程式（4.6）は，その一例である）。

同一結果帰着性は定性的因果モデルだけに存在するとは限らない。方程式（4.1）のような統計モデルには，明示されないが，特定の結果へといたる経路が何千も存在しうる。統計学の方程式の右側は，本質的には加重和を表し，（たとえば，ロジット分析では）加重和の値が特定の閾値を上回ったときに，

---

[5] 同一結果帰着性に関する議論の多くは，複数の要因の組み合わせを同一結果帰着性の独特の側面と見なしているが，そうした見方は適切ではないというのが，筆者たちの考えである。キングたちのように，統計的観点からおもにこうした側面だけをみると，同一結果帰着性を，あたかも交互作用項を表現するための方法に過ぎないと（不適切にも）考えてしまいかねない（King, Keohane, and Verba 1994: 87-89）。

第I部　因果モデルと因果推論

特定の結果が生じると予測される。方程式（4.1）を同一結果帰着性の観点から解釈すると，従属変数の特定の値へといたる道筋は無数に存在するということになる。同一結果帰着性はたくさん存在するのである。むしろ，あまりにも多く存在するため，これについて論じることはあまり意味を持たない。

　同一結果帰着性が定性的研究の概念として役に立つのは，このパラダイムでは，特定の結果にいたる**因果的経路がごくわずかしか存在しない**と考えられているからである。通常，ある結果へといたる経路は，複数の要因を特定の形で組み合わせることによって成り立つ。しかし，それらの要因の数はあまり多くはない。定性的研究は，射程条件（「射程」の章を参照）の範囲が概して非常に狭く，その母集団の範囲内に存在するすべての因果的経路を割り出すことを目的に行われる。

　実際，定性的研究は，分析対象としたすべての事例に対して，特定の因果的経路を割り当てようとするのが通例である。研究の全体的目標は複数の事例の説明であるが，そのために各々の事例がたどった因果的経路を割り出そうとするのである。たとえば，アレキサンダー・ヒックスたちは，早期の福祉国家の樹立へといたる経路は3つ存在すると論じた（Hicks et al. 1995）。その分析を踏まえると，特定の事例がその3つのうちどの経路をたどったのかを正確に割り出すことができる（Esping-Andersen 1990 も参照）。このような因果的経路は，定性的研究において一般的な理論的知識を導き出すときに重要な役割を果たしうる。別の有名な研究例として，バリントン・ムーアは，近代世界へといたる3つの経路（変数の特定の組み合わせとして定義される）を割り出すだけでなく，どの国がどの経路をたどったのかについてもはっきりと特定した（Moore 1966）。

　定量的研究の場合，独立変数のありふれた因果的配列に即して事例を分類しても，分析には役立たないように思われる。そのような分類も可能ではあるが，定量的伝統ではそのように研究を進めることはない。その理由は，論理学の観点から見て，統計学の方程式（4.1）がどのように映るのかを考えてみるとわかりやすい。ブール代数では，記号「＋」は論理和を指し，さまざまな原因や組み合わせがそれぞれ結果に対して十分条件であることを意味する。そのため，論理学の観点から見ると，統計学の方程式（4.1）は，個々の変数がそれぞれ

個別に Y の十分条件になっていると解釈できるのである。しかし，ほとんどの研究者は，こうした命題を不合理なものと見なすだろう。個々の変数がそれぞれ個別に結果の十分条件になることは，ほぼありえないからである。十分条件になるのは諸要因の組み合わせだけなのである。そのため，方程式（4.2）を統計モデルへと言い換えても，ほとんど意味を持たないのと同じように，代数学・統計学のモデルを論理学のモデルへと言い換えることには問題があるのである。

実際，統計学の方程式（4.1）の個々の変数は，結果に影響を与えうるさまざまな原因の1つに過ぎない。モデル全体が**1つの経路**なのである。この考え方をうまく示す一例として，複数手法的研究（たとえば，Lieberman 2005）を挙げることができる。これは初めに統計モデルを検証し，次にその結果を踏まえて詳細な分析を進めるための事例を選択するという手法である。事例を選択するとき，研究目標に即して〔統計モデルによって推計した〕線に合致した観察を選ぶかもしれないし，線から外れた観察を選ぶかもしれない（し，その両方を選ぶかもしれない）。しかし，その線自体は，母集団全体に対する単一の因果的経路なのである。因果モデル全体は，すべての事例に適用され，そのすべての事例に対する**唯一の説明**として提示される。

ここまでの議論から，統計的文化における同一結果帰着性の位置づけを結論づけることができる。統計モデルが膨大な同一結果帰着性を想定しているという主張はある面では正しいが，別の面では正しくない。従来通りの考え方をすれば，同一結果帰着性が存在した場合，研究者は特定の結果をもたらす特定の因果関係の配合表に個々の事例を割り当てようとする。こうした研究の進め方は定量的伝統には見られない。むしろ，個々の事例をそれぞれの残差，すなわち，個々の事例が因果モデル全体を表現した線にどれだけ近いのかという観点で捉えるほうが意味を持つ。母集団を説明するのはモデル全体である。それゆえ，同一結果帰着性は存在しないのである。

6. 結 論

2つの文化で標準的に用いられる因果モデルはかなり異なる。比較しにくい

点も多い。しかし，文化間の対話という観点で言えば，その良し悪しをめぐって争うのではなく，双方の違いを理解するほうが賢明である。因果関係の定性的モデルの基礎にある論理学と集合論は，定量的モデルの根底にある統計学と確率論ほど，多かれ少なかれ厳密ではない。定性的アプローチが強調するのは，因果的要因が文脈依存的であること，そして，原因全体が束として成り立つということである。定性的アプローチにおいては，典型的な因果モデルが少数の因果的経路を想定しているからこそ，同一結果帰着性という概念が役に立つ。これに対して，定量的アプローチは，何らかの結果をもたらす原因が多数存在するということに因果関係の複雑さを見出す。このアプローチにおいては，膨大な同一結果帰着性とたった1つの一般的な因果的経路が想定されているからこそ，同一結果帰着性という概念は役立たないのである。

7. 推薦文献

方程式（4.1）に示した統計モデルは無数の統計学の教科書で取り上げられている。King, Keohane, and Verba（1994）の議論の中心を占めているのもこのモデルである。統計的文化における交互作用項に関する著作は Allison (1977), Brambor, Clark, and Golder (2006), Franzese (2003), Kam and Franzese (2007) を参照。Morgan and Winship (2007) は，潜在反応の枠組みの概説として優れている。Dunning (2012) も潜在反応をわかりやすく解説する。社会科学におけるベイズ主義アプローチを論じた優れた議論としては Jackman (2009), Gill (2007) の2つがある。集合論と論理学の因果モデルを扱う哲学の文献は，少なくとも Mackie (1980) までさかのぼることができ，現在も発展し続けている（たとえば，Baumgartner 2009）。このモデルを社会科学で定式化したのは Ragin (1987; 2000) である。因果関係の複雑さへの定性的アプローチを統計学の観点から論じた文献としては Achen (2005a), Braumoeller (2003; 2004), Clark, Gilligan, and Golder (2006), Eliason and Stryker (2009), Seawright (2005) を参照。その他，Goertz (2006b), Ragin (2008) を参照。

第5章
非 対 称 性

> 対称性と非対称性の違いは……あらゆる関係性に見られる基本的特徴である。もっとも，ほとんどの研究者は，このようなことに対してあまりにも鈍感である。
>
> スタンリー・リーバーソン

1. 序　論

　対称関係と非対称関係のどちらを分析する傾向にあるのか。この点をめぐって定量的文化と定性的文化に大きな違いが見られる。定量的研究者が対称関係へと自然と引き寄せられるのに対して，定性的研究者は非対称関係を分析する傾向にある。〔分析対象が〕対称関係にあるのか，それとも，非対称関係にあるのかという疑問は，結局のところ，経験的な問いである。しかし，研究者たちは，それぞれの文化の規範に従い，このどちらか一方の関係性だけに目を奪われがちなのである。

　因果モデルや因果的説明はさまざまな形で非対称関係になりうる。本章は（さまざまな関係性を論じるが，その中でも）おもに着目するのは，「因果関係の静態的非対称性」（static causal asymmetry）と呼びうる関係性である[1]。こ

---

[1] 本章では，因果関係の動態的非対称性（dynamic causal asymmetry）についても取り上げる。この関係性が意味するのは，変数の変化（たとえば，事象が存在している状態から存在していない状態への変化）と，その逆向きの変化では効果が異なるという考え方である。完全な**対称性**に基づく因果効果を想定するなら，X はその変化の向きが違っても Y に対して同じ効果を示すと考えられる。この種の因果関係の対称性は反実仮想の観点から捉えることもできる。つまり，反実仮想上，**覆すことができる**関係であるならば，そこに因果関係の対称性が成り立つ。この場合，値の変化に

の表現は，事象の発生に関する説明と，事象の不発生に関する説明が正反対の鏡像ではないことを意味する。因果関係の対称性が存在するのは，事象の発生と不発生を同じモデルで説明できる場合である。たとえば，ロジット・モデルでは，成功確率に関する説明を逆転させると失敗確率に関する説明になる。実際の作業に関して言えば，0と1の値は任意にコード化されるため，その値をひっくり返しても〔分析結果は〕何も変わらない。Yがとりうるすべての値について，同じ因果モデルを等しく用いることができるのである。これに対して，因果関係の非対称性を想定した場合，〔結果の〕存在を説明するモデルと〔結果の〕不在を説明するモデルは同じものではない。Yが取りうるすべての値について，同じ因果モデルを用いることはできないのである。

2. 対称性モデル 対 非対称性モデル

まず，簡単な話から始めるため，四分表を考えてみよう。「数学的序論」の章で論じたように，四分表で表現される〔変数間の〕関連性のほぼすべては対称関係にある。行や列をひっくり返しても，値の関連性の特徴は変わらない。これは統計学の文化では**好ましい特徴**と見なされている。もし二値変数のコードを任意にひっくり返して，分析結果が覆るか，変わってしまったら悲惨である。しかし，実際のところ，統計学の文化では，因果関係の対称性を念頭に置いた反実仮想定義（「ヒュームの因果論とその2つの定義」の章を参照）が用いられ，0から1への変化にも，1から0への変化にもあまり関心は払われない。

四分表から連続変数へ視点を移しても，通常，統計学の文化が（実際の研究の進め方として）対称性を重視する姿勢は変わらない。たとえば，OLS回帰モデルの場合，因果効果は対称的に働くという前提に基づいてモデルを推定する。Xの値が一単位分だけ変化したら，そのXのそもそもの値の違いや，そのXの値が増加するか減少するかの違いにかかわらず，Yに対して同じ効果を与えると考えられる。この関係性は回帰直線を見るとすぐにわかる。回帰直線は，因果効果に対して完全な対称性を想定しているのである。ロジット・モ

よってXがYに効果を与えても，Xが元の値に戻るとその効果は消失してしまう。この議論については Lieberson（1985: chap.4）を参照。

第 5 章 非 対 称 性

デルの場合，一単位増加分にせよ，一単位減少分にせよ，X の変化の大きさが同じなら，Y の発生確率に対して同じ大きさの効果を与えると考えられる。同じく，潜在反応の枠組みで用いられる $Y_t - Y_c$ 項も対称関係にある。

これに対して，集合論モデルは，必要条件・十分条件に基づく非対称関係を想定することが普通である。その具体例として，必要条件に関する仮説を考えてみよう。まず，$X=0$ の場合，この仮説は正確な予測を導き出す。つまり，結果〔Y〕は起こらないはずであるという予測である。さらに定式化して言えば，必要条件が存在しない場合には，$P(Y=1|X=0)=0$ という，点予測（point prediction）を立てることができる。これとは正反対に，$X=1$ の場合，この必要条件のモデルは，$P(Y=1|X=1)>0$ という曖昧な主張しか立てられない。必要条件が存在した（$X=1$）としても，それは $Y=1$ になる「可能性」の余地を認めたに過ぎない。つまり，$Y=1$ の確率が 0 より高いことを表しているだけなのである。

Y とその原因について考えるときにも，基本的にこれと同じ非対称性を目にすることになる。まず，必要条件となる原因が存在していなければ〔$X=0$〕，それだけで $Y=0$ の事例を説明できる。これに対して，必要条件となる原因が存在しても〔$X=1$〕，それだけでは $Y=1$ の事例を部分的にしか説明できない。認知心理学の研究で示されるように，人間は，$Y=0$ の事例に関してはたった 1 つの必要条件に基づく説明に関心を持ちやすく，$Y=1$ の事例に関してはそのような説明に関心を持ちにくい。そのため，失敗や事象の不発生の説明を求められたら，1 つの変数を必要条件と見なした説明になりやすく，成功〔や事象の発生〕の説明を求められたら，必ずしも必要条件には言及されず，複数の変数の複雑な関係に基づいた説明になりやすいのである。

十分条件〔に関する仮説〕の場合，非対称性は逆向きに働く。つまり，$X=1$ ならば，厳密な予測を立てられるが，$X=0$ ならば，特定の結果が生じうるという曖昧な主張しか立てられない[2]。この場合，十分条件が存在したら〔$X=1$〕，$Y=1$ のあらゆる事例を説明するのに大いに役立つが，十分条件が存

---

2 社会科学の場合，正の結果〔結果の発生〕をもたらす十分条件として 1 つの要因のみを提示することはほとんどない。その代わりとして提示されるのは，結果に対して全体として十分条件を成り立たせる複数の要因の組み合わせである。

在しなかったら〔$X=0$〕,各事例の Y の値についてはほとんど何も説明できない。

視点を二値変数からファジー集合上の連続変数へと移しても,この非対称性の原則は成り立つ。たとえば,必要条件となる原因が存在する場合,X の値が低くなるほど,Y の値についてかなり厳密な予測を立てやすくなる（すなわち,Y の値は X の値と同値か,その値を下回る）。最小値（$X=0$）の場合,Y の値も 0 になるに違いない。X の値が高まるほど,Y の値が取りうる範囲も広くなると考えられる。最大値（$X=1$）の場合,Y は仮説と矛盾をきたすことなく,どの値もとることができる。必要条件を特徴づける対角線はこの非対称性に基づく。つまり,Y は X の値の低さには大きく制約されるが,X の値の高さには全く制約されないのである。

3. 集合論モデルに基づく非対称的説明の具体例

リーバーソンが指摘したように,「ほとんどの実証研究は,社会関係を対称関係と想定して行われる」(Lieberson 1985: 63)。この指摘は社会科学の実証研究の大部分を占める定量的文化に関してはたしかに当てはまる。しかし,定性的文化には非対称関係の具体例を多く見つけることができる。

表 5.1 は,非対称関係を（少なくとも研究者にとって）わかりやすく簡単に示したものである。この表に記載したのは,主要な社会学の大学院における 2009 年の合格者数の実測データである（Vaisey 2009 を参照）。集合論的に解釈すると,GRE〔Graduate Record Examination,一般大学院入学適性試験〕の数学の得点が中央値を上回ることが,合格の事実上の必要条件である（が,例外が 1 人存在する）。このように必要条件を組み立てると,平均点を下回ったすべての学生が不合格になったことをうまく説明できる。GRE の数学の得点が低かった学生に関して言えば,その 1 つの変数の観点から不合格の理由を説明できるのである。しかし,不合格の理由はもちろんこれがすべてではない。数学の得点がもっと高くても,学生の多くは不合格になっていたと（反実仮想上）考えられるからである。ほとんどの学生は〔数学の得点以外にも〕合格の十分条件になりうる一連の諸条件を満たしていなかったと考えられる。この意

第 5 章 非対称性

表 5.1 四分表における非対称性：主要な社会学の大学院への合格者数（2009 年）

GRE の数学の得点

	<620	>620
合格	1	34
不合格	98	209

出典：データの使用を許可してくれたスティーブン・ベイジーに感謝します。Vaisey（2009）も参照。

味では，学生の不合格は過剰決定されていたとも言えるが，そもそも GRE の数学の得点が低かったら，それだけで〔不合格という〕彼らの命運は事実上決まってしまうのである。

試験に合格した学生と不合格になった学生を見比べると，GRE の数学の得点だけで合否を完全に説明できないことがよくわかる。平均点を上回った学生でも，そのほとんどは不合格になったからである。つまり，平均点を上回った学生の合否は，さらに別の要因の働きに左右されるのである[3]。

合格の理由としてさまざまな要因を考えることもできる。ここでは，単純ながらもかなり現実的な筋書きとして，(1) テストの得点，(2) GPA〔Grade Point Average，成績評価平均値〕，(3) 出身学部の水準，(4) 推薦状，という 4 つの要因が合否を左右すると想定してみよう。もっと現実的なモデルを考えるなら，さらに別の要因（たとえば，小論文の出来ばえ）を加えることもできるだろうが，ここではその 4 つの要因から考えてみたい。まず，ロジット・モデルでこの 4 つの変数を用いて合格を表現するなら，$Y=\beta_0+\beta_1 T+\beta_2 G+\beta_3 U+\beta_4 L+\varepsilon$ と表される（T はテストの点数，G は GPA，U は出身学部，L は推薦状）。あるいは，その代わりに集合論モデルを用いるなら，$Y=T*G*(U+L)$ と表される。このモデルを踏まえると，不合格は，$\neg Y=\neg T+\neg G+(\neg U*\neg L)$ から説明できる。つまり，テストの得点が低かった場合，あるいは，GPA が低かった場合，あるいは，出身学部の水準の低さと推薦状の拙さが組み合わされた場合が，それぞれ不合格の原因になりうるのである。

ロジット・モデルのほうを見ると，合否の説明が 1 つしかないことがわかる。

---

[3] もちろん，GRE の数学の平均点を上回った学生でも，その得点の違いが合否に影響した可能性もある。

つまり，複数の因果的要因の加重和が非常に高ければ，合格の閾値を上回ることができるが，非常に低ければ，不合格になってしまう[4]。この全体モデルでは $Y=1$ の事例と $Y=0$ の事例が比較されるため，その両方の事例を別々のロジット・モデルとして表現することは考えられない[5]。これに対して，集合論アプローチの場合，成否についての説明はそれぞれ相互に関連し，同じ要因が用いられるが，双方の〔論理式の〕形には違いが見られる。合格には，$T*G*U$，$T*G*L$，という2つの経路があるが，不合格には，$\neg T$，$\neg G$，($\neg U *\neg L$)，という3つの経路がある。少なくとも3つの要因を考慮しなければ合格できないのに対して，1つの要因を満たさないだけで不合格になりやすい。これは実際の合格審査とうまく合致しているように思われる。つまり，入試委員は，致命的欠陥を見極め，ほとんどの願書を迅速に却下する一方，さまざまな要因を考慮し，合格にふさわしい願書を注意深く読み込むのである。

この簡単な具体例を踏まえると，論理学に基づくモデルが以下の重要な特徴を備えていることがわかる。

説明の非対称性：成功〔結果の発生〕についての説明と，失敗〔結果の不発生〕についての説明は，往々にして別物である。

失敗の原因と，成功の原因の不在・否定は，必ずしも同義とは限らない。実際，定性的比較分析（QCA）のように，ブール代数の数式を用いる定性的研究は，成功事例と失敗事例について大きく異なるモデルを導き出すことが通例である（Ragin 2000）。この点は以下の3つの研究例にうまく表れている。

1. ティモシー・ウィッカム゠クロウリーは，ラテンアメリカの革命ゲリラ

---

4 二値変数を用いたロジット・モデルとして，成功〔結果の発生〕の経路が複数存在し，その数が失敗〔結果の不発生〕の経路の数と異なっているモデルを構築することも可能である（この点を教示していただいたのはサッド・ダニングである）。もちろん，ロジット・モデルにおける成功の経路の数は，変数の性質やパラメーターの推計値に依存する。しかし，（広く見受けられるように）パラメーターの推計値が極端な値をとらない連続変数をモデルに用いるなら，成功の経路は複数存在しうるだろう。

5 非対称性を前提にした統計モデルもないことはない。たとえば，マルコフ遷移行列は，状態 i から状態 j への遷移とその逆向きの遷移が同じ確率で生じるとは想定しない。

第5章 非対称性

運動が成功を収めた原因を探求した（Wickham-Crowley 1992）。彼のブール代数分析によって明らかになったのは，社会革命が成功を収めるための条件として，個別では必要条件になり，全体では十分条件になる，次の5つの条件である。(A) ゲリラを企てること，(B) 農民の支持を受けること，(C) ゲリラの戦闘能力が高いこと，(D) 世襲的な親衛隊体制（praetorian regime）が存在すること，(E) アメリカの支援を失ったこと，である。この場合，成功の因果モデルは以下の通りである。

　社会革命の成功＝$ABCDE$

これに対して，ウィッカム＝クロウリーは，革命ゲリラ運動の失敗〔と不発生〕についてかなり異なる説明を提示する。

　社会革命の不在＝$ABd + bce + bcD$

この双方の非対称性は明白である。成功の経路には5つの要因を組み合わせた1つの経路しかないのに対して，失敗の経路にはそれぞれ3つの要因を組み合わせた経路が3つある。ここで注意してほしいのは，一部の個別要因の因果効果が文脈（すなわち，ほかの要因との組み合わせの違い）に大きく依存することである。たとえば，因果的要因 B（農民がゲリラを支持していること）は，社会革命の〔成功の〕必要条件であるが，ゲリラの相手が世襲的な親衛隊体制ではない場合には社会革命の不在の原因にもなりうる。また，この2つの方程式の非対称性を次のように考えることもできる。社会革命は ABd だけで確実に生じないが，その正反対は成り立たない。つまり，それらの原因が否定される状況でも社会革命は生じないのである。

2. オーラヴ・ストッケは，対象国が国際漁業管理体制を遵守するようになる要因を検討した（Stokke 2007）。彼が考察したのは次の5つの因果的要因である。(A) 勧告：対象国が管理体制に関する科学的な諮問機関か

らはっきりとした勧告を受けている，(C) 関与：対象国の振る舞いが漁業資源の保全基準に明らかに違反している，(S) 将来的な前兆：対象国が管理体制のもとで新たな合意を取り付ける必要性を認識している，(I) 不都合：振る舞い方を変更すると対象国に不都合が生じる，(R) 反響：対象国が管理体制の方針を遵守しなければ他国のひんしゅくを買う，である。ストッケが最終的に導き出した成功モデルは以下の通りである。

$$\text{成功〔国際漁業管理体制の遵守〕} = Ai + ARS$$

成功には2つの経路がある。総じて，対象国が科学的な勧告をはっきりと受けていること (A) は，対象国に漁業管理を遵守させるための必要条件である。さらに，ストッケのデータを踏まえると，以下のように失敗モデルを導き出すこともできる。

$$\text{失敗〔国際漁業管理体制の非遵守〕} = sI + Ir$$

この場合も，失敗の方程式を単純に否定しただけでは成功の方程式は得られない。2つの方程式に対称関係は成り立たないのである。たとえば，勧告という要因は，成功の方程式には必要条件として含まれるが，失敗の方程式には全く含まれないのである。

3. ジェイムズ・マホニーは，スペインの植民地政策の違いによってラテンアメリカ諸国の経済発展水準の長期的な違いを説明できると論じた (Mahoney 2010b)。最も集計度の高い説明として，次の3つの因果的要因が強調される。(M) 重商主義的植民地期の中心地：スペイン・ハプスブルク朝時代（1500〜1700年）に重点的に植民地化された国，(L) 自由主義的植民地期の中心地：スペイン・ブルボン朝時代（1700〜1821年）に重点的に植民地化された国，(W) 戦争：脱植民地時代に甚大な戦争を経験した国，である。マホニーの総合的な知見は，以下のように整理できる。

第 5 章 非対称性

高度の経済発展＝$mL+mlw$
中程度の経済発展＝ML
低度の経済発展＝$Ml+mlW$

　この 3 つの説明に完全な対称性が見られないことは明らかである。まず，高度の経済発展には 2 つの経路がある。(1) ハプスブルク朝の重商主義的植民地期には辺境地であったが，ブルボン朝の自由主義的植民地期には中心地となった国，(2) この両時代に辺境地として留まり，その後の脱植民地時代に甚大な戦争を回避できた国，である。次に，中程度の経済発展へといたる経路は 1 つしかない。重商主義期と自由主義期の両時代に中心地であった国である。この経路の場合，脱植民地時代に甚大な戦争を経験したか否かは無関係である。最後に，低度の経済発展には 2 つの経路がある。(1) ハプスブルク朝の重商主義期には中心地であったが，ブルボン朝の自由主義期には辺境地となった国，(2) この両時代に辺境地として留まり，その後の脱植民地時代に甚大な戦争を経験した国，である。

　最後に，非対称関係を探索することの潜在的価値を示す一例として，「競合型権威主義体制における自由化傾向の選挙結果」と題するマーク・ハワードとフィリップ・レースラーの学会賞受賞論文（Howard and Roessler 2006）を考察してみよう[6]。その議論の従属変数は体制の自由化である。この変数は，必ずしも民主化そのものではなく，民主化に向けた動きを意味する。彼らがおもに焦点を当てた独立変数は「野党連合」である。この変数は，政府と対立する集団や政党が連合を結成し，来るべき選挙に臨んだことを意味する（この研究の分析単位は選挙である）。表 5.2 はその統計分析の結果を再現したものである。
　表 5.2 の統計分析の結果からわかるように，野党連合の変数は強い効果を明

---

[6] この研究例を見つけ出し，本書で使用することを許可してくれたのは，カーステン・シュナイダーである。このデータの詳細な再分析は Schneider（2007）を参照。

表 5.2 対称性に基づく統計モデル：自由化傾向の選挙結果の説明

独立変数	パラメーターの推計値
野党連合	7.8** (3.0)
野党勢力の動員	.91* (0.4)
執政府の長の交替	3.2* (1.5)
経済成長	0.3 (.2)
対外直接投資	−.1 (.3)
対外援助	.01 (.02)
議院内閣制	−3.3 (2.2)
体制の開放性	1.0 (1.0)
自由化の経験	−1.4 (1.7)
定数	−1.3 (5.2)
観察数	50

出典：Howard and Roessler（2006: 375）
注：カッコ内は標準誤差

確に示している。この表の中で最も強い関係を示しているのはその変数であり，ハワードとレースラーが野党連合に特に関心を寄せたことも頷ける。また，たしかにこの変数は成功と失敗の両方を説明している。つまり，野党連合が存在すれば自由化は生じ，野党連合が存在しなければ自由化は生じないのである。しかし，本章の文脈を踏まえるなら，野党連合という変数は結果〔の存否〕を非対称的に説明するのではないかという問いを立てることもできる。これを別の言い方で問うなら，野党連合が存在した場合の効果と，野党連合が存在しない場合の効果が異なることもありうるのではないか。

概して，読者が表5.2を見たら，統計分析の結果をその表に掲載されたとおりに解釈するだろう。そこに因果関係の非対称性が存在するかどうかを確認したいなら，本格的に QCA に着手するという選択肢もある（Schneider 2007 を参照）。しかし，わかりやすく論じるため，ここでは四分表を用いたい（表 5.3 を参照）。「数学的序論」の章で論じたように，集合論の観点からデータを見ると，統計分析の観点とは異なる解釈を導き出すことができる。

まず，この表が因果関係の対称性の典型例と見なされてしまう理由はわかりやすい。野党連合が結成された事例の 73％（11事例中8事例）に自由化が生じ，野党連合が結成されなかった事例の 82％（39事例中32事例）に自由化が生じなかったからである。そのため，野党連合の存否が自由化の存否をかなり

第5章 非対称性

表 5.3 統計分析と因果関係の非対称性：自由化傾向の選挙結果の説明

		野党連合 0	野党連合 1
自由化傾向の選挙結果	1	7	8
	0	32	3

出典：Schneider（2007）

対称的な形で予測しているように見える。

その一方，定性的文化の観点から見たときに重視されるのは，ほぼ空のセル〔事例がほとんど存在しないセル〕である。これは〔セルの〕非対称性の可能性に着目したデータの見方である。行の値を見比べてみると，野党連合の不在がほぼ自由化の不在の必要条件になっていることがわかる。つまり，自由化が生じなかった事例の91％（35事例中32事例）には野党連合が結成されていなかったのである。この分析結果は，野党連合の不在が失敗〔自由化という結果の不発生〕を説明するのに非常に重要であることを示している[7]。

自由化が生じた事例のほぼ50％（15事例中7事例）は，野党連合が結成されなくても，自由化という成功を収めることができた。そのため，野党連合が結成されることは，決して自由化が生じることの必要条件ではないばかりか，十分条件と言えるほどでもない。自由化へといった経路では野党連合が結成されなくてもよいのに対して，自由化へといたらなかった経路ではおよそ野党連合が結成されることはない，と考えられる。ささやかながら，そのように分析してみると，自由化の存否に関するデータが社会学の大学院の合否に関するデータと同じ形をとっていることがわかる。つまり，どちらの場合も，成功〔結果の発生〕より失敗〔結果の不発生〕を説明するのに重要と見なされる変数を発見できたのである。

もちろん，この応用例は，説明のための一例に過ぎない。ほかの統制変数などの要因を考慮したら，別の解釈を導き出すこともできる。重要なのは〔因果関係の〕対称性と非対称性のどちらのパターンを見慣れているかによって，最も重視されるデータの特徴も大きく変化しうるということである。データその

---

[7] この議論をさらに詳細に分析するなら，必要条件の瑣末性の程度や，必要条件の範囲の狭さを考察することが求められるだろう（Goertz 2006b; Ragin 2008）。

ものは変化しなくても，研究者の観点が違えば，そのデータから導き出される推論は変化するのである。

4. 結　論

　2つの文化で中心的に用いられる基本的な因果モデルには，対称性の問題をめぐって違いが見られる。まず，集合論モデルは非対称関係で成り立つ。Xのそれぞれの値がYに対して別々の効果を与えるかもしれないと想定し，Yのそれぞれの値に関して別々の説明を提示することが通例である。成功〔結果の発生〕と失敗〔結果の非発生〕について異なる説明を提示するのは，その一例である。これに対して，（実際の研究で用いられる）統計モデルは，対称関係で成り立つことが普通である。線形回帰モデルの場合，Xの値が一単位分だけ変化したら，そのXのそもそもの値が違っても，Yに対して同じ効果を与えると想定される。ロジット・モデルの場合，従属変数の値を0から1へ，1から0へひっくり返しても，±の符号が変わるだけでパラメーターの推計値は変わらない。事象の発生に関する説明と，事象の不発生に関する説明は，正反対の鏡像なのである。

　とはいえ，これはどちらか一方のアプローチが優れているということではない。結局のところ，〔因果関係の〕対称性と非対称性のどちらが存在するかは，検証対象のデータと因果モデルに左右されるのである。しかし，筆者たちが考えるに，この違いこそが，定性的文化と定量的文化の因果モデルの比較を難しくする大きな理由である。標準的な統計モデルの根底にある対称性を，集合論モデルの基礎にある非対称性へと言い換えることは難しく，また，集合論モデルに見られる非対称性を，対称性に基づく統計学の標準的な分析手段によって把握することも難しいのである。

5. 推薦文献

　概して，方法論の文献は，統計モデルで想定される因果関係の静態的対称性には注意を払わないが，この点を詳細に考察する文献もないことはない（たと

第 5 章 非対称性

えば,Abbott 2001: chap.1)。定性的比較分析の標準的な議論では,通常の方法論の一端として,成功（$Y=1$）モデルと失敗（$Y=0$）モデルを別々に推定することが強調される（たとえば,Ragin 2000; 2008; Schneider and Wagemann 2012)。Lieberson（1985: chap.4）は,統計モデルの動態的対称性を取り上げ,批判を加えている。その議論に対する短い反論としては King, Keohane, and Verba（1994: 89-91）を参照。その他,Ragin（1987）を参照。

第 6 章
ヒュームの因果論とその 2 つの定義

> ほかでもなく，まさしく次のような場合を原因と名づけよう。原因があれば，その後にはつねに結果が続く。原因を取り除けば，結果も消えてなくなる。
>
> ガリレオ

> ほとんどの原因は，より正確に言えば，INUS 条件である。
>
> ウィリアム・シャディシュ
> トマス・クック
> ドナルド・キャンベル

1. 序　論

　定量的文化と定性的文化の因果関係へのアプローチの違いは，以下のデイヴィッド・ヒュームの有名な一節にうまく表現されている。

> 原因とは，別の対象〔第二の対象〕の前に生じた対象〔第一の対象〕であると定義できる。この場合，第一の対象に類するすべての対象の後に続いて第二の対象に類する対象が生じる（定義 1）。あるいは，別の言い方をすれば，第一の対象が存在しなかったならば，第二の対象も絶対に存在しなかっただろう（定義 2）(Hume 1777/1975)。

多くの哲学研究者が論じているように，「別の言い方をすれば」というヒュー

ムの表現には問題がある。この表現は定義1と定義2があたかも同義であるかのような印象を与えるが，実際はその双方に表れるアプローチは全く別である。デイヴィッド・ルイスは次のように論じる。「ヒュームの『別の言い方をすれば』という表現は……単に第一の定義を言い直したものではない。その後の文章全体は，因果関係の反実仮想分析という全く別の考え方を言い表したものである」（Lewis 1986a: 160）。

本章では，ルイスの議論を踏まえ，ヒュームの定義2を「反実仮想定義」（counterfactual definition）と名づけたい。これに対して，原因の後につねに結果が続くというヒュームの考え方を強調するため，定義1を「恒常的連接定義」（constant conjunction definition）と名づけたい[1]。本章は，定性的研究と定量的研究のそれぞれの伝統に見られる因果関係の捉え方とこの2つの定義がどのような関係にあるのかを考察していく。

初めに強調しておくと，本章は，定量的文化と定性的文化に見られる「原因」の概念の違いを説明する手がかりとしてヒュームの考え方を取り上げる。着目するのは，あくまで原因の捉え方の違いをめぐって2つのパラダイムに何気なく表れる哲学上の立ち位置の違いである。さらに重要な点として，本章で提示する解釈はヒューム本人による解釈ではないことも明記しておきたい。哲学研究者はヒュームの因果関係の見方をめぐって大論争を続けているが，本章の議論はその論争の解決を目指したものではない。

2. 定量的伝統

統計学者は，潜在反応の枠組み（Morgan and Winship 2007を参照）の登場以前は確率論の枠組みに立脚し，ヒュームの恒常的連接定義（定義1）に焦点を絞って因果関係を論じた。たとえば，パトリック・サップスは，その優れた先駆的分析の中で次のように述べる。「大まかに言えば，ヒュームの分析を修

---

[1] 20世紀中頃に正式なものとして社会科学に受け入れられた被覆法則モデル（covering law model）は，このような因果関係の見方に基づく。次の一節はその表現の一例である。「法則（被覆・科学法則）（Hempel 1965）は『条件 C_1, $C_2 \cdots C_n$ がそろえば，つねに E が生じる』という形をとる」（Elster 1999: 5）。

第 6 章　ヒュームの因果論とその 2 つの定義

正するために筆者が提示するのは，ある事象が出現した後に続いて別の事象が高い確率で出現するなら，その第一の事象は第二の事象の原因であるという主張である」(Suppes 1970: 10)[2]。こうした確率論アプローチから見ると，恒常的連接定義を「$X=1$ は $Y=1$ と関連する」という関連性の観点から考えたとしても無理はない。

　また，ヒュームの反実仮想定義（定義 2）も統計学的に解釈することができる。しかし，ヒュームの反実仮想定義は単一事例を念頭に置いているため，解釈には新たな作業が必要になる。定義 1 が「すべての対象（複数形）の後に続いて……」という表現で始まるのに対して，定義 2 は「第一の対象（単数形）が……」という表現で始まる。そのため，定義 2 を恒常的連接として解釈するには〔単一事例という〕ヒュームの考え方を複数の事例へと拡張することが必要になるのである。

　定量的伝統は，この作業を行うため，定義 1 と定義 2 をどちらも複数の事例の恒常的連接として解釈する。相関係数 1.00 の関係性は ($X=1, Y=1$) と ($X=0, Y=0$) の両方の恒常的連接が存在することを意味する。この場合，定義 1 と定義 2 は統計学上の 1 つの解釈として同列に扱われる。定義 1 は原因が存在するときは結果も（確率上）存在することを指し，定義 2 は原因が存在しないときは結果も（確率上）存在しないことを指す。統計学では，この 2 つの事例のうち，$X=1$ の事例（あるいは $X=0$ の事例）だけに着目しても意味がないと考えられる。そのため，この 2 つの定義は同列に扱われてしまう。どちらの定義も単独では統計学上の意味を持ちえないのである。むしろ，両者を同列に扱うからこそ，因果関係を一貫して対称的なものとして捉える見方を提示できる。このような見方に立つと，独立変数の値が違っていたら，その後に続く事象にどのような変化が現れるのかという点を強調することができる。

　現在，因果関係の捉え方として，政治学と社会学の方法論研究者の主要な見方と考えられているのは潜在反応の枠組みである。おそらく，この枠組みが統計学の世界に新たにもたらした最も重要な点は，因果関係を反実仮想から捉える考え方を重視したことである。たとえば，スティーブン・モーガンとクリス

---

[2]　もちろん，サップスの説明はもっと複雑である。とりわけ，実験データではなく観察データを扱う場合には擬似相関などの問題を考慮しなければならない。

第 I 部　因果モデルと因果推論

　トファー・ウィンシップが執筆した優れた概説書（Morgan and Winship 2007）には，まさしく *Counterfactuals and Causal Inference* という題名が掲げられている。このような因果関係の重要な側面は，それ以前の統計学的・確率論的な説明では無視されるか過小評価されていた。

　このアプローチの中心を占めるネイマン＝ルービン＝ホランド・モデルは，初めに個別事例を取り上げ，そこから因果関係に関する本格的な統計モデルを構築する。たとえば，被験者 i が実験の基本的手順を踏まえて処置を受けたとする。このとき，その被験者 i が代わりに統制を受けていたら**何が起こっていたのか**を考えるのが反実仮想である。被験者は処置と統制の両方を同時に受けることはできないため，どちらか一方の状況はつねに反実仮想になるはずである。この現実は次のような根本問題をもたらす。

> **因果推論の根本問題**：$Y_t(i)$ の値と $Y_c(i)$ の値（t＝処置，c＝統制）を同一の個体で**観察**することはできない。それゆえ，t が i に与える効果は**観察**できない（Holland 1986: 947）。

　統計的手法を用いて因果効果を推定・評価するには比較的大量の実測データが必要になる。そのため，せいぜい統計学者が分析できるのは，標本内の**平均因果効果**の推定，すなわち，もっと広く使われている用語で言えば，平均処置効果（average treatment effect; ATE）の推定くらいである。

> 要点を言えば，t が特定の個体に与える観察不可能な因果効果を分析する代わりに，t が母集団全体に与える推定可能な**平均**因果効果を分析するというのが統計学の対処方法である（Holland 1986: 947）。

　このように，議論が「ATE は因果関係の反実仮想理論の根拠である」というところまで行き着くと，議論全体の循環が完成する。本章では，解釈学的循環という表現にならい，これを定量的文化の「因果推論的循環」（causal inference circle）と名づけたい。その循環は以下の通りである。

第 6 章　ヒュームの因果論とその 2 つの定義

1. 初めにヒュームの定義 2 を用い，被験者 i の反実仮想を重視して議論を進める。
2. 代数学と統計学を用いてその定義を解釈する。反実仮想は，処置と統制の**差**，すなわち，$Y_t(i) - Y_c(i)$ と見なされる（Holland 1986: 947）。
3. 恒常的連接としての定義 1 を処置と統制に別々に応用し，それぞれを $X=1$ と $X=0$ と見なす。
4. 事例全体〔母集団〕における処置と統制の差の平均値（すなわち，ATE）を計算する。
5. この結果，ATE は被験者 i の個別事例の反実仮想と見なされる。

この循環は，ヒュームの反実仮想定義（定義 2）から始まるが，重視されるのは恒常的連接定義（定義 1）である。出発点は反実仮想であるが，それは解決不可能な問題を招く。そのため，研究者はさらに議論を進めるには〔原因の捉え方を定義 2 から〕定義 1 へとすぐに切り替え，恒常的連接の考え方から処置と統制を解釈しなければならない。結局，この枠組みは統計学の従来のアプローチを踏襲し，因果効果の推定という実際の作業の中で反実仮想定義（定義 2）を恒常的連接定義（定義 1）へと変形させるのである。

3. 定性的伝統

ヒュームの 2 つの定義は，定性的伝統の観点から見ると，論理学の表現として理解できる。哲学研究者と定性的方法論者が着目するのは「$X=1$ ならば $Y=1$」という恒常的連接定義の論理形式である。この if-then 節を論理学の立言として解釈すれば，定義 1 は X と Y の**十分条件**の関係から「原因」を捉えていることになる。十分条件として解釈したときに注目されるのは $X=1$ の事例（すなわち，原因が存在する事例）である。この場合，研究者は初めに原因が存在することを論じ，次にその原因に対応する結果が存在するか否かを確認する。この意味で言えば，定性的伝統と定量的伝統は定義 1 を同じように解釈するのである。

しかし，この 2 つの伝統の解釈が似ているのはここまでである。定性的伝統

の解釈からは「ヒュームの恒常的連接定義には（$X=0, Y=0$）の相関関係の意味も含まれる」という新たな推論は読みとれない。むしろ，原因が**存在しない**なら結果も存在しないかもしれないし，〔原因が存在しなくても〕結果は存在するかもしれない，という考え方を読みとることができる。定性的伝統の場合，定義1は個別〔事例ごと〕に考察できる十分条件に関する主張として解釈される。それゆえ，定義1と定義2を同列に扱う統計学の解釈と違って，定義1に表れる十分条件の解釈は完全に単独で成り立つため，〔定義1に基づく議論と〕定義2から導き出された議論の結論を別々に扱うことは妥当と考えられる。

　この2つの伝統には定義1に関する重要な違いがもう1つある。それは（少なくとも社会科学では）つねに1つの原因だけで結果が生じるわけではないという点にまつわる違いである。前述のように，定量的研究のアプローチは長らくこの問題を確率論の前提に立って対処してきた。定性的研究も同じような前提に立脚することもあるが，もう1つの標準的な対処方法として，十分条件が成り立つ因果関係を「複数連結」の因果関係（multiple, conjunctural causation; Ragin 1987）と結び付けて考えるという方法もある。まず，「因果モデル」の章で論じたように，定性的研究者は因果関係を組み合わせや「連結」と見なし，$X_1 * X_2 * X_3$のように，**複数の異なる原因**の組み合わせがなければ結果は生じないと想定する。X_1などの個別の原因が存在するだけでは結果の十分条件は成り立たないと考えられる。

　さらに，定性的研究者は，十分条件が成り立つ因果関係は「複数」存在しうると見なし，複数の要因の「異なる組み合わせ」が十分条件となって，そこから同じ結果が生じることが多いと想定する。これはまさしく「$Y=1$という結果はすべて1つの原因の束から生じるわけではない」という同一結果帰着性の一般原則を表している。さまざまな原因の束が同じ結果をもたらしうる。この考え方は定義1を考えるときには非常に重要である。つまり，十分条件が成り立つ特定の原因の束が0の値をとったとして，それは$Y=0$を意味しない。ほかの原因の束が$Y=1$という結果をもたらしうるからである。

　このような論理学に基づくアプローチは，ヒュームの定義1から個別事例へとつながる独自の論法を提示する。その論法は以下の通りである。

第 6 章 ヒュームの因果論とその 2 つの定義

1. 初めにヒュームの定義 1 を用い，恒常的連接を重視して議論を進める。
2. その定義を「$X=1$ は $Y=1$ の十分条件である」という立言を意味するものとして解釈する。
3. X を $X_1 * X_2 * X_3$ などの因果的要因の束の一部として扱う。
4. 次のように一般化する。$X_1 * X_2 * X_3$ という原因の束が存在すれば，どのような場合でもすべて「その後」に $Y=1$ が「生じる」。
5. 事例 i が $X_1 * X_2 * X_3$ の束を有しているならば，その束は $Y=1$ の原因として解釈できる[3]。

統計学の因果推論的循環と同じく，この論法も最後は事例 i の因果関係に関する主張へと行き着く。しかし，そのような類似点は見られても，論法の手順は全く別であり，最後に行き着く事例 i の因果関係に関する主張も明らかに異なる。統計学のアプローチが定義 1 と定義 2 の両方を用いるのに対して，定性的研究のアプローチは定義 1 しか用いない。

また，反実仮想定義（定義 2）についても論理学の観点から捉えることができる。因果関係の反実仮想としての側面は哲学の分野ではかなり昔から注目を集めていた。因果関係を扱った哲学の議論として，ここ数十年間，おそらく最も影響力が大きいのはルイスの議論である。彼の著書，*Counterfactuals* の初版が刊行されたのは 1973 年のことである（Lewis 1973）。これは統計学で反実仮想が再発見された時期と比べてかなり早い。ルイスは，ヒュームの定義 2 と齟齬をきたすことなく，以下のように**個別事例**の観点から独自の反実仮想定義を構築した。

> 筆者の分析対象は特定事例の因果関係である。因果関係の一般化を分析することではない（Lewis 1986a: 161-162）。

> 事象 e は固有事象 c に因果的に依存する。もし c が存在しなかったなら，

---

[3] i に関するこの最後の推論は手順 4 の一般化が妥当であることが前提である。この前提は，有意な平均因果効果が存在するという前述の〔定量的文化に見られる〕前提と類似したものである。

e は存在しなかっただろう（Lewis 1986b: 242）。

個別事例の因果関係を強調する立場は統計学以外の文献にも見受けられる。反実仮想に関するマックス・ウェーバーの有名な分析（Weber 1949a）や，法の因果関係を分析したハーバート・ハートとトニー・オノレの議論（Hart and Honoré 1985）は，その一例である。個別の事象に焦点を絞る場合，反実仮想に基づく説明を選択するのが自然である（潜在反応の枠組みもその選択肢の1つである）。

　哲学の文献の多くが取り上げるのはあくまで単一事例の反実仮想である。これに対して，社会科学は一般的説明を中心的目標に掲げることが多い。それゆえ，社会科学者が特に関心を抱くのは，因果関係の規則性という観点から定義2をどのように定式化し直すことができるのかという疑問である。この疑問への答え方として定性的伝統が重視するのは，反実仮想を必要条件として解釈することである。つまり，論理学を踏まえると，定義2は「¬X_iならば¬Y_i」という形へと言い直すことができるのである。ヒューム自身も「第一の対象が存在しなかったならば」と述べているため，このように言い直しても全く無理はないと思われる。さらに，必要条件に関する仮説を立てると，議論の視点は〔単一事例から〕複数の事例や一般的パターンへと切り替わる。ここまで行き着くと，議論はヒュームの恒常的連接定義（定義1）〔が成り立つ状況〕へとたどり着く。

　このように定性的研究者が反実仮想を一般化していく手順には，定義2を出発点としたもう1つの因果推論的循環を見てとることができる。その手順は以下の通りである。

1. 初めにヒュームの定義2を用い，反実仮想を重視して議論を進める。
2. 論理学の観点から，その定義を「Xが生じなかったらYは生じなかっただろう」（¬X_iならば¬Y_i）という立言として解釈する。
3. 個別事例の反実仮想をすべての事例へと一般化する（すなわち，すべてのiにおいて，¬Xならば¬Y）[4]。
4. 定義1を用い，この反実仮想を「XはYの必要条件である」という必要

第6章　ヒュームの因果論とその2つの定義

条件に関する一般的立言へと言い換える。
5. X が事例 i に存在すれば，X は Y の原因である。

この循環の要点は，個別事例の反実仮想を必要条件の規則性に関する立言へと言い換えていることである。しかし，実際の手順としては定義2を循環全体に用いながら，さまざまな事例に一般法則が成り立つ部分だけに定義1を用いる。「定義2は複数の事例へと直接的に拡張できるため一般化も可能である」という前提があるからこそ，定義2を放棄しなくて済むのである。

4. 結　論

ヒュームの有名な一節には2つの因果関係の定義が含まれている。定義1が提示するのは，原因の後にはつねに結果が続くという，原因と結果の恒常的連接である。この定義は複数の事例を前提にしているため，因果関係の捉え方として定量的文化と相性が良い。定義2が提示するのは，1つの原因の不在が1つの結果の不在を招くという，因果関係を反実仮想として捉える見方である。この定義は単一事例に基づくため，因果関係の捉え方として定性的文化との結びつきが強い。

定量的研究者が定義1に引き寄せられるのは無理もないように思われるが，統計的方法論の研究者は，近年の反実仮想への関心の高まりにともない，因果関係の定義2を議論の出発点として用いるようになった。しかし，定量的研究のアプローチは，因果関係を反実仮想として捉える見方を個別事例に対して用いるが，その捉え方では〔母集団全体の〕因果関係を推定できないと見なし，すぐに放棄してしまう。統計学の文化ではこの2つの定義は同列に扱われる。どちらの定義も単独では意味を持ちえないからである。統計学アプローチは，定義2の推定という不可能なものから ATE の推定という可能なものへと視点

4　もちろん，「￢X ならば￢Y」と「$Y=1$ ならば $X=1$」は同義であるが，後者の表現と〔前者の〕反実仮想定義では因果的議論の方向性が逆向きである。とはいえ，「$Y=1$ ならば $X=1$」という表現は実証的検証にとって重要である。それは事例選択のときに用いられることが多いからである（「事例選択と仮説検証」の章を参照）。

を切り替えるときに，2つの定義を同列に扱うのである．

これに対して，定性的伝統は，この2つの定義をそのまま別々のものとして扱う．定義1は十分条件に関する主張を表すものと見なされ，定義2は必要条件に関する主張を表すものと見なされる．そのため，研究者が引き寄せられる定義は，その関心の違いによって大きく分かれるだろう．十分条件を検証するために定性的比較分析などの手法を用いる研究者は，おのずから定義1に基づく十分条件へと引き寄せられるだろう（Ragin 1987）．これに対して，必要条件に関する仮説を検討する定性的研究者は，おのずから反実仮想定義（定義2）を採用するだろう（Goertz and Starr 2003）．しかし，論理学と集合論という同じ伝統に基づくため，この2つの因果関係の定義を両立させるのは容易である．

ヒュームの2つの定義に正しい解釈はあるのだろうか．筆者たちは哲学史家ではないが，筆者たちが考えるに，ヒュームの解釈の見方として最も**役立つ**とされる〔因果関係の〕捉え方は，研究者それぞれの方法論的背景やアプローチの影響を強く受けやすい．2つの文化という本書全体の議論に即して言うなら，それぞれの解釈の真意は，その解釈を採用している研究伝統の枠内でなければ，うまく伝わらないのである．

5. 推薦文献

ヒュームの因果論は因果関係を扱った哲学の文献全般で幅広く取り上げられている．その中でも大きな影響力を持つ文献として真っ先に挙げられるのは，因果関係の確率論を論じた Suppes（1970），原因の反実仮想定義を採用した Lewis（1973），INUS条件に関する Mackie（1980），因果関係を「存在論」や「メカニズム」として捉える Salmon（1998），そして，近年の研究として，Baumgartner（2008; 2009）である．論理学（たとえば，Copi 1982）や法の因果関係（Hart and Honoré 1985）を扱った有名な研究もヒュームの議論を中心的に取り上げている．ヒュームの見解を扱った古典的研究は Beauchamp and Rosenberg（1981）である．社会科学の方法論研究者は因果関係に関するヒュームの著作にあまり注目していないが，彼の議論は Holland（1986），Goertz

第6章 ヒュームの因果論とその2つの定義

and Starr (2003), 特に, Brady (2008) で論じられている。本章で取り上げたネイマン＝ホランド＝ルービンの因果関係の定義 (ATE) を構築した中心的研究は, 前述のホランドの研究のほかにも Neyman (1923/1990), Rubin (1974; 1978) がある。また, King, Keohane, and Verba (1994), Morgan and Winship (2007) も参照のこと。その他, Goertz (2006b), Pearl (2000), Ragin (2008), Rubin (1990), Schneider and Wagemann (2012) を参照。

第Ⅱ部
事例過程分析

第7章

事例過程分析 対 事例比較分析

> 事例過程分析は少数事例分析の実行可能性を決めるうえで非常に重要である。
>
> デイヴィッド・コリアー

1. 序　論

　事例過程分析（within-case analysis）と事例比較分析（cross-case analysis）のどちらを重視して因果推論を立てるのか。この違いは定性的研究と定量的研究という2つの伝統の最も基本的な違いの1つである。定性的研究は個々の事例に生じた特定の事象や過程におもに着目するのが常である。過程追跡（process tracing）や反実仮想分析（counterfactual analysis）など，仮説検証に関する主要な定性的方法論は，根本的に言えば，事例過程分析の手法である。定性的分析者がこのような手法を用いるためには個別事例内から分析の鍵となる観察を突き止めなければならない。

　定性的研究は事例比較分析の要素を含んでいることも多い。このことは，社会科学に比較的広く見受けられる少数事例研究（small-N studies）と，それほど広くは見受けられない中程度の事例数を扱う定性的研究（medium-N qualitative studies）のどちらにも当てはまる（巻末付録を参照）。定性的研究のN〔事例〕の数を増やすなら説得力はいくらか高まるだろうが，事例の全体数が少ないままなのであれば，因果推論の主な根拠は事例過程分析によって導き出さなければならない。通常，少数事例の比較研究では事例比較分析の手法によって仮説を厳密に検証することはできない[1]。定性的研究が事例比較分析によ

って仮説を厳密に検証するにはNの数をもっと増やさなければならない。

これに対して，定量的研究が伝統的に行うのは事例比較分析のみである。定量的研究者は，多数事例のデータセットに基づいて研究を進めるため，分析対象とした事例の大部分については往々にしてほとんど何も知らない。たとえば，世論調査の場合，個々の設問に対する回答を除けば，研究者が個々の回答者のことをほとんど何も知らなくて当然である。国別の多数事例のデータセットを用いる研究者についても同じことが言える。変数として用いた情報を除けば，多くの国々について全く何も知らないことさえある。能力と資源の限界を考えると，多数事例研究者が自らの分析に用いる事例のほとんどを熟知していると期待するのは現実的ではない。

しかし，定量的研究者は，特定の変数に関して複数の事例を体系的に測定・比較できるため，事例比較分析の検証によって推論を導き出すことができるし，実際にそのようにして推論を導き出している。原則として，定量的研究は，分析に用いる事例数が多いからこそ，厳密な検証が可能になり，単なる偶然の産物や交絡変数（confounding variables）の結果ではない知見を導き出すことができる。また，定量的研究者は，多数事例の事例比較分析と詳細な事例研究を組み合わせることを念頭に置きさえすれば，全く異なる研究設計を組み立てることもできる。すなわち，多重手法に基づく研究設計である。多重手法的研究を採用した場合，1つの研究の枠内で事例比較分析と事例過程分析を組み合わせることになる。

とはいえ，一般的に言えば，少数事例に基づく定性的推論がおもに事例過程分析に依拠するのに対して，多数事例に基づく定量的推論はおもに事例比較分析に依拠する。そのため，この点に関する2つのパラダイムの違いは，以下のようにはっきりと述べることができる。

　　少数事例に基づく定性的研究はおもに事例過程分析によって因果推論を導き出す。事例比較分析の方法論はその補佐的な役割を担うときもある。

1　少数事例の比較研究であっても，必要条件や十分条件になりうる原因についての仮説を棄却するためなら一定の検証を行うことはできる。

第7章 事例過程分析 対 事例比較分析

多数事例に基づく統計的研究はおもに事例比較分析によって因果推論を導き出す。事例過程分析の方法論はその補佐的な役割を担うときもある。

この事例過程分析と事例比較分析の区別は本書で論じていく2つのパラダイムの対比の多くとも通底する。また，このような区別は，定性的研究や複数手法的研究を扱う主要な書籍（たとえば，George and Bennett 2005; Collier, Brady, and Seawright 2010a）でも定性的研究と定量的研究を線引きするための基準として重視されている。

2. 単一事例研究／少数事例研究の事例過程分析 対 実験研究／統計的研究

事例過程分析と事例比較分析が典型的に役割を担う部分（と担わない部分）の違いは，事例研究と実験研究における双方の用途の違いを大まかに対比してみるとわかりやすい。初めに，説明目的の事例研究，すなわち，特定の事例に特定の結果が生じた理由を説明しようとする研究について考えてみたい。事例研究がおもに着目するのはもちろん単一事例であり，その推論方法の中心を占めるのは事例比較分析ではない。しかし，明示するにせよ，しないにせよ，ほかの事例との対比や比較を行うこともできる。加えて，過程追跡や反実仮想分析によって仮説を検証する場合，ほかの事例から裏付けられた一般的知見と分析結果に基づいて検証を進めていく。とはいえ，定義上，事例研究をおもに支えるのはあくまでも単一事例に関する分析である。

事例研究者は，優れた説明を組み立てるにあたって，必然的に事例の過程を時間的に分析し，異なる時点のさまざまな観察を検討していく。通常，分析者は一定の結果が生じた事例と生じなかった事例への分岐をもたらした重要な事象〔の有無の違いや程度の違い〕が見られる歴史的局面（historical junctures）を突き止めていく。これによって研究者は各事例が歴史的局面で生じた小さな違いを境にいかに異なる経路をたどったのかを深く思索することができる。加えて，異なる時点の歴史的事象がいかに一連の原因として連結し，特定の結果へといたったのかを検討することもできる。特定の事象，特定の連結，そして，それらに付随して生じる出来事について詳細な情報がそろえば，全体として豊

第Ⅱ部　事例過程分析

かな説明を提示できるだろう。

　次に，実験研究，すなわち，一定の処置を施したときの効果を推定しようとする研究について考えてみたい。通常，妥当な実験結果を提示するために用いられるのは事例比較分析だけである。この場合，研究者が試みるのは特定の処置の効果を**分離して突き止めること**である。大多数の被験者（などの観察単位）を処置群と統制群へと無作為に割り当てることは，歴史の先行効果やその他あらゆる交絡原因を無効化するのにうってつけである。文脈や歴史など，ほかのあらゆる影響を差し引いた後の因果効果を知ることこそが実験の目的である。この意味で言えば，実験とは根本的に事例比較分析の研究設計なのである。

　このような単一事例研究と無作為配分に基づく研究（randomized study）に見られる事例過程分析と事例比較分析の用途の違いは，少数事例に基づく定性的研究と多数事例に基づく統計的研究という，現在の政治学や社会学に一般的に見られる研究の進め方に視点を移しても，ほとんど同じ構図を見てとることができる。少数事例に基づく定性的研究がおもに関心を示すのは，あくまで事例内の過程を観察し，特定の結果を説明することである。定性的研究は，ジョン・スチュワート・ミルの差異法（method of difference）などの簡単な照合法によって事例比較分析を進めることも多いが，あくまで叙述によって事例内の過程を論じていく。実際，研究に用いるＮの数が一握りほどの数を超えないのであれば，大多数の因果推論において，少数事例に基づく比較手法（だけ）でその厳密な根拠を導き出すことができると考えるのは現実的ではない。事例数を1つから3つか4つに増やしても，何らかの事例過程分析を行わなければ，検証の説得力はほとんど高まらない。事例過程分析こそが仮説検証に大きな役割を果たすのである。

　これに対して，多数事例に基づく定量的文化は，事例比較分析を用いる実験研究の視点を少なからず保ち，ほかのすべての影響を差し引いた後の因果効果を推定しようとする。定量的文化で何気なく過程追跡法と対比されやすい統計的手法として，時系列分析にはたしかに数十年に及ぶ歴史がある（たとえば，Box and Jenkens 1976）。しかし，政治学や社会学で純粋な時系列分析が用いられることはほとんどない。また，分割時系列分析（interrupted time-series analysis）にも長い伝統がある（たとえば，Campbell and Stanley 1963）。近年，

第 7 章　事例過程分析 対 事例比較分析

その分析手法は，回帰不連続デザイン（regression discontinuity designs）という新たな名称を得て，勢いを取り戻しつつある（たとえば，Dunning 2012）。とはいえ，実際のところ，統計的研究の分析結果は，時系列上の分散とクロス・セクション〔一時点の断面〕上の分散を混ぜ合わせた値の違いに左右されることが多い（が，その違い自体はほとんど分析されない）。どのような研究に対しても，クロス・セクション上の成分と時系列上の成分がそれぞれどの程度分散に含まれているのかを問うことはできる。しかし，30 年間・20 カ国の先進国を対象とした比較分析のように，時系列上の成分が強く働いているように思える研究対象でさえ，その分散のほとんどはクロス・セクション上の成分に基づいている。そのため，多くの定量的分析が 1 つの事例内の過程を時間的に考察していても，その公表された分析結果をおもに牽引しているのはあくまでクロス・セクション上の成分なのである。

3.　因果過程観察 対 データセット観察

事例過程分析と事例比較分析の重要性が 2 つの文化で異なることを論じるにあたって，デイヴィッド・コリアー，ヘンリー・ブレイディ，ジェイソン・シーライトの論文（Collier, Brady, and Seawright 2010a）が注目したのは，因果推論の説得力を高めるために定性的研究と定量的研究で重視される観察の種類の違いである。彼らの議論によれば，定性的研究の因果推論が「因果過程観察」（causal-process observations; CPOs）を用い，それにともなって事例過程分析を進めるのに対して，定量的研究の因果推論は「データセット観察」（data-set observations; DSOs）を用い，クロス・セクションに基づく研究設計を前提に議論を進める。

CPO とは「文脈やメカニズムに関する情報を提供し，因果推論の説得力を高めることに……役立つ洞察やデータの断片」（Collier, Brady, and Seawright 2010a: 184）のことである。この概念の名称や定義からもわかるように，因果過程観察は，事例内から集められた情報として，特定の因果的要因が仮説や理論通りの因果的役割を果たしたか否かを判断するのに役立つ情報の断片なのである。

第Ⅱ部　事例過程分析

　定性的研究の事例過程分析は CPOs をどのように用いるのか。この点を説明するため，以下の3つの研究例を取り上げたい。

1. アレキサンダー・ガーシェンクロンとバリントン・ムーアは，地主エリートが大多数の農民を動員し，ファシズムへの支持票を取りまとめたことが，ファシズム体制が生まれた原因であると論じた（Gerschenkron 1943; Moore 1966）。この仮説を反証するため，グレゴリー・ルーバートはドイツの事例内の CPOs を用いた（Luebbert 1991: 308–309）。彼がその証拠として提示したのは，ドイツの地主エリートは農村部の票の大部分を取りまとめることができなかったという観察である。実際に農村部の中でファシズムへの支持が見られた地域は，おもに家族経営の農民が多数を占めている地域であり，地主エリートが居住している地域ではなかった。このような観察は，単一事例内から導き出したものであり，数としては少ないが，ファシズムの起源に関するガーシェンクロン＝ムーア仮説に強い反論を加えることになった。
2. スティーブン・ウォルトは，革命が戦争の原因になるという仮説を提示し，その仮説を検証するため，革命から戦争までをつなぐメカニズムを理論化した（Walt 1966）。革命国家の選好と能力の変化や，革命国家とほかの国々との関係性の変化（たとえば，新たな利害対立の発生や不信の悪循環）などがメカニズムの一部として加えられた。この理論が正しければ，メカニズムに関する特定の CPOs が事例内に存在するはずである。この点，ウォルトは革命と戦争の間に関連性が見られる7つの事例研究に絞って実証分析を進めたが，その議論の強みは，少ない事例の中に革命と戦争の単純な相関関係を見出せたことではない。むしろ，ウォルト自身が予測したメカニズムに合致した CPOs をそれぞれの事例内に見つけることができたからこそ，彼の議論は実証的に裏付けられたのである。
3. ニーナ・タネンウォルドは，第二次世界大戦以降，アメリカが核兵器を使用しないのは「核のタブー」，すなわち，核兵器は「大量破壊兵器として容認できない」とする規範的な禁則が存在していたことに理由があ

第 7 章 事例過程分析 対 事例比較分析

ると論じた（Tannenwald 1999）。しかし，この議論に関して，ナサニエル・ベックは，わずか 4 つの DSOs（すなわち，4 つの歴史的出来事）しか分析されず，標本規模が小さすぎることに疑問を呈した（Beck 2006）。この疑問に対して，ブレイディたちはタネンウォールドの因果推論の説得力をおもに高めたのは 4 つの DSOs ではなく CPOs であると反論した（Brady, Collier, and Seawright 2006）。特にタネンウォールドが注目したのは，核兵器の使用を長時間議論することや，そもそもそうした選択肢を検討することさえも規範的に禁じられていたことを示す政策立案者の談話であった。この議論の強みは，4 つの歴史的出来事の比較研究に基づくのではなく，核兵器の使用を議論することが徐々に規範的に禁じられていくという，説得力のある証拠を事例内から発見したタネンウォールドの能力の高さに基づいているのである。

　これらの研究例からもわかるように，定性的研究者は，事例内で生じた事象や過程に関する研究と関連させて CPOs を突き止めていく。そこで収集される CPOs は，集計して長方形のデータセットになるような変数の値ではなく，特定の事例を分析するための仮説にまつわる事例内の観察である。たとえば，タネンウォールドが用いた主要なデータの中には，核兵器の使用の可能性を提起すること自体をはばかるような政策立案者の談話も含まれる。核兵器の使用を禁忌とするような規範的な禁則，すなわち，核のタブーがアメリカに存在しなければ，こうした談話は存在しないだろう。このような知見こそが彼女の議論の説得力を高めているのである。同じく，ルーバートは，ドイツの専門知識があったからこそ，特定の情報を用いて，地主エリートがファシズムへの支持票を取りまとめた張本人であるとの考え方に強く反論できた。ドイツの歴史について表層的な知識しか持ち合わせていない研究者であれば，このような議論を立てることはできないだろう。

　これに対して，定量的研究に標準的に用いられる観察は DSO である。DSO は，長方形のデータの行，すなわち，測定したすべての変数に割り当てられた事例の値を意味する。主流派の統計的研究において DSOs を追加することは自由度を増やすための標準的な手法である。独特で比較できそうにない観察

(CPOs) が特定の事例内から得られても，それは定量的研究パラダイムでは用いられない。1つの事例や少数の事例にしか見られない情報は，統計的検定に用いることができないとの理由で放棄されてしまうことが多い。

統計的検定のために DSOs を収集する場合も事例内のデータは必要とされるが，それは多くの事例について特定の変数の値を測定しなければならないからに過ぎない。分析者は特定のどの事例に関しても専門知識を持ち合わせている必要はない。個別事例に関する歴史の細部や特徴は統計的検定とは無関係である。原則として，測定した変数の値以外に個別事例の特徴をほとんど知らなくても，因果モデルをうまく検証できるのである[2]。

要するに，定性的分析者と定量的分析者がそれぞれ自らの研究に「新たな観察を追加する」と述べても，往々にしてその意味は全く異なる。定性的研究者の場合，新たな観察を追加することは，概して特定の事例内から新たな証拠や事実の断片を発見することを意味する。これは探偵が新たな糸口を発見することに似ている。新たな事実を発見すれば，特定の事例に関する仮説や理論についてこれまで以上に厳密な推論を立てることができる。これに対して，定量的研究者の場合，新たな観察を追加することは，通常，新たな事例を追加すること，すなわち，分析対象の新たな実例を追加することを意味する。定量的伝統では観察を追加して N の数が増えないことは考えにくいが，定性的伝統では CPOs を追加しても事例数には影響しないことが普通である。実際，事例研究は1つの事例（すなわち，1つの DSO）しか扱っていなくても，その事例内には因果推論の有力な根拠として説得力の高い CPOs が複数含まれているのである（Collier, Brady, and Seawright 2010a）。

4. 過程追跡による検証 対 統計分析における検定

定性的研究が事例過程分析を重視していることは過程追跡にさまざまな用途があることからもわかる。過程追跡は，定性的研究者が仮説検証のために用いる唯一の事例過程分析の手法ではない（たとえば，「反実仮想」の章を参照）

---

[2] とはいえ，因果モデルを正確に指定し，それを統計分析で検証するには個別事例に関する豊富な定性的知識が必要になるだろう。

第 7 章 事例過程分析 対 事例比較分析

が、それでも主要な定性的手法であり、事例比較分析に基づく統計的研究の仮説検証の手法とは好対照である。

過程追跡とは、特定の事例に特定の結果をもたらした原因に関する仮説〔の良し悪し〕を判断するための手法である[3]。この手法はおもに 2 つの検証方法に基づく。すなわち、絞り込みの検証 (hoop tests) と、動かぬ証拠の検証 (smoking gun tests) である (Van Evera 1997)。本節で論じていくように、過程追跡による検証と、必要条件・十分条件に関する一般化と、特定の事例過程観察 (すなわち、CPOs) の用い方は、それぞれ本質的に結び付いている。

(1) 絞り込みの検証

絞り込みの検証は、事例内に特定の断片的証拠が存在しなければ、その個別事例に関する仮説は妥当ではないという発想に基づく (Van Evera 1997)。絞り込みの検証を通っても仮説は裏付けられないが、絞り込みの検証を通らなければ、その仮説は棄却される。この点、絞り込みの検証で想定される特定の証拠が〔個別事例に〕存在することは、仮説が妥当であるための**必要条件**である (Bennett 2008)。

独立変数、従属変数、因果メカニズムは、いずれも絞り込みの検証の対象になりうる (Collier 2011; Mahoney 2010a; 2012)。まず、独立変数や従属変数を検証する場合、CPOs は原因や結果が仮説通りに生じたことを立証するために用いられる。絞り込みの検証は、事例の記述的事実に疑問を呈するという形で仮説に反論することが多い。

たとえば、「因果モデル」の章で論じたように、ブレイディは 2000 年大統領選挙においてフロリダ州でのゴア勝利を伝えた選挙速報の効果を絞り込みの検証によって分析した (Brady 2010)。この分析の結果、ブッシュ陣営が選挙速報によってフロリダ州の居住者 i の票を失ってしまう**必要条件**として一連の条件が突き止められた。すなわち、(1) フロリダ州北西部諸郡の東側に住んでいる、(2) 選挙速報の放送中にまだ投票を終えていない、(3) 選挙速報を視聴した、(4) ブッシュ陣営を支持している、という 4 つの必要条件である。

---

3 過程追跡は仮説や理論の構築に用いることもできる。

第Ⅱ部　事例過程分析

　ブレイディは，この絞り込みの検証に基づき，ブッシュ陣営がフロリダ州で失った可能性がある〔とジョン・ロットが推定した1万票の〕得票数のほぼすべてをふるい落とした。上記の4つすべての絞り込みの検証を通った居住者はわずか280人と推定され，この280人のうち，ほとんどの居住者は投票を棄権しなかったと判断された（たとえば，「自分の1票で大統領を決めることができる」という理由以外で票を投じる居住者を含む）。この結果，ブッシュ陣営が失った得票数は28票から56票と推計された（そして，この推計値を4倍にした224票が上限と見なされた）。絞り込みの検証はブレイディの議論に大きな役割を果たしたのである。

　次に，絞り込みの検証は，独立変数と従属変数の間の因果的連結が実際に存在するのかを考察するときにも用いられる。この場合，絞り込みの検証が特に焦点を当てるのは，原因と結果の間に介在すると考えられるメカニズムである。その一例として，前述のルーバートの研究が，ガーシェンクロン＝ムーア仮説（労働者に抑圧的に対応する地主エリートこそがドイツにファシズムをもたらした重要な原因であったという仮説）を棄却していく流れを取り上げてみたい。この仮説が妥当であるためには，地主エリートが直接的・間接的に農民を統制し，ファシストの候補者への支持票を取りまとめた〔という証拠を示す〕ことが必要条件である。これに対して，ルーバートは，ドイツの事例内のデータを用い，このメカニズムが存在しないことを明らかにした。ドイツの地主エリートは農民の票を取りまとめることができなかったか，あるいはできたとしても，実際には利益誘導ネットワークの維持に関心を抱き，自由主義勢力の候補者を支持したのである。そのため，この仮説は，絞り込みの検証を通らず，棄却された。

　仮説が絞り込みの検証を通らないことは仮説の棄却を判断する標準的手法である。それでは，絞り込みの検証を通ったら，それは仮説の有力な証拠になるのか。その答えは「検証内容次第」である。厳密に言えば，その答えは絞り込みの検証の難しさに左右されるのである。難しい絞り込みの検証を通れば，仮説は実証的に大いに裏付けられるが，簡単な絞り込みの検証を通っても，そのような裏付けは得られない。まさしく，ほかより小さな輪（hoop）を潜り抜けて飛び出すことが難しいのと同じように，絞り込みの検証の中には，他より求

められることが多く，検証を通りにくい場合もあるのである（Mahoney 2012）。

絞り込みの検証の難しさは，仮説が妥当であるための必要条件がデータや実世界の中に存在している頻度の違いに直接的に左右される。もしその必要条件がほぼ普遍的に存在していれば，絞り込みの検証を通るのは簡単である。ほぼ自動的に仮説が立証されるからである。これに対して，仮説が妥当であるための必要条件が特定の文脈にほとんど存在しないか，普通存在しないのであれば，絞り込みの検証を通るのは難しいだろう（Hart and Honoré 1985; Braumoeller and Goertz 2000; Goertz 2006b; Ragin 2008 を参照）。

(2) 動かぬ証拠の検証

動かぬ証拠の検証は，〔事例内に〕特定の断片的証拠（すなわち，特定のCPOs）が存在すれば，その〔事例に関する〕仮説は妥当なはずであるという発想に基づく。動かぬ証拠の検証を通れば，仮説は決定的に裏付けられるが，動かぬ証拠の検証を通らなくても，その仮説は棄却されない。この点，動かぬ証拠の検証によって突き止められたCPOsが〔個別事例に〕存在することは，仮説が妥当であるための**十分条件**である[4]。

絞り込みの検証と同じく，独立変数，従属変数，因果メカニズムは，いずれも動かぬ証拠の検証の対象になりうる。たとえば，タネンウォールドは，自らの研究で提示した独立変数（核のタブー）が存在することを立証するために動かぬ証拠の検証を行った。政策立案者が規範的な制約を受け，外交政策の議論の中で核兵器の使用という選択肢自体を提起しにくくなったことをいくつかの実例に基づいて明らかにした。この場合，動かぬ証拠の中心を占めるのは政策立案者の非公開の談話である。政策立案者の発言（という銃口の煙）は，まさしく核のタブーという銃が存在しなければ，意味を持たないのである。

動かぬ証拠の検証を通れば，仮説を裏付ける有力な証拠になるが，動かぬ証拠の検証を通らなければ，さまざまな結果が生じうる。動かぬ証拠の検証の難しさはさまざまである。簡単な検証を通らなければ，それは仮説が妥当ではな

---

[4] シャーロック・ホームズの有名な台詞として「すべての不可能な説明を排除したら（すなわち，絞り込みの検証を行えば），後は真実しか残らない」という一節がある。この台詞回しは，絞り込みの検証だけでも正しい説明を導き出せることを示している。

いという証拠になる。この一例として、コレラが有毒な大気（すなわち、瘴気）の結果ではなく伝染病であることを解明したジョン・スノーの有名な研究（Snow 1855/1965）がある（Freedman 1991 も参照）。罹患者を新たな場所（たとえば、島）に連れていかなくても、その場所でコレラが流行しうることがわかれば、それは瘴気論を裏付ける比較的簡単な動かぬ証拠と言えるだろう。しかし、スノーが発見したのはこれとは正反対の証拠であった。つまり、コレラはつねにヒトの渡航の流れに沿って流行したのである。この証拠は完全には瘴気論を棄却しないが、それでも大いに不利に働いた。これに対して、難しい検証を通らなくても、これほどの反証の証拠にはならない。動かぬ証拠の検証があまりに難しくなると、妥当な仮説でさえその検証を通ることが期待できなくなってしまう。たとえば、フロリダ州北西部諸郡の東側において、初めはブッシュに投票するつもりだったにもかかわらず、見切り発車な選挙速報を視聴したために実際にはブッシュに投票しなかった居住者が1万人いることを逐一突き止めることができたら、それはロットの議論（Lott 2000）を裏付ける動かぬ証拠になるだろう。しかし、このような検証は非常に難しく、ロットの議論がこの検証で裏付けられなくても大きく不利になるわけではない。むしろ、彼の議論に対してブレイディが試みたのは、絞り込みの検証による棄却であった（Brady 2010）。

　動かぬ証拠の検証の難しさは、検証に用いる条件（すなわち、CPO）の普遍性の違いに左右される。動かぬ証拠の検証は、どのような場合も十分条件（1つの条件ないしは複数の条件の組み合わせ）によって仮説の妥当性を判断するという点では同じであるが、そうした条件が存在しうる頻度には違いがある。動かぬ証拠の検証を通らなかった仮説として望ましくないのは、ほとんど存在しない条件を用いた場合ではなく、頻繁に存在している条件や特定の文脈に「普通」に存在している条件を用いた場合である。

　とはいえ、社会科学者が厳密な動かぬ証拠の検証（smoking gun tests）によって仮説を裏付けるのは難しいのではないかと思われる。一般的に収集しやすい証拠は、煙の出た拳銃（smoking gun）というより薬莢に近い。薬莢が存在すれば、煙の出た拳銃の存在もうかがえるが、煙の出た拳銃そのものは観察されない。通常、説得力のある事例を組み立てるには複数の重要な断片的証拠を

組み合わせることが必要である。比喩をさらに続けると，薬莢が存在するという証拠や，容疑者がその薬莢に合致した拳銃を所持しているという証拠を積み重ねていくことで，その証拠が十分条件となって仮説を裏付けていくのである。前述のスノーのコレラ研究も同様である。彼は多種多様な証拠を用い，伝染病論を裏付けるにいたったのである（「因果メカニズムと過程追跡」の章を参照）。

　さまざまな断片的証拠を組み合わせて十分条件を導き出そうとする姿勢は定性的研究者によく見られるが，そうした姿勢は定性的伝統に典型的に見られる因果モデルの発想とうまく合致する。つまり，十分条件は**要因の組み合わせ**によって成り立つという連結〔合接・連接〕モデル（conjunctural model）の発想である。通常，納得のいくように事例を説明するには，複数の断片的証拠を積み重ね，動かぬ証拠を組み立てることが求められる。この場合，1つの観察だけで仮説が十分に裏付けられることはほとんどない。これに対して，個々の断片的証拠を絞り込みの検証に用いれば，検証に引っかかりやすく，〔対立〕仮説を棄却しやすい。この点からもわかるように，事例過程分析を用いた場合，定性的研究者は〔自らが提示した〕仮説を納得のいくように裏付けるより〔対立〕仮説を棄却したほうが難しくないと実感しやすいのである。

5. 結　　論

　事例比較分析と事例過程分析は，因果推論の手段として，それぞれ多数事例分析と少数事例分析の中心を占めているが，この両方の分析手法に基づく研究計画を設計できないわけではない。実際，この2つを組み合わせた研究設計を志向した研究は，どちらの文化においても最良の研究の進め方と見なされやすい。

　定量的文化の場合，次章で論じるように，定性的手法に基づく事例研究は統計分析の補足として広く用いられるようになっている。事例研究は，回帰分析で取り上げられた因果的変数を考察し，その変数が実際に理論通りの働きをしているか否かを判断する。事例過程分析によって研究を補足し，変数の因果的影響の立証にとって重要な意味を持つCPOsを探求していく。これに対して，定性的文化の場合，1つの事例や少数の事例に関する知見を導き出した研究者

は，その知見がもっと一般的に成り立つのかという疑問を抱きやすい（「射程」の章を参照）。そのため，少数事例研究から導き出された知見は，多数事例研究に基づく事例間の比較検証を触発することもありうる（Lijphart 1971）。

要するに，**実際に行われている**研究は，おもに事例比較分析か事例過程分析のどちらかに依拠することがほとんどであるが，その2つの手法は組み合わせることができるし，（多くの主要な方法論研究者の主張に従えば）組み合わせるべきなのである。さまざまな種類の複数手法的研究に対する人気の高まりからもわかるように，研究者はこのような総合を可能にするような分析手法を徐々に見い出しつつある。

6. 推 薦 文 献

事例過程分析は定性的方法論の分野では古くからさまざまな名称で論じられてきた。たとえば，「過程分析」（process analysis; Barton and Lazarsfeld 1955），「単位内比較」（intra-unit / within-unit comparison; Smelser 1968: 72-73），「パターン照合」（pattern matching; Campbell 1975: 181-182）を参照。過程追跡の古典的研究は George and McKeown（1985）である。近年，過程追跡を明確に論じた書籍は George and Bennett（2005）である。さらにその議論を大きく更新した研究として Bennett（2006; 2008）も参照。絞り込みの検証，動かぬ証拠の検証，風向きの検証（straw in the wind tests）は Van Evera（1997），Collier（2011），Mahoney（2012）で論じられている。因果過程観察とデータセット観察の区別を論じたのは Collier, Brady, and Seawright（2010a）である。さまざまな種類の因果過程観察については Mahoney（2010a）を参照。

時系列分析や時系列クロス・セクション分析に関する文献紹介は Pevehouse and Brozek（2008）や Beck（2008）を参照。潜在反応の枠組みに媒介過程を組み込むことを目指した優れた試みとしては Glynn and Quinn（2011），Imai, Keele, Tingley, and Yamamoto（2011）を参照。その他，Blalock（1964），Bollen（1989），Bennett and Elman（2006），Collier and Collier（1991），Green, Ha, and Bullock（2010），Pearl（2012）を参照。

第8章

因果メカニズムと過程追跡

> 因果メカニズムに依拠した説明は……過程追跡法を用い，事例内の過程を1つずつかなり詳細に考察することで因果推論に大いに役立つ。
>
> アレキサンダー・ジョージ，アンドリュー・ベネット

1. 序　論

　因果関係は，直観的に考えると，原因が一定のメカニズムや過程の引き金になって結果をもたらすまでの生成過程と見なすこともできる。2つの変数に関連性があることをうかがわせるデータを見たら，それを因果関係と断定する前にメカニズムに関する新たな情報を求めようと思うのが研究者の常である（Ahn, Kalish, Medin, and Gelman 1995）。社会科学者も同じである。因果効果は何らかの複数の要因が結び付いた過程を経て伝わると考えるのが社会科学者なのである。

　「因果メカニズム」（causal mechanism）という考え方を取り上げた社会科学や科学哲学の文献は膨大に存在し，そこで提示される議論や定義は多種多様である（本章の推薦文献を参照）。本章は，そうした複雑な議論に深く立ち入ることはせず，因果メカニズムを原因から結果にいたるまでに介在する過程と見なして議論を進める。後述するように，比較的発達した理論は，いかなる理論であっても，因果メカニズムに関する議論を提示する。定量的研究で検証された理論と定性的研究で検証された理論のどちらにも同じことが言える。どちらの伝統も独立変数と従属変数を結び付ける因果メカニズムについての考え方を

提示しているのである。

　本章では，因果推論を立てるときに定性的伝統と定量的伝統がそれぞれメカニズムに関する理論をどのように**実証的に評価する**のかという問題を重要な論点として考察していく。定性的研究者は，実証的な評価を下すにあたって過程追跡（process tracing）や因果過程観察（causal process observations）の分析によってメカニズムの**観察**を試みる（Collier, Brady, and Seawright 2010a, 2010b; George and Bennett 2005）。特定事例の事例過程分析（within-case analysis）とメカニズムの観察が同時に行われるのは定性的研究パラダイムではかなり自然なことである。

　これに対して，統計的手法の目的は特定事例内のメカニズムを観察することではない。統計学に基づく推論が依拠するのは（観察データと実験データのどちらにせよ）多くの観察を用いた事例比較分析（cross-case analysis）である。この研究伝統に属する研究者は，統計的検定によって変数が予測通りの効果を示していることがわかれば所与のメカニズムが働いていると考えることもありうるが，そのメカニズム自体の実証研究を試みないことが普通である。変数が因果効果を示す根拠は，理論の一部に含まれていても，通常，統計的に検証されることはない（巻末付録を参照）。

2. メカニズムと因果推論

　「相関関係は因果関係ではない」という考え方は，ある地域のコウノトリの生息数と出生率との関連性など，擬似相関（spurious correlations）の具体例を学んだときなどに初めて触れることになる。学生は，時間的に先行する第三の変数によって2つの変数の相関関係を説明できるかもしれない（たとえば，コウノトリの生息数と出生率はどちらも，都市か地方かという場所に関する変数によって説明できるかもしれない）という考え方を，方法論の最初の授業で教わることになる。しかし，学生がこのような擬似相関の具体例を初めて目にし，その相関関係を見かけに過ぎないのではないかと疑うのは，通常，その相関関係を説明できるような，時間的に先行する特定の変数をすぐに思いつくからではなく，そこに直観的な因果メカニズムが存在しないと思うからである。

第8章　因果メカニズムと過程追跡

コウノトリと出生率の相関関係が因果関係として信用されないのは，そこに妥当なメカニズムが存在しないからなのである（Porpora 2008）。

　社会科学の場合，多くの統計的方法論者は，観察データによって因果推論を立てることは非常に難しいと考える。観察に基づく研究は，統制実験という無作為の割り当てを行えないため，統制変数によって交絡要因に対処する必要がある。筆者たちは，回帰分析はデータの記述に過ぎないという定量的方法論者（特に若手研究者）たちの意見を耳にしたことがある[1]。因果推論の手段としての回帰分析の切れ味は（ひいき目に見ても）鈍いと考えられているのである（Collier, Brady, and Seawright 2010b も参照）。

　観察データで因果推論を立てるときの問題点が認識されるにつれ，実験への関心も高まりつつある。現在では社会科学者も標本調査による実験，実験室での実験，フィールド調査での実験など，あらゆる種類の実験に関わるようになった（もちろん，心理学ではつねに実験が行われてきた）。実験を用いた論文は政治学の主要学術誌にも広く見受けられるようになった。方法論研究者は，回帰モデルの設計を論じるときでさえ，処置や統制などの実験用語を用いることも多くなった。実際，一部の定量的方法論者は以下の主張を新しいスローガンとして掲げていると言っても差し支えないだろう。

　　実験を行わなければ，厳密な因果推論はできない。

　実験が優れていれば，因果メカニズムを観察しなくても，特定の処置の平均効果を評価できるというのである。ドナルド・グリーンたちは次のように述べる。「変数を操作し，その変数が結果に与えた効果を測定すれば，その効果を伝えた因果経路がどのようなものであっても，理論的・実用的に多くの重要なことを知ることができる」（Green, Ha, and Bullock 2010: 206-207）[2]。しかし，

1　「数理経済学モデルや統計モデルの多くは，実験，自然実験，回帰不連続デザインなどの厳密な設計がなければ，相関関係を因果関係として捉え直すような主張も説得力を持たなくなる」（Sekhon 2009: 503）。
2　実験を用いて媒介変数を研究するという作業には多くの問題がある（Bullock and Ha 2011 を参照）。同じく，観察データから媒介変数を評価するという統計的手法も，厳密な想定が求められるため，実際に活用するのは難しい（たとえば，Imai et al. 2011）。

第Ⅱ部　事例過程分析

それでも研究者は（あらゆる科学と同じく）社会科学においても，実験のブラックボックスの中身を可能な限り解明したいと考えるものである。実験結果を提示したら，通常，処置と効果を結び付けるメカニズムについても答える必要がある。研究者がこうした問題に懸命に答えようとするのは，十分に発達した理論が，観察された効果の根底にあるメカニズムを定めているからである。

　これに対して，定性的研究者は，メカニズムを突き止めることこそが因果推論に必要不可欠であると考える。メカニズム〔を突き止めること〕は実験を用いずに因果関係と擬似相関を区別するための方法と見なされ，以下のように論じられる。

　　メカニズムは 2 つの点で因果推論の役に立つ。まず，X が Y に影響を及ぼすまでのメカニズムが存在するという知識は X が Y の原因であるという推論を裏付ける。加えて，X と Y を結び付ける妥当なメカニズムが存在しなければ，そこに因果関係が成り立っていないと考える有力な根拠になる。因果推論にはメカニズムを突き止めることがつねに必要であるというのは言い過ぎかもしれないが，社会科学的な説明として完全に満足のいくものを提示するには因果メカニズムを突き止めることが必要なのである（Hedström and Ylikoski 2010: 54; George and Bennett 2005 も参照）。

厳密な因果推論を立てるには，個別事例内で過程追跡を行い，提示されたメカニズムが実際に存在するか否かを確認することが必要であるという規範が定性的文化にできあがりつつあるとさえ言えるかもしれない。そのため，定性的研究者は以下のようなスローガンを掲げていると言っても差し支えないだろう。

　　過程追跡を行わなければ，厳密な因果推論はできない。

　このように，厳密な因果推論に関する考え方は，定量的研究と定性的研究の 2 つのパラダイムでそれぞれ異なる。2 つのパラダイムが互いに相手の標準的議論をある程度疑っていたとしても意外ではない。たとえば，過程追跡が因果推論の有力な根拠になるという考え方は定量的文化では広く支持されてはいな

第8章　因果メカニズムと過程追跡

い。ゲイリー・キングたちは，過程追跡が「厳密な因果推論をもたらすとは考えにくい」とし，せいぜい「記述的一般化に役立つ」くらいで「因果推論の準備段階になる」に過ぎないと主張した（King, Keohane, and Verba 1994: 227-288）。ほかにも，因果メカニズム〔を突き止めること〕は因果分析の根本問題を解決できる「奇跡的な手立て」ではないと強調する研究者もいる（たとえば，Gerring 2010; Norkus 2005）。統計学の観点から見れば，あらゆる処置や変数に応用できることこそが優れた因果推論の要件であり，因果メカニズムに関する推論もその要件を満たさなければならない。因果メカニズムを理解する際には新しい因果関係の考え方は必要とされない（King, Keohane, and Verba 1994）が，際立った特徴として，因果メカニズムの効果を推定する際には数理経済学の知見が必要とされるのである（たとえば，MacKinnon 2008）。

過程追跡はさまざまな方法で多数事例分析と組み合わせることができる（Brady, Collier, and Seawright 2006; Collier, Brady, and Seawright 2010c）。第一に，因果メカニズムを事例研究によって組み立てた後に，多数事例分析によってその知見を確認することがある。この一例として，コレラの伝染メカニズムは大気中の瘴気〔空気感染〕ではなく水〔経口感染〕であることを突き止めたジョン・スノーの研究（Snow 1855/1965; また，Freedman 1991 も参照）を取り上げてみたい[3]。スノーは典型的な定性的分析者とも言えるような姿勢で研究に臨んだ。つまり，$Y=1$ の事例（コレラ感染者）を集中的に分析したのである。その分析で注目されたのは，原因とおぼしき何かが初めに消化管を冒してしまうことであった。これは汚染された水や食品が伝染メカニズムである可能性を示していた。スノーはほかにも重要なことを観察した。たとえば，船乗りがこの病気にかかるのは上陸したときや貯蔵品を口にしたときだけだったこと，この病気が輸送路の流れに沿って拡大したこと，そして，自前の給水装置を備えた建物の居住者がこの病気にかかりにくかったことなどを突き止めた。さらに，スノーは隣接した2つの集合住宅のうち一方のみに汚染水が流れている地区に差異法に基づく調査を実施した。また，住民から〔汚染水を飲んだ個人と飲まなかった個人を〕選び出して同じような調査を実施した。つまり，

---

[3] Brady, Collier, and Seawright (2006), Collier, Brady, and Seawright (2010c) と Beck (2006; 2010) は，この具体例をめぐって論争を繰り広げている。

第Ⅱ部　事例過程分析

別々の水源を利用している多くの世帯のデータから導き出した仮説を擬似実験によってうまく検証したのである（Dunning 2008）。このようにスノーが定性的研究によって組み立てた因果メカニズムは，その後，多数事例の自然実験によって裏付けられることとなった。

　第二に，多数事例に基づく統計分析の研究結果（普通は観察データに基づく知見）は提示されていても，その知見の因果メカニズムをめぐって論争が起こることもある。過程追跡はこのように競合するメカニズムを判別するときにも用いられる。たとえば，国家間の比較分析によって経済発展（通常は1人当たりGDPとして測定される）と民主主義の間に正の関係があることを見出す定量的研究には長い系譜がある（先行研究の整理はRobinson 2006を参照）。その両者の関係は政治学・政治社会学の統計分析における最も頑健な知見の1つと考えられている（たとえば，Geddes 1999）。しかし，それは完全な知見ではないとほぼすべての研究者が思っているはずである。というのも，ブラックボックスの部分が残されているため，メカニズムに関するさまざまな議論の良し悪しを判別できないからである。定性的研究者であれば，このブラックボックスの中身を解明しなければならないと考え，特定の事例に民主主義をもたらした実際の推移を詳細に分析する。統計的関連性だけでなく定性的研究によってメカニズムを突き止めなければ，因果関係を裏付けられないと考えるのである[4]。

　個別事例内の因果メカニズムの観察を歴史研究によって試みた優れた研究例として，ディートリッヒ・ルーシェマイヤー，イーヴリン・スティーブンズ，ジョン・スティーブンズの著書，*Capitalist Development and Democracy*を挙げることができる（Rueschemeyer, Stephens, and Stephens 1992）。同書は，経済発展が階級間（特に地主と労働者）の力関係の変化を促し，さらにその変化が民主主義をもたらす重要なメカニズムになると論じる。厳密に言えば，経済発展は「完全」な民主主義になるための2つの必要条件をもたらすという仮

4　ルーシェマイヤーたちは次のように述べる。「（経済発展と民主主義の関係という）繰り返し提示される統計分析の知見は，理論に十分に根差した実証分析がなければ克服できないような『ブラックボックス』の性格を帯びている。……ブラックボックスの解明に最も役立つのは比較歴史研究であると筆者たちは考える。……歴史研究は**時間の推移**とそれを取り巻く構造的条件に関する洞察を与えてくれる。これは妥当な因果的説明を構築するのに必要不可欠である。因果分析とは本質的に推移分析なのである」（Rueschemeyer, Stephens, and Stephens 1992: 4）。

第 8 章　因果メカニズムと過程追跡

説を立てたのである。その2つとは，(1) 有力地主が存在しないこと，(2) 民主主義を支持する有力な労働者階級が存在すること，である[5]。この2つの要因は，メカニズムとしてほぼ普遍的に存在するが十分条件ではない。つまり，民主化は，国家，政党，国際システムに関するほかの諸要因に左右されると考えたのである。

　過程追跡は定性的研究の因果推論の中心に位置づけられる。そのため，定性的研究者は因果メカニズムを突き止めない研究や因果メカニズムを検証しない研究に疑問を抱くかもしれない。具体的に言えば，多数事例研究の分析結果は過程追跡によって補足しなければ因果的議論として納得されないかもしれない。実際，個別事例を集中的に考察し，統計分析や数理分析の仮説として提示された因果メカニズムに疑問を呈した研究例を見つけることは難しくない。たとえば，以下のような研究例が挙げられる。

1. トマス・キューザックたちは，西欧諸国において労働市場の調整と比例代表制に基づく選挙システムの採用とを結び付けるメカニズムの鍵は財界団体と労働組合の経済的選好にあると論じる (Cusack, Iversen, and Soskice 2007)。しかし，彼らは労働市場の調整と比例代表制の間に統計上有意な関係性を見出したが，その関係性をもたらしたとされる財界団体と労働組合の制度的選好については考察しなかった。これに対して，マーカス・クルーザーは，彼らの議論を再検討するにあたって，財界団体と労働組合のアクターが選挙システムのあり方に気を配っていたことを示す証拠が歴史研究から得られるかどうかを考察した (Kreuzer 2010)。キューザックたちが用いた 18 カ国の事例を検討した結果，彼らが提示したようなメカニズムの働きは見られなかったとして，クルーザーは次のように結論づけた。「財界団体，労働組合，政党，ひいてはこれらの組織の有力者の制度的選好と労働市場を結び付けるようないっさいの証拠を筆者

---

[5] 「民主主義が確立しうるのは，(1) 地主階級の影響力が大きくなかった場合か，(2) 地主階級が低賃金労働の大量供給に依存しなかった場合か，(3) 地主階級が国家を統制しなかった場合である」(Rueschemeyer, Stephens, and Stephens 1992: 270)。「小自作農国家の一部に見られたような農民主体の民主主義の事例を除けば，労働者階級の組織化はほぼすべての国々において完全な民主主義になるための重要な役割を担った」(ibid.)。

第Ⅱ部　事例過程分析

　　は見つけることができなかった。実際のところ，財界団体や労働組合が何か特定の選挙システムを明確に求めていたことを示す証拠をいっさい見つけることができなかったのである。政党の制度的選好についての研究は豊富にあるが，経済的要因に着目した研究は1つもない」(ibid.: 376)[6]。
2. ポール・コリアーとアンケ・ホフラーの研究 (Collier and Hoeffler 2001) と，ジェイムズ・フィアロンとデイヴィッド・レイティンの研究 (Fearon and Laitin 2003) は，どちらも統計分析の国家間比較によって1人当たりGDPと内戦が強い負の関係にあることを見出した。しかし，この2つの研究が提示した因果メカニズムには違いがあった。コリアーとホフラーは貧困が経済的機会に与える効果という点からメカニズムを説明し，フィアロンとレイティンは国家の内戦予防力という点からメカニズムに着目した。こうした研究に対して，ニコラス・サンバニスは，どちらのメカニズムにもほとんど裏付けがないことを事例研究の証拠から明らかにし，1人当たりGDPがほかの変数との交互作用によって効果を示しうることを次のように論じた。「内戦への陥りやすさが国ごとに異なるのは，エスニシティや民主主義など，ほかの独立変数が収入水準の違いによって異なる働きをすることと関係しているかもしれない」(Sambanis 2004a: 266)。さらに，サンバニスは，コリアーとホフラーの研究と，フィアロンとレイティンの研究において理論的に提示されたメカニズムにはどちらも実証的な裏付けがなく，実用性に疑問があるとして次のように指摘した。「多数事例研究が因果経路について正しくない想定を立てているとしたら，それは説明力が乏しいということになるだろう。……1人当たりGDPが増大したら内戦の危険性が**いくらか**減少するということは理解できる。しかし，もっと焦点を絞った政策的介入のほうが実行しやすく，効果も高いかもしれない」(ibid.: 273)。
3. ダロン・アセモグルとジェイムズ・ロビンソンは，経済格差が高い水準

6　これに対して，キューザックたちは，経済的利益の違いが表れるのは政党の指導者であり，労働組合や財界団体の指導者が特定の選挙システムを積極的に求めたとは考えにくいと反論した (Cusack, Iversen, and Soskice 2010)。因果メカニズムの検証対象として着目すべきは政党の選好であると主張したのである。

にある国々ほど軍事政変が起こりやすいことを明らかにした（Acemoglu and Robinson 2006）。彼らは，ゲーム理論を用いて，その関係性を成り立たせるメカニズムを説明する。すなわち，民主主義国は社会が不平等なほど再分配の量が多くなるため〔不平等な国々の〕エリートほど民主主義を放棄するために軍部の協力を求めようとするインセンティブも高くなる，というメカニズムである。これに対して，ダン・スレイターとベンジャミン・スミスは，事例研究の証拠を用いてこの説明を批判し，「軍部が経済エリートのエージェント〔代理人〕になることなどは事実上なく，経済エリートの提携相手になることもほとんどない」（Slater and Smith 2010）と論じた。通常，軍部はエリート階級の特定の経済的利益とは無関係な理由から政変を実行するため，ゲーム理論上のモデルとしてアセモグルとロビンソンが提示した因果メカニズムは軍事政変の事例の大多数には見受けられないと論じたのである。

要するに，定性的研究者は，実験に基づく研究にせよ，基づかない研究にせよ，メカニズムを突き止めない分析には疑問を抱くことが多い。メカニズムにブラックボックスが残されている説明は定性的文化においては厳密な説明と見なされないのである。

3. 複数手法的研究における過程追跡 対 定性的研究における過程追跡

複数手法的研究の登場によって過程追跡はもはや定性的研究の独擅場とは言えなくなった。定量的研究者でさえ個別事例研究を分析に含めることが**慣例上必要**とされ始めた研究分野もある。この傾向は，前述の回帰分析の重要性の低下とも関係している。実験を行えない状況であれば，事例を選び出して集中的に過程追跡を行うことで多数事例研究を補足できると考えられている。この場合，仮説として提示した因果メカニズムが母集団全体で働いているという証拠を統計分析によって示し，それを踏まえ，個別事例を選び出して過程追跡を行い，その因果メカニズムが仮説通りに働いているかどうかを考察することになる。このように，初めに多数事例の統計分析の結果を提示し，次にその結果を

第Ⅱ部　事例過程分析

個別事例研究で裏付けるという複数手法戦略は，近年の有力な研究の特徴でもある（たとえば，Fortna 2008; Lange 2009; Lieberman 2003; Pevehouse 2005）[7]。

しかし，過程追跡が因果推論の手段として役立つという点ではある程度の見解の一致も見られるが，統計分析の知見を過程追跡で補足する〔複数手法的〕研究者と定性的研究者が同じように過程追跡を用いているようには見えない。過程追跡を統計分析の補足として用いる場合，母集団全体と個別事例の因果過程が必ずしも同一〔一定〕ではないという難点がある。たとえば，X_1 が母集団全体の中で正の効果を強く示しているという統計分析の結果を考えてほしい。この分析結果は，事例の特定の部分集合〔下位集合〕において X_1 が負の効果を強く示すはずはないということを意味するだろうか。もちろん，その答えは「ノー」である。統計モデルの X_1 の効果は，上位集合から下位集合へ，さらには個別事例へと視点を移したときの条件につねに左右される。すなわち，X_1 と特定の部分集合の結果は負の関係にはなりえないという主張には数学的な根拠は存在しないのである。そのため，過程追跡を行っても，無作為で選び出された特定の事例において因果メカニズムが期待通りの働きをするとは確実には言えない[8]。

統計分析の知見を過程追跡で補足するために研究者が一般的に試みるのは，分析対象の主要な独立変数が理論通りの役割を果たしていると考えられる事例を1つか複数選択することである（「事例選択と仮説検証」の章を参照）。しかし，事例の母集団と事例の部分集合では分析結果は必ずしも同一ではないため，分析者が，データセットにおける個別事例の値，統計モデルにおける推計値，そして，個別事例研究における観察のそれぞれを直接的に結び付けて考えることはほぼできないのである。統計分析者が特定の事例に対して過程追跡を行うと，そもそもの回帰分析の結果は分析の全体像から抜け落ちてしまいかねない。

統計分析の後に過程追跡を行う研究者は，事例研究に際して〔統計分析で用いた〕独立変数を〔個別事例の〕結果に影響を与えた因果的要因として安易に

---

[7]　ゲーム理論の伝統に属する研究者の中には数式モデルの観察可能な含意を検証するための手段として過程追跡を用いる研究者もいる（たとえば，Bates et al. 1998）。
[8]　こうした問題への対処法の1つとして，方法論研究者は，回帰分析の予備的結果を踏まえて過程追跡を行うにはどのような事例選択が最も良いのかという問題を綿密に検討している（「事例選択と仮説検証」の章を参照）。

第 8 章 因果メカニズムと過程追跡

扱いがちである。通常,母集団全体を対象とした加算モデルは複数の原因〔変数〕を含み,主要な変数もそのうちの 1 つに過ぎない。変数の効果は従属変数への因果効果の重みとして大まかに理解される。そのため,特定の変数に関する過程追跡を 1 つの事例に対して行うときには,その変数が結果の発生にどのように「寄与した」のか,どのように「〔因果効果の〕重みを加えた」のかを考察することになる。しかし,その個別の変数は結果の**必要条件**とは見なされないことが普通である。統計分析の補足として用いられる過程追跡と,定性的研究の過程追跡では,反実仮想への立ち位置が異なるのである。

　統計分析の補足として用いられる過程追跡のもう 1 つの特徴は,主要な独立変数以外の変数(統計モデルにおける統制変数)の役割である。統制変数は,主要な分析対象ではないため,過程追跡で重視されないことが普通である。統制変数の効果は認識しておかなければならないが,関心が払われるのはあくまでも主要な独立変数なのである。

　これに対して,定性的研究者は,必ずしも事例比較分析の知見を過程追跡によって裏付けるという手順を踏むわけではない。むしろ,因果推論の中心的手段として初めから過程追跡を行うこともありうる。とはいえ,複数手法的研究と比較するためにも,ここでは定性的研究者が母集団全体に当てはまる集合論モデルに基づいて分析を始めた場合を考えてみたい。そのような研究者は,事例内の過程追跡を行うときにも集合論アプローチから因果関係を分析することになる。というのも,集合論では,個別事例内の原因と母集団全体の原因はどちらも同じ因果関係のパターンに従うと考えるからである。過程追跡を行うときには個別事例に見られる原因と母集団全体に見られる原因はどちらも同じ効果を持つものとして扱われる。

　母集団から特定事例へと視点を移しても因果効果が同一であるという点は,必要条件の場合を考えると最もわかりやすい。母集団全体において A が Y の必要条件であるならば,その母集団に含まれるどの個別事例(ないしは事例の部分集合)においても,その A は Y の必要条件であるに違いない。「権威主義体制は大量虐殺の必要条件である」という仮説で具体的に考えてみたい。もしこの仮説が妥当であれば,大量虐殺のどの事例にも当てはまるということになる。そのため,仮説は大量虐殺のすべての事例に一貫して当てはまるはずで

あるという想定のもと，過程追跡を行うことができる。

　母集団から特定事例へと視点を移しても〔因果効果が〕同一であるという点は十分条件にも当てはまる。十分条件は集合論の因果モデルでは $Y=ABc+DE$ などの形で表される。この場合，事例にどちらか一方の組み合わせ（$A*B*c$ または $D*E$）が存在すれば，当該の結果が生じることになる。メカニズムを考察する過程追跡の対象として選択されるのは，ABc または DE のどちらかの組み合わせが存在する事例であり，その両方の組み合わせが存在する事例ではない（「事例選択と仮説検証」の章を参照）。事例を選択した後は，たとえば，A と B と c の**組み合わせ**がどのように結果をもたらしたのかを考察することになる。この場合，過程追跡は，このような原因の組み合わせから結果が生じるまでの特定の過程を突き止めるために行われる。

　定性的研究者は，1つの特定事例を対象にし，1つの原因の組み合わせについて（その事例には結果をもたらす組み合わせが1つしかないという想定のもとで）過程追跡を行うときもある。この場合，原因の組み合わせに含まれる個々の変数は，その事例に特定の結果をもたらす必要条件として扱うことができる。つまり，$Y=1$ の事例に原因の組み合わせが1つしか存在しないならば，その組み合わせに含まれる因果的要因はどれも1つの事例に特定の結果をもたらすのに必要不可欠ということになる。上記のモデルが正しい場合，$D*E$ の組み合わせが存在する事例は D か E のどちらかが存在しなかったら当該の結果をもたらさなかったはずである。このように〔十分条件が成り立つ〕原因の組み合わせに含まれる個々の変数に対する過程追跡は，たいていの場合，必要条件と同じように行うことができるのである。

　ここまでの議論を踏まえると，集合論モデルから議論を始めた場合，通常，分析者は個別事例の過程追跡を行うときに原因の組み合わせに含まれる個々の変数を必要条件として扱うはずである。しかし，原因の組み合わせに含まれるすべての変数がその事例の結果にとって必要不可欠であると考え，1つの変数だけに焦点を絞らないことが通例である。これに対して，統計分析と過程追跡を組み合わせた場合，おもに焦点が当てられるのは1つの主要な独立変数だけである。過程追跡を統計分析の補足として用いた研究が原因の束に焦点を当てるとすれば，それはおそらく交互作用項を主要な分析対象として扱っている場

第 8 章　因果メカニズムと過程追跡

合のみである。しかし，筆者たちが知る限り，統計モデルの交互作用項に表れるメカニズムを裏付けるために過程追跡を行うという研究は見当たらない。

　要するに，個別事例に過程追跡を行うときにも因果モデルに定性的文化と定量的文化という2つの文化の違いが表れやすいのである。定性的研究者が用いる集合論モデルは，必要条件や，全体として十分条件になるような諸条件の束に基づく。原則として，過程追跡の定性的アプローチを見分けるには，個々の原因を必要条件として扱っていることや，十分条件を論じるときに複数の条件の結びつきに基づくメカニズムに言及していることに着目するとわかりやすい。これに対して，統計モデルから議論を始める複数手法的研究者は，特定事例内の過程追跡を行うときに因果関係の加算アプローチを採用することが普通である。過程追跡は，個別の要因が特定の結果をもたらすのに寄与したか，〔因果効果の〕重みを加えたかを判断するために用いられる。この場合，ほかにも非常に多くの原因が結果に影響を及ぼしていると想定されるため，特定の要因が結果の必要条件であったとの前提は立てない。

4.　結　　論

　因果メカニズムを考察し，事例研究の対象に過程追跡を行うという研究の進め方は定性的文化では標準的で自然である。1つか複数の特定事例内において X から Y へといたる過程を追跡すれば，「X は Y の原因である」という推論をある程度導き出すことができる。この研究伝統に属する研究者は事例過程分析を用いるため，過程追跡も扱いやすい。事例過程分析という分析手法は，特定の因果的要因が特定の結果に効果を与えていくメカニズムを突き止めるのに役立つのである。

　これに対して，定量的文化は回帰分析では厳密な因果推論を立てにくいという懸念の高まりを踏まえ，方法論的に2つの方向へと進みつつある。第一に，実験に関するさまざまな手法の評判が高まりつつある（が，〔社会科学の〕研究全体から見るとまだまだ少数派である）。実験を行えば，メカニズムを検証しなくても，処置の平均因果効果をうまく推定できると考えられている。しかし，社会科学のほぼすべての理論が何らかのメカニズムに関する主張を提示し

ていることを踏まえると，ブラックボックスが残ってしまう実験研究は問題視されかねない。

第二に，回帰分析と事例研究を組み合わせる複数手法的研究が定量的研究の進め方として最も良いと見なされつつある。この場合，回帰分析で有意な効果を示した変数が理論通りの道筋で働いていることを事例研究によって確認する。しかし，定性的研究と違って，複数手法的研究の過程追跡は加算モデルの観点から原因を捉える。そのため，過程追跡は，X が Y の必要条件であったことを検証するためではなく，X が Y の増減や発生に寄与したかどうかを解明するために用いられる。

5. 推薦文献

因果メカニズムをさまざまに定義・理解できることは因果メカニズムを扱う文献の多さからもわかる。たとえば，その見解の違いは Bunge (1997), Elster (1989), Falleti and Lynch (2009), Gerring (2008), Hedström and Swedberg (1998), Mahoney (2001), Mayntz (2004), McAdam, Tarrow, and Tilly (2001), Norkus (2005), Sekhon (2004), Stinchcombe (1991), Waldner (2012) を参照。過程追跡法に関しては George and Bennett (2005), Bennett (2006; 2008), Hall (2003), Roberts (1996), Van Evera (1997), Collier (2011), Mahoney (2012) を参照。因果過程観察という概念を提唱したのは Brady, Collier, and Seawright (2006), Collier, Brady, and Seawright (2010a) である。複数手法的研究に関しては Gerring (2012), Lieberman (2005) を参照。過程追跡に用いて集合論に基づく研究を補足する方法は Schneider and Rohlfing (2011) を参照。実験や統計的手法によってメカニズムを考察する研究としては Bullock and Ha (2011), Glynn and Quinn (2011), Green, Ha, and Bullock (2010), Holland (1988), Imai et al. (2011), MacKinnon (2008) を参照。観察に基づく研究の一部の問題は実験によって解決できるが，実験も特有の問題を抱えている。実験の問題と欠点を取り上げた研究として優れているのは Druckman, Green, Kuklinski, and Lupia (2011) と Morton and Williams (2010) である。その他，Brady (2010), Rohlfing (2008), Seawright and Gerring (2008) を参照。

第9章
反実仮想

　　　　　反実仮想的な主張を組み立てるとしたら，次のように言えるだろ
　　　　　う。1980年代のパワーの具体的分布を踏まえると，当時急速
　　　　　に衰退しつつあったソ連であれば，指導者が旧思考の持ち主だっ
　　　　　たとしても冷戦期に平和な状態を求めていた可能性が非常に高い。
　　　　　　　　　　ランドール・シュウェラー，ウィリアム・ウォルフォース

　　　　　ゴルバチョフとソ連共産党書記長の座を争った政敵の中で，彼の
　　　　　ような内政と外交の大胆な改革に着手することはおろか，それを
　　　　　最後までやり遂げることができた人物などは誰一人として想像で
　　　　　きない。
　　　　　　　　　　　　　　　　　　　　　　　　ロバート・イングリッシュ

1. 序論

　反実仮想（counterfactuals）は，社会科学の方法論をめぐるさまざまな論点の中心を占めている。本章は，定性的文化と定量的文化において反実仮想分析が因果推論に対してどのような役割を果たすのかに焦点を絞って議論を進めていく。反実仮想を用いた因果関係の定義に関しては「ヒュームの因果論とその2つの定義」の章ですでに論じた[1]。

1　定量的文化では，ネイマン＝ルービン＝ホランド・モデルが「反実仮想アプローチ」と呼ばれることもある。そのモデルは個別事例 i の反実仮想から議論を始めるからである。哲学の分野には，因果関係の反実仮想定義をめぐる長くて名高い歴史がある（たとえば，Lewis 1973; Collins et al. 2004）。定性的方法論の分野では，必要条件と反実仮想が本質的に関連するものとして扱われている（たとえば，Goertz and Starr 2003）。

第II部　事例過程分析

　本章は，2つの文化という本書全体の論調を踏まえ，反実仮想分析が定性的伝統で因果推論の重要な手段と見なされる一方，定量的伝統では広く用いられていないことを示していく。この両者の違いは，反実仮想に基づく立言がまさしく**実際に起こったことに反する**主張であることに由来する。概して，このような形で主張されるのは，個別事例の特定の原因や結果についてであり，母集団全体に平均的に起こっていたと考えられる事象についてではない。具体的に言えば，本章冒頭の題辞は特定の事象の原因に関する反実仮想の代表例である。この場合，「ゴルバチョフのような新思考の持ち主が指導者に就任していなかったら何が起こっていたのか」という反実仮想的主張は，冷戦を終焉させた原因として理念とパワーのどちらの役割を重視するのかという論争全体に大きな影響を及ぼす。

　通常，特定の事例に関する反実仮想的主張の良し悪しを判断するには，その事例の事例過程分析（within-case analysis）を行う必要がある。定性的研究者は，個別事例の説明に関心を持つため，事例過程分析によって反実仮想的主張を判断するという作業にも違和感を持たないはずである。定性的研究者は「ありうる」反実仮想を組み立てる。「ありうる」というのは，歴史を根本的に書き直さなくても，原因が起こらなかった状況（や，原因が違った形で起こった状況）を想像できるという意味である（Weber 1949b; Fearon 1991）。反実仮想分析で明確に重視されるのは，特定の因果関係上の前件（antecedent）が存在しない状況や，前件が違った形で存在している状況の「可能世界」（possible world; Lewis 1973）である。

　これに対して，定量的研究者が概して何らかの特定の事例に関心を持つことはなく，反実仮想分析によって特定の事例を説明するという作業にはあまり馴染みがない。むしろ，反実仮想は，おもに一般的な因果モデルをわかりやすく説明するために用いられる。たとえば，定量的研究者は，XがYに与える平均効果の大きさについて一般的な主張を提示するために反実仮想を用いることがある。この伝統で反実仮想が用いられる場合，概して，それは原因の極端な変化を仮説として提示すること，たとえば，「Xの値が非常に低い値から非常に高い値へと変化していたら，事例に何が起こっていたのか」を推定することと関係する（この具体例と批判に関しては King and Zeng 2006; 2007 を参照）。

第 9 章 反 実 仮 想

2. 因果推論の根本問題：対応の違い

　一部の例外（たとえば，Pearl 2000）を除き，統計学の因果推論の見方としては個別事例の反実仮想から議論を始めるという手順が主流である。しかし，個別事例の反実仮想を実際に観察することはできないため，研究者は以下のような因果推論の根本問題（Fundamental Problem of Causal Inference）に直面してしまう。

　因果推論の根本問題：$Y_t(i)$ の値と $Y_c(i)$ の値を同一の個体で**観察**することはできない。それゆえ，t が i に与える効果は**観察**できない（Holland 1986: 947）。

因果推論の根本問題は反実仮想の問題である。どのような事例であれ，X を別の値に変えて歴史を再演することはできないのである。
　定性的伝統と定量的伝統の大きな違いは，この問題への対応の違いに表れる。定量的研究者は，この問題に対処するため，多数事例研究に軸足を移し，平均効果に焦点を絞る。そのため，定量的伝統は，反実仮想を中心に因果関係を定義する一方，反実仮想に基づく因果推論という選択肢はその視界に入らない。ネイマン＝ルービン＝ホランド・モデルは，因果関係を反実仮想として捉えるが，個別事例に対して明示的に反実仮想分析を行うためのものではない。
　統計的手法を用いて t の平均効果を算出しさえすれば，それだけでパラメーターの推計値を用いて母集団内のどの個体に対しても反実仮想を行うことはできる。しかし，本章で強調したいのは，この個別事例の反実仮想が，因果推論を立てるまでの手順（すなわち，平均因果効果を推定するまでの手順）に対して何の役割も果たさないということである。平均因果効果を推定するのに反実仮想分析に頼る必要はない。統計分析の結果が出るのは，反実仮想分析の後ではなく前なのである。
　これに対して，定性的研究者は，因果推論の根本問題に対処するため，一般知識と事例過程分析を用い，特定の事例において X が〔実際とは〕異なる値

をとっていたら何が起こっていたのかという反実仮想を分析する。定性的研究者は，既知の一般的知見と特定の事例に関する詳細な知識を活用したら，特定の要因が特定の事例の結果をもたらした原因だったのか否かを検証できると考える。つまり，反実仮想分析は，特定の事例に関して妥当な因果推論を導き出していく作業の一環なのである。

要するに，定性的研究者と定量的研究者は，どちらも個別事例について反実仮想分析を行うことは可能であると考えている。しかし，定量的研究パラダイムの場合，この類いの分析は，因果推論を立てるまでの手順の一環には含まれない。むしろ，どのような反実仮想分析であれ，それは平均因果効果を推定した**後**に行われるものであり，因果推論を立てた後にその推論を議論するために用いられる。これに対して，定性的研究者は，個別事例に焦点を当て，既知の一般的知見や事例過程分析を用い，その事例の反実仮想についての推論を立てる。定性的研究パラダイムの場合，反実仮想分析は，因果推論を立てるまでの手順の一環に含まれることが多いのである。

3. 反実仮想を構築する

(1) 統計的研究の手続きと極端な反実仮想

統計学の反実仮想アプローチは，ロジット分析やプロビット分析が特定のパラメーターの推計値を標準的にどのように判断するのかを考えるとわかりやすい。このようなモデルには，因果効果の大きさをすぐにはっきりと概念化できる方法はない。しかし，その対処法の1つとして，反実仮想を用いてXがYに与える効果の大きさを感覚的につかむことはできる。その標準的な手続きは基本的に以下の通りである。

1. すべての統制変数（つまり，反実仮想の対象となる変数X以外のすべての変数）を平均値や中央値に設定する。おそらく最も広く採用されやすいのは平均値である。二値変数の場合は最頻値を用いる。
2. 反実仮想の対象となる前件Xを最小値に設定する。あるいは，もっと控えめな手続きを踏むなら，第一・四分位数の値や，平均値から1または

第 9 章　反 実 仮 想

2 標準偏差分だけ少ない値に設定する。
3. X の値を最小値から最大値へ変化させる。あるいは，もっと控えめな手続きを踏むなら，第三・四分位数の値や，平均値から 1 または 2 標準偏差分だけ多い値へと変化させる。これこそが反実仮想である。
4. 統計モデルとパラメーターの推計値を踏まえ，Y の発生確率の変化という観点から反実仮想を算出する。
5. 反実仮想としての Y の発生確率の変化は X が Y に与える因果効果の大きさを解釈するために用いられる。

この手続きは，無数の論文や研究発表で用いられてきたが，反実仮想的な論法との結びつきは明示されないことも多い。

　この手法は，X の値を非常に低い値から非常に高い値へと変化させる手続きに基づくため，「最大書き換え法」(maximum rewrite practice) や「反実仮想の極端変化アプローチ」(extreme counterfactual approach) と名づけることができる。というのも，反実仮想を行うのに，X の値を最大限変化させる作業や極端に変化させる作業が必要になるからである。このような手順を踏むことで X の値の変化が Y に与える潜在的影響をわかりやすく示すことができる。

　しかし，定量的研究者は，この種の反実仮想的な論法を踏まえたとしても，普通はその反実仮想を何か特定の歴史的事例と結び付けて考えることはない。また，反実仮想の対象となる X の値を特定の値に変化させるときに，その**歴史的妥当性**を考慮することもほとんどない。ジェイムズ・フィアロンが指摘したように，その値の変化が現実に即しているか否かは重視されない。そもそもモデルを分析するために値を変化させているに過ぎないからである。

　　回帰分析などの統計的手法を用いて因果的仮説を検証する場合，標本内のどのような事例であれ，複数の独立変数のうちの 1 つが別の値をとっていたら，すべての事例に共通する系統的成分と，確率的成分の双方の影響によって従属変数の値は違っていたかもしれないという前提に立つ。さらに言えば，どのような事例であれ，事例が独立変数の別の値をとることが実際に歴史上可能だったのか否かについて決して深く考えることはない

(Fearon 1996: 61)。

　このように，定量的伝統の場合，反実仮想〔の内容〕が特定の事例において妥当な形で成り立つのかという点を問われることはない。ゲイリー・キングとランチェ・ゼンは，反実仮想の妥当性はデータによって定義されると力強く論じる（King and Zeng 2006; 2007）。データの範囲内から導き出された反実仮想は妥当と見なされ，データの範囲外の予想を立てた〔外挿された〕反実仮想は正しくないと見なされる。反実仮想の対象になる現実世界の実例はデータから得られるはずである。別の言い方をすれば，1つの事例の独立変数の値を変化させるという反実仮想が，その事例の歴史を熟知した専門家から妥当と見なされなかったとしても，その値の変化の効果を推定できる比較事例（おおむね〔変化後の値と〕合致した事例）がデータから得られるなら，特に問題にはならない。実際，定量的文化の場合，どのような反実仮想であっても，その妥当性（の高さ）は観察データとの近さによって規定されると言って差し支えない。

(2) 定性的研究の手続きと最小書き換え基準

　定性的文化において反実仮想の基本形として論じられるのは，特定の事例（とりわけ，歴史的に重要な事例）に関する主張である。この場合に問われるのは，分析対象となる特定の事例において，原因 X が別の値をとっていたら結果 Y に何が起こっていたのかという点である。研究者は，原因と見なされる特定の事象が起こらなかったという状況（あるいは，違う形で起こったという状況）を想像し，そうした状況でも結果は起こったのか（あるいは，同じ形で起こったのか）を考察していく[2]。反実仮想についての仮説は，特定の結果の発生について正確な予測を立てるより〔実際に起こった〕結果の不在や否定を具体的に取り上げることが多い（Fearon 1996 を参照）。また，大きな結果の違いをもたらしたと考えられる小さな事象を原因 X として取り上げる研究が多い（が，もちろん，そうした研究がすべてではない）。

　定性的研究と，特定の事例に関する反実仮想分析には，おのずから強い結び

---

[2] 事象の不発生（たとえば，戦争の不発生）を考察していく場合には，事象の発生（たとえば，戦争の発生）を反実仮想として取り上げることになる。

第9章 反実仮想

つきがある。特定の事例において X を Y の原因として提示したなら、そこから「X の状態が違っていたら何が起こっていたのか」という問いを立てても無理はない。仮に X を Y の必要条件と見なした場合、その仮説が妥当であるなら、X が存在しないという反実仮想上の状況では Y も**存在しないはずである**。同じく、個別事例のレベルにおいて、原因を INUS 条件と見なした場合、通常、その原因がなければ結果も生じないだろう[3]。

反実仮想分析によって因果推論の説得力をどのように最大化できるのかという議論をこれまで定性的方法論者が牽引してきたとしても、それは意外なことではない。この議論の系譜は少なくともマックス・ウェーバーの研究（Weber 1949b）までさかのぼることができる。その中で研究者たちが提唱したのは「最小書き換え」基準（minimum rewrite rule）である。これは既知の歴史記録の変更を極力最小限に留めて反実仮想を行うべきであるという基準である（Stalnaker 1968: 104; Elster 1978; Tetlock and Belkin 1996b: 23-25; Reiss 2009）。反実仮想の対象となる前件は、個別事例の特徴を踏まえて、**ありうるもの**でなければならず、理想としては、**妥当なもの**でなければならない。反実仮想の妥当性は、特定の事例についての知識、さまざまな理論、さらにはほかの研究分野の一般的知見に基づいて判断される。反実仮想の対象として「奇跡的」な前件を設定することは避けるべきである。概して、前件の変更が「小さい」ほど、反実仮想の妥当性は高い（たとえば、「指導者が暗殺されなかったら」という前件）。これは定性的研究者が反実仮想分析を行うときに小さな事象に関心を持ちやすい理由の1つである（Fearon 1991: 193）。加えて、反実仮想の対象となる結果は、通常、現実世界から完全にはかけ離れていない「可能世界」の中で起きていなければならない（Lewis 1973 を参照）。フィアロンが述べたように、「事象 B がなぜ起こったのかを説明しようとする場合、B は存在しないが、**それ以外は B が存在する状況によく似た世界**を対比空間として何気なく思い描くものである」（Fearon 1996: 57; また、Garfinkel 1990 も参照）。

優れた反実仮想は、定性的研究者が特定の断片的証拠に照準を絞り、その断片的証拠から過程追跡（process tracing）によって特定の結果を説明するのに

---

[3] 十分条件の配列が複数存在し、結果を過剰決定している場合は例外である。

役立つ（「因果メカニズムと過程追跡」の章を参照）。反実仮想に基づく仮説として，たとえば，「もし 2000 年の大統領選挙でブッシュではなくゴアが当選していたら，アメリカはイラク戦争に踏み切らなかっただろうか」という仮説を立てることもできる（Harvey 2012 を参照）。これは外交政策に対する個人の指導力の役割に注意を払った反実仮想であり，歴史的に見ても妥当である。このような反実仮想を踏まえると，研究者はブッシュとゴアの違いに綿密に着目し，開戦の決断へといたるブッシュ特有の信念と選択を確認することができる。また，このような反実仮想を踏まえたら，「もしゴアが大統領に就任したとしても，結局圧力に抗しきれず，アメリカはイラクへの攻撃に踏み切ったのではないか」という別の議論を検討することもできる。これに対して，「もし 2000 年の大統領選挙でブッシュではなくマザー・テレサが当選していたら，アメリカはイラク戦争に踏み切らなかっただろうか」という仮説は，あまり役に立たないだろう。この場合，世界全体を根本的に変えなければ，そのような状況が起こりうるとは想像できないからである。また，このような反実仮想分析によって，イラク戦争の発生に決定的な役割を果たしたと思われるブッシュの大統領としての指導力を論じようとしても，ほとんど何の知見も得られない。

　このように，定性的研究と定量的研究で提示される反実仮想の基本形には根本的な違いが見られる。定性的伝統の場合，最小書き換え基準を遵守し，分析対象となる個別事例の歴史を踏まえて妥当と見なされる反実仮想を提示する。この判断基準は，反実仮想分析から特定の歴史的事例の因果推論を試みるという定性的研究者の実際の作業手順に基づく。これに対して，定量的伝統の場合，最大限の書き換えをともなう極端な反実仮想を提示する。反実仮想がこのような形で行われるのは，因果推論ではなく，モデルをわかりやすく説明することを目的にしているからである。

(3) 妥当な反実仮想とは何か：事例間視点と事例内視点の答え方の違い

　キングとゼンがその重要な論文の中で提唱したように，反実仮想の内容とよく似た事例がデータセットの中に存在するなら，その反実仮想は定量的研究において妥当と見なされる（King and Zeng 2007）。彼らは（一部の哲学者のように）最も近似した「可能世界」について語るのではなく，データの中の最も近

第9章 反実仮想

似した**現実世界**に着目したのである（Mikkelson 1996 も参照）。そのため，データの裏付けのない反実仮想は批判を受けてしまう。彼らは，その具体例の1つとして，カナダの国家破綻（従属変数）を引き合いに出し，以下のように論じた。

> 極端な反実仮想の最初の例として「1996年にカナダがほかの変数の値は実測値のままで独裁制になった」という状況を考えてみたい。すると，予想通り，この極端な反実仮想は（統制変数の）観察データの凸包（convex hull）の外側にあるため，外挿が必要になることがわかった。別の言い方をすれば，1996年にカナダが独裁制になっていたら何が起こっていたのかという問いを立てることはできても，それを歴史に基づいて議論することはできない。測定できるほかの特徴がカナダとよく似ている独裁制の実例は，世界中（ひいては手元のデータの中）に存在しないからである（King and Zeng 2007: 192）。

キングとゼンは，**事例比較分析**（cross-case analysis）の視点から反実仮想の妥当性を定義する。反実仮想の状況とよく似た事例がほかに存在するなら，その反実仮想は穏当と考えられる。

これに対して，定性的研究に用いられる最小書き換え基準は**事例過程分析**の考え方に基づく。つまり，問われるのは，提示された反実仮想の内容が個別事例にとって妥当と見なされるのかという点である。たとえば，1996年にカナダが独裁制になったという反実仮想が妥当と見なされないのは，その内容が最小書き換え基準に反しているからである。もしこのような前件を反実仮想の対象として設定しようとしたら，カナダの歴史を根本的に変えなくてはならない。たしかに，事例間視点の証拠を用いて事例内視点の反実仮想の良し悪しを判断できないこともないが，その反実仮想の穏当さを最終的に決めるのは，研究者の事例内視点の判断であり，それは事例とその歴史に関する知識の深さに大きく左右される。

この考え方をさらに深く探求するため，完全な権威主義から完全な民主主義へと変化した事例をどれだけ見つけやすいかを考えてみたい。具体的に言えば，

第II部　事例過程分析

　Polityのデータにおいて，−10の値（権威主義）の事例が比較的短期間のうちに＋10の値（民主主義）の事例へと変化することはどの程度起こりうるのか。統計学のアプローチの答え方はクロス・セクションに基づく。つまり，そこで問われるのは，Polityの値については＋10と−10と大きく異なる値をとりながらほかの変数の値がよく似ている事例は存在するのかという点である[4]。これに対して，定性的研究のアプローチは事例過程分析と関係する。つまり，そこで問われるのは，−10から＋10への値の変化は特定の事例から見てどの程度妥当なのかという点である。定性的研究者は〔反実仮想の内容と〕よく似た事例を**現実に**見つけることができるか否かという情報（もある程度役立つが，それ）だけに頼ることはない。クロス・セクション上のデータから見て妥当ではないと考えられる反実仮想〔の内容〕も，その特定の事例を専門とする定性的研究者から見たら，妥当と考えられるということもありうる。また，統計学のクロス・セクション上のデータを踏まえたら反実仮想〔の内容〕を排除できなくても，定性的研究者は，その事例内の知識に基づいて妥当ではないと判断することもありうる[5]。

4. 結　　論

　定性的研究の場合，反実仮想分析は事例過程分析に基づく因果推論の中心を占める。反実仮想分析は個別事例研究で仮説を評価するときの主な分析手段として過程追跡と組み合わせることができる。定性的研究者は，特定の要因が仮説通りの役割を果たしたのかを判断すべく，反実仮想の想定のもとで事例の歴史を再演する。このような反実仮想という実験によって得られた分析結果は，事例比較分析によって導き出された知見に大きな影響を及ぼしうる。

4　しかし，実際のところ，このような最大書き換え法はデータからは裏付けられない。Polityのデータを踏まえると，各国の値は比較的短期間のうちに10〜15ポイント変化することはありうるが，完全に20ポイント変化することはない。

5　定性的研究者は，事例の一定方向の変化（たとえば，完全な民主主義から完全な権威主義への変動）を妥当と見なす一方，その逆方向への変化を現実的ではないと考えることもありうる。この点が重要なのは，そこから定性的研究における反実仮想と因果関係の非対称性との結びつきを見てとれるからである（「非対称性」の章を参照）。

第9章 反実仮想

　統計学の文化では，反実仮想は因果関係の主要な定義に用いられる（「ヒュームの因果論とその2つの定義」の章を参照）が，その文化に属する研究者は歴史的事例の反実仮想分析を試みないことが普通である。彼らは，母集団から（おそらく仮説に基づいて）代表的事例を選び出すのであり，特定の関心に基づいて現実に存在する個別の観察を選び出すことはない。理論や十分に裏付けられた知見を用いて歴史を再演することはなく，事例の変数の値が別の値をとっていたら何が起こっていたのかを判断するということもない。むしろ，この文化において，反実仮想は統計分析の推定結果を解釈して因果効果に関する一般的主張を展開するために提示されるのである。

5. 推薦文献

　反実仮想に関する社会科学の研究の原点として，最も広く受け入れられている文献は，まぎれもなくWeber（1949b）である。反実仮想分析を扱った近年の重要文献としてはFearon（1991; 1996），Tetlock and Belkin（1996a）などが挙げられる。社会科学の定性的研究で反実仮想分析を応用した研究例としてはTetlock and Belkin（1996b），Goertz and Levy（2007），Lebow（2010）を参照。反実仮想に関する歴史家の研究としてはFischer（1970: 15-21），McClellad（1975），Ferguson（1999）を参照。反実仮想に関する哲学的議論はLewis（1973），Salmon（1994），Woodward（2003）に見られる。法の反実仮想に関する古典的研究はHart and Honoré（1985）である。

　事例比較分析と反実仮想分析の組み合わせ方は，これまであまり論じられていない。これを集合論の観点から論じた重要文献としてはRagin（2008: chaps.8-9）がある。統計分析の観点から反実仮想の評価方法を論じる優れた研究としてはKing and Zeng（2006; 2007）とDawid（2000）がある。この点に関してはPearl（2000）も参照のこと。その他，Khong（1996），Rubin（1974; 1990）を参照。

第III部
概念と測定

第10章

概念：定義・指標・誤差

> 物事の本質。……その本質がなければ，物事は存在できず，認識もできない。
>
> J.S. ミル
>
> 要するに，指標として体系的に操作化したそもそもの概念の観点から見て，指標から導き出される値の意味をうまく解釈できるなら，その測定基準は妥当である。
>
> ロバート・アドコック，デイヴィッド・コリアー

1. 序　論

　属する文化が違えば，概念化や測定に対するアプローチの方法も異なる。その中には特に意外でもないものもある。まず，定性的研究者は，概念の意味をめぐる複雑で「饒舌」な論争を長く繰り広げてきた。この点，定性的研究者は（政治）哲学研究者と似ている。どちらも概念分析に多くの時間を費やすからである。これに対して，定量的研究者は，統計モデルのためのデータを必要とし，定量的な測定基準の質〔性質と品質〕に注意を払う。彼らが多くの時間を費やすのは，概念ではなく，操作化と測定，そして，その作業を踏まえたデータセットの構築である。

　本章は，概念化と測定に対する定量的研究と定性的研究のアプローチに着目し，そこに表れる2つの重要な違いを論じていく。第一に，概念の定義と概念の測定のどちらが重視されるのかという点で大きく異なる。まず，定性的研究

者がおもに関心を抱くのは、定義に関する問題と概念の意味である。彼らは通常、意味論アプローチを用い、概念の本質を成り立たせる固有の定義的特徴（defining attributes）を突き止めるのに苦心する。これに対して、定量的研究者がおもに注意を払うのは、潜在変数（latent variables）の定量的な測定基準である。彼らは分析対象の潜在変数と相関関係にある優れた指標（indicators）を突き止めようとする。

　第二に、誤差と事例のコード化に関する点で大きく異なる。まず、定性的研究者が事例の判断に関して最も確信を抱くのは、理念型の近似事例などの極端値の事例である。最も確信を持てないのは、値の範囲全体の中間に位置する事例である。これに対して、定量的研究者が最も確信を持てないのは極端値の事例であり、最も確信を抱くのは平均値に近い値の事例である。こうした違いは、それぞれの文化で定義と指標のどちらが重視されているのかという点と関係している。まず、定性的研究者は、データと定義の合致を重視するため、定義に完全に合致した事例か完全に合致しない事例に最も確信を抱く。これに対して、定量的研究者は、指標を重視し、母集団全体の代表値からかけ離れた値を持つ事例には最も確信を持てない。

2. 定義的特徴 対 指標

　定性的文化は概念をめぐる議論や論争において意味論を重視する。つまり、定性的研究者は概念の意味に関心を抱くのである。概念の**定義**を問い、その定義をめぐって議論を繰り広げていくという手順が広く見受けられる。たとえば、「あなたの福祉国家の定義は何ですか」と問いかけられたら、定性的研究者は、その問いかけに対する典型的な答え方として、福祉国家という概念を成り立たせる特性・特徴の一覧を提示する。このような研究の進め方に特に不思議と思われるような箇所はない。基本的に辞書を引く作業と同じだからである。辞書と定性的文化で行われるのは、実在する対象を成り立たせる特徴を具体的に列挙することである。たとえば、哲学の分野でも広く言及されているように、「銅」の優れた定義とは、因果関係上のあらゆる効力について銅の性質の化学的特徴を表したものである。

第 10 章　概念：定義・指標・誤差

　これに対して，定量的文化は，概念をめぐる議論や論争において意味論や意味ではなくデータと測定の問題を重視する。通常，概念に関するデータを集めるときにはその概念の定義についてある程度議論することが必要になるが，その議論自体は研究の焦点ではない。定量的な測定基準を扱った論文の場合，概念に関する節を設けないこともありうる。むしろ，着目されるのは概念の操作化と測定である。概して，操作化に必要とされるのは**指標**を見つけることである。指標は，測定されない潜在変数と相関関係にある数値データによって構成される。指標を見つけることができたら，それにともなって多かれ少なかれ複雑な測定手続きを事例のコード化に活用できる。測定手続きには，単なる加算モデルから，ベイズ主義に立脚した複雑な潜在変数モデルまでさまざまなものがある。こうした集計手続きや測定モデルを踏まえ，各事例にはそれぞれ，分析対象の概念（変数）に対応した値が割り当てられる。

　このような定量的アプローチの一例として，GTD テロリズム・データセット（CETIS 2007）を考えてみたい。このデータセットはテロリズムに関する統計分析で頻繁に用いられているが，テロリズムという概念は，多くの問題があることで悪名が高い（さまざまな定義を論じた研究としては Schmid and Jongman 1988 を参照）。GTD のコードブックを一読したら，この概念の問題性は序論の段階から一目瞭然であるが，コードブックの大半はデータに関する議論で占められている。この場合，概念の定義づけの難しさが指摘された後は定義上の問題は議論されなくなってしまう。データに関する議論はあくまで定義上の問題には触れずに進められる。実際，GTD で用いられるテロリズムの定義を確認するには巻末付録まで読み進めなくてはならない。

　定性的研究者であれば，多くの事例のために数値データを用意する必要はなく，概念とその定義的特徴をもっと自由に論じることができる。しかし，この自由さの反面，概念の複雑さが増しかねない恐れもある。定性的研究で用いられる定義は，長くなりやすく，複雑になりやすく，ひいては難解になりやすい。この点をわかりやすく示す具体例の 1 つとして，フィリップ・シュミッターのコーポラティズムの定義を挙げることができる。彼はその有力な定義を以下のように提示した。

コーポラティズムは，構成単位を個別的・強制的・非競合的・階層的に配置し，機能分担し，限られた数の特別な部門ごとに組織し，その組織編成を国家が（自ら作り上げなくても）認可・許可し，部門ごとの指導者の選別や要求や支援の表明に対する一定の統制を遵守することと引き換えに代表者にその部門内での代議的な独占権を与える利益代表システムとして定義できる（Schmitter 1974: 93-94）。

この定義には多種多様な特徴が含まれ，その特徴の中にさらに別の特徴が含まれる。シュミッターの定義から個別の特徴を取り出そうとすれば，10以上の特徴を取り出しかねないだろうし，その取り出した特徴の一覧は千差万別になりかねない。

定量的文化の場合，コーポラティズムに関するデータをコード化していく手順として指標が用いられる。指標はそもそもの概念の定義を明示せずに用いられるときもある。たとえば，コーポラティズムの定量的指標として用いられてきたのは，労働組合の集権性である（ほかの定量的指標に関する議論は Kenworthy 2003 を参照）。この場合，特定の指標とシュミッターの定義の抽象的表現がどのように合致しているのかという点は解釈の問題とされる。一般的に，概念を具体的なデータへと置き換えるにはつねに〔概念を〕相当単純化しなければならず，多くの場合，〔概念を〕単純化するには〔概念に含まれる〕定義的側面を少なくするよう概念を再定義することが必要になる。

これに対して，定性的研究者は，概念のすべての定義的特徴をうまく表せないような指標には疑問を抱く。彼らにとって，概念の特徴とは，文字通りその概念を成り立たせるのに必要不可欠な特徴なのである。そのため，個々の特徴はすべて測定されなければならない。定性的研究者は，過度な単純化を好まず，概念はデータの問題とは無関係に定義されなければならないと考える。概念はその測定に用いられるデータに引き寄せて定義されるべきではないというのである。

このように概念を成り立たせている特徴と違って，定量的指標は，任意に選ぶことができ，ほかの指標に置き換えることができ，必ずしも概念の定義とは合致しない。しかし，どの指標も**すべて同じ概念的実在の測定基準と見なされ**

第 10 章　概念：定義・指標・誤差

る。このような定義的特徴と指標の違いがうまく表れるのは，Polity の民主主義の測定基準に関するショーン・トレイアーとサイモン・ジャックマンの研究（Treier and Jackman 2008）である。Polity は民主主義を 5 つの特徴によって定義するため，その 5 つの特徴すべてが民主主義の本質的特徴であるように思えてしまう。しかし，トレイアーとジャックマンの議論によれば，これらの特徴は民主主義の概念を潜在的に表す指標に過ぎない。彼らは，5 つの指標のうちの 2 つは方法論の統計学的要件を満たさないため除外できるとし，Polity の 3 つの側面のみを民主主義の測定基準として用いた。

　このように，定性的研究者が定義的特徴として見なすものを，定量的研究者は指標として見なすかもしれない。選挙の公平性を政治的民主主義の指標として用いたケネス・ボレンとバーク・グランジーンの研究（Bollen and Grandjean 1981）もこの一例である。定性的研究者であれば，選挙の公平性は，民主主義の定義的特徴として必須のものと見なされる。それは〔指標として〕任意に選ばれるような特徴ではなく，あくまで民主主義〔の定義〕にとって必要な特徴なのである（Bowman et al. 2005; Mainwaring et al. 2001）。

　概念を扱う定性的研究は〔民主主義の〕指標という表現の代わりに，民主主義の最小限の**要件**というような表現を用いることが多い。この点をうまく表すのが下位類型の減損（diminished subtype）という考え方である。デイヴィッド・コリアーとスティーブン・レヴィツキーは，その有力な議論として次のように論じる。「たとえば，『制限選挙権民主主義』や『後見民主主義』〔という概念〕は，民主主義の定義的特徴のうち 1 つか複数を備えていないという理由で，完全な民主主義の類型には満たないものとして理解される」（Collier and Levitsky 1997: 436-437）。この場合，根本的概念（root concept）に含まれる特徴が，その概念の要素として必要なものではなく，任意に選ぶことができるのであれば，下位類型の減損という考え方自体があまり意味を持たなくなってしまう。

　これに関連して，定性的研究における特徴と概念の関係と，定量的研究における指標と変数の関係にも違いが見られる。定性的文化において特徴と概念は意味論上・定義上の関係にある。これに対して，定量的文化において指標と潜在変数は**因果上**の関係にある。つまり，標準的な見方としては，潜在変数が指

第Ⅲ部　概念と測定

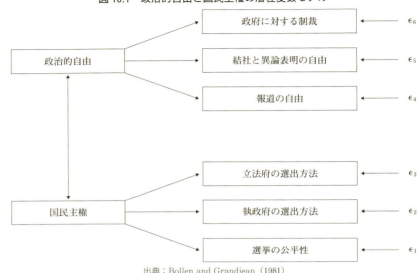

図 10.1　政治的自由と国民主権の潜在変数モデル

出典：Bollen and Grandjean（1981）

標をもたらすと考えるのである（Bollen 1989)[1]。

　図 10.1 は典型的な潜在変数モデルである。この図で因果関係の矢印が潜在変数から指標へと向いていることは「指標は置換可能である」という考え方を理解するのに役立つ。この場合，潜在変数はさまざまな物事の原因になりうる。研究者はそのうちの一部を〔指標として〕選択するに過ぎないのである。前述のように，このような指標を定義的特徴として扱ってしまうと，2つの文化の衝突が起こってしまう。定性的文化では，定義的特徴とその特徴を含む概念の関係を因果関係として見なすことはできず，その両者を一時的にでも分けて考えることすらできない。定義的特徴は概念そのものなのである。

　「測定は因果理論に基づいて行うべきである」という考え方には古くからの由緒がある。カール・ヘンペルは，自然科学の具体例を用いて，この両者の結びつきに焦点を当てた（Hempel 1952）。温度計はその一例である。温度計が気温を測定できるか否かの有用性は，熱膨張に関する因果理論に依存する。潜在

---

[1]　この因果関係の矢印を逆向きにしてモデル化することも可能である（たとえば，Bollen and Ting 2000）が，そのようなモデルはあまり見受けられない。

第 10 章 概念：定義・指標・誤差

変数と測定に関する社会科学の幅広い文献は，これと同じ考え方に支えられている（Bollen 1989）。とはいえ，本節の目的は「指標と潜在変数を因果関係として捉えるべきである」という考え方に疑問を投げかけることではない。定量的伝統の枠内から多くの現象に目を向けたら，そのような考え方も全く問題なく納得できる。個人の知能（潜在変数）が知能テストの結果に影響を及ぼしかねないと考えても無理はないだろうし，個人の政治的イデオロギーが政治に関する設問の答に影響を及ぼしかねないとしても無理はないように思われる。

しかし，定性的伝統の観点から見て重要なのは，あくまで概念の意味を論じることである。定性的研究者であれば，定量的研究者に対して「知能（や政治的イデオロギー）の厳密な定義は何ですか」と問いかけるだろう。そして，「概念はその測定に用いられる指標に基づいて定義できる」という発想を滲ませるような答えが返ってきたら，どのような場合であれ，不満を抱くだろう[2]。定性的研究の観点から見ると，指標の質はつねにその測定対象の概念そのものの意味に照らして判断されなければならない。多くの定量的研究者も原則的にこの点には同意するだろうが，あくまで定量的文化で重視されるのは，意味と定義の問題ではなく，測定と指標の問題なのである。

3. 誤　差

事例をコード化するときに定性的研究と定量的研究の 2 つのパラダイムに見られる大きな違いは，知識の質に関する考え方の違いである。一方の文化にとって正確に記述・コード化しやすいと考えられる事例は，往々にしてもう一方の文化にとっては正確に記述・コード化しにくいと考えられる事例である。概して，定量的研究において測定誤差が生じやすいと想定される事例の種類は，まさに定性的研究において測定誤差が生じにくいと想定される事例の種類であり，その逆も成り立つ。

まず，この違いを考察するため，あらゆる統計学の中心を占める「誤差」

---

[2] 概念の意味はその測定に用いられる指標や手法の中に見出すことができるという考え方は操作主義（operationalism）の発想である。哲学研究者や社会科学者はこのような発想を受けつけない場合がほとんどである。

(error) と，定性的研究の重要な概念である「ファジー性」(fuzziness) との関係を説明したい。この2つの概念は一見するとかなり似ていると思われるかもしれない。定量的研究者が「ファジー」という言葉を耳にしたら，それを明確さの欠如を表す言葉と思い込み，「不確実性」や「誤差」と同じ意味の言葉と見なしてしまうかもしれない。しかし，実際には，誤差とファジー性を類似したものと見なしてしまうと大きな誤解を招いてしまう。この両者の類似は，統計学とファジー論理との言い換え問題の一例である。

統計学において誤差の推定値は知識の質と関わる。実際，世界を描写するほかの数値的な推定方法と違って，確率的要素を踏まえて推計値の正確さを云々できることこそが統計学の特徴である。これに対して，ファジー集合の要素の値は世界の特徴に関する立言である。たとえば，「ある事例の要素の値は 0.75 である」と述べたとしたら，それは事例の経験的性質に関する主張を立てたことを意味する。この場合，「事例は所与の概念の集合にほとんど含まれているが，完全に含まれてはいない」という主張を立てたことになる。この主張は，誤差や知識の質に関する前提や立言ではなく，またいかなる意味でも確率論的な主張ではない。

両者の類似としてさらにわかりやすいのは，特定の事例に関するファジー集合の要素の値と，定量的なデータセットの特定の観察に関する変数の値が似通っていることである。ファジー集合の要素の値と変数の値は，自動的に変換できるわけではない（「意味論・統計学・データの変形」の章を参照）が，この両者には類似点がある。ファジー集合の要素の値は，誤差や不確実性を含まないという点で〔変数の値と〕大きく異なるものの，ファジー論理の数学的処理には「二次」ファジー性（second-order fuzziness）という考え方もある。これは「ファジー集合の要素の値はどれだけファジーなのか」という考え方である（たとえば，Klir, Clair, and Yuan 1997; Arfi 2010）。定性的研究において誤差の推計値に類似したものとしてうまく対比できるのは，この二次ファジー性である。とはいえ，ファジー論理を扱う文献はこのような数学的処理を選択肢として提示するが，その選択肢を選ぶことは定性的文化では自然なことではなく，実際に社会科学で応用されることもほとんどない。

むしろ，定性的研究者は，誤差を明確に推定するのではなく，通常，特定の

第10章 概念：定義・指標・誤差

事例を正確にコード化することの難しさを議論する。各事例に割り当てた一定のコードの根拠を詳細に論じることもありうるし，専門分野の先行研究や研究者自身の専門知識に基づいてコードの割り当てを判断することもありうる。定量的研究の観点から見ると，研究者がごく少数の個別観察に割り当てた特定のコードについてこれほどまでに拘泥するのは奇妙に映るかもしれない。定量的文化の場合，通常，問題のあるごく少数の観察ばかりに時間と資源を費やすことは芳しくないと考えられている。

このような定性的研究のコードの割り当ては，事例が「理念型」(ideal types) とどの程度合致するのか，すなわち，特定の概念を表す純粋かつ完全な具体例にどの程度近いのかという点から判断されることが多い。理念型はすべての経験的事例を評価するための判断基準として役立つ。研究者はこの判断基準に合わせて事例のコードを「調節」(calibrate; Ragin 2008) していく。ファジー集合の要素という尺度から見ると，理念型はこの尺度の一方の極に位置する。つまり，1.00 という値を持つ事例が理念型の事例と見なされるのである。そうした事例は概念の定義的特徴をまぎれもなくすべて備えているからである。

率直に考えれば，このような定性的アプローチに立脚すると，理念型に近い事例ほどコード化しやすく，そのコード化にともなう誤差も小さくなる (Eliason and Stryker 2009; Ragin 2008)。通常，これと同じく 0.00 の値を持つ事例もコード化しやすい。概念の要素を全く含んでいないことがわかりやすいからである。これに対して，0.50 の要素の値を持つ事例はファジー性が最も高く，特にコード化が難しい。そのため，1.00 の要素の値を持つ理念型の事例からファジー性が最も高い 0.50 の値の事例へと近づくにつれ，正確にコード化することが難しくなり，誤差も生じやすくなる。さらに，0.50 の値を持つ事例から下限の 0.00 の値の事例へと近づくにつれ，再びコード化しやすくなり，誤差も生じにくくなる。このように，実際に研究を進める場合，ファジー性の大きさと誤差の大きさはおおよそ曲線関係にあることが多い。この関係性は，測定される現象の違いに左右されるが，少なくとも社会科学の分析対象には広く見受けられる。

統計学の伝統に見られる変数の値と誤差の関係性は，これとは正反対のパターンを描く。連続変数のどこに最も大きな誤差が生じやすいのかと問われたら，

図 10.2　統計学上の測定誤差：民主主義の水準

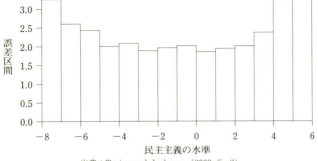

出典：Treier and Jackman (2008: fig.2)
注：民主主義の値の尺度は任意

統計学者は，極端値（極端に高い値や極端に低い値）を持つ事例と答えるはずである。誤差は，変数の上限と下限の値で最も大きくなり，中間の値で最も小さくなる。この関係性と似ているのは，統計学の授業で回帰直線の信頼区間を学んだときに目にするパターンである。誤差の推計値は X の平均値と Y の平均値において最も小さくなり，その中間の値から離れていくにつれ徐々に大きくなる。

　トレイアーとジャックマンが提示した民主主義の測定モデル（Treier and Jackman 2008）は，この統計学の伝統に見られる変数の値と誤差の関係性をうまく表している。通常，定量的なデータセット（Polity やフリーダムハウス）で扱われる民主主義のコードに明確な誤差の推計値が含まれることはない。たとえば，民主主義の値として +3 や +6 の値を事例に割り当てたとしても，その値の誤差が推定されることはない。しかし，トレイアーとジャックマンのモデルを用いると，このような誤差を推定できる。図 10.2 は Polity の民主主義のデータに関して彼らが導き出した誤差の推計値を表している。この図には，中間の値が最も狭く，極端値が最も広いという信頼区間の典型的な形状を見てとることができる。

　しかし，定性的研究の観点から見ると，このような民主主義の誤差の推計値は直観に反しているように思われる。通常，完全に民主主義である事例や完全に民主主義ではない事例はコード化しやすく，その中間に位置する事例はコー

図 10.3 フリーダムハウスと Polity における民主主義の値の分散

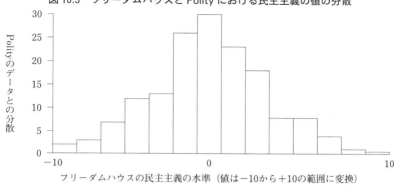

ド化しにくいと考えられる。スウェーデンが完全に民主主義の事例であることや，北朝鮮が完全に民主主義の事例ではないことは誰もが認めるところである。それに対して，現在のグアテマラ，ベネズエラ，ホンジュラスのように，境界上の事例はどのようにコード化したらよいだろうか。

この問題を考える 1 つの方法として，民主主義に関する複数のデータセットの一致度を考えるという方法がある。おそらく，このようなデータセットは，コード化しやすい事例は〔コードが〕一致しやすく，コード化しにくい事例は〔コードが〕一致しにくいはずである。図 10.3 は，Polity とフリーダムハウスの両方で扱われる各国・各年のデータに関するコードの分散を表している（詳細は Goertz 2008 を参照）。2 つのデータセット〔のコード〕が完全に一致したら分散は 0 である。この不一致度が大きくなるほど，分散も大きくなる。図を見るとわかるように，分散が最も小さいのは権威主義と民主主義の両極（−10 と +10）である。つまり，Polity とフリーダムハウスは，極端な権威主義（−10 の値）と完全な民主主義（+10 の値）をコード化する場合には不一致は小さいが，その中間のグレーゾーン（0 の値）に近づくにつれ，各国・各年のデータに割り当てられるコードの分散は大きくなっていく。実際，+10 から 0 へと値を減らすと，分散は 0.025 から 22.6 へとおよそ 1,000 倍大きくなる。それに比べて「わずか」10 倍に過ぎないが，極端な権威主義（−10）から 0 へと値を増やしても同じように大きな変化が見られる[3]。

図 10.2 と図 10.3 を見比べると，2 つの文化とその測定誤差の位置づけに関

する考え方の違いが非常にわかりやすくなる。通常，定量的研究者は図10.2のようなパターンを発見したいと思い，定性的研究者は図10.3のようなパターンを見出したいと考えるのである。

4. 結　論

本章では，定性的伝統と定量的伝統に表れる概念と測定のアプローチの違いを論じた。定性的伝統の場合，一般的に，概念を成り立たせる特徴を特定し，その意味を具体的に列挙するという意味論に基づく手順を踏み，概念を構築していく。このようなアプローチに立脚する定性的研究者が最も確信を抱くのは，分析対象の概念に関して極端値をとる事例である。そのため，その概念に完全に含まれる事例か，完全に含まれない事例を最も測定しやすいと考える。概念に対する事例の曖昧さが増すほど，誤差は生じやすくなる。

定量的伝統の場合，一般的に，概念から導き出される指標を特定することで概念を構築していく。広く知られているさまざまな統計学上の理由を踏まえ，誤差の推計値は極端値より平均値のほうが小さい。そのため，定量的研究者は，極端値の事例に最も確信を持たず，平均値の事例に最も確信を抱く。

それぞれの文化を特徴づける研究の方向性は，どちらも無理はなく，長い歴史があり，方法論的に正当化できる根拠もある。この方向性の違いは，事例志向か母集団志向かという2つの伝統の違いと密接に関連する。このような根深い違いがあるため，2つの文化を行き来し，概念と測定の総合アプローチ（Adcock and Collier 2001）に到達するのは難しい（が，不可能ではない）。この点を踏まえると，概念を論じる定性的研究と，測定を論じる定量的研究が互いに相手のことを多く語らない理由も説明しやすいのである。

3　本書ではPrzeworski et.al.（2000: 58-59）の議論についても再検討した。その結果，誤差が図10.2の分散に従い，0の値を民主主義と権威主義の区分と見なした場合，連続値より二値のコード化のほうが誤差は少なくなることが明らかになった。

5. 推薦文献

　概念や変数に関する定性的研究と定量的研究は，それぞれ概念化，測定，データをどれだけ重視しているのか。この疑問から2つの文化を比較すると興味深い。まず，「概念」に関する論文は，測定モデルを（原則的には提示できるが実際には）決して提示せず，概して事例のコード化を体系的には行わない。もちろん，個別事例が具体例として用いられるが，体系的に分析されるわけではない。たとえば，民主主義の「質」に関する定性的研究（たとえば，Diamond and Morlino 2005）は，概念に関する問題に焦点を絞り，操作化やデータの体系的なコード化にはあまり時間を費やさない。次に，「データに関する論文」は，冒頭で概念を論じることもありうるが，その分量は，操作化・指標・測定・データの議論と比べると短くなりがちである（たとえば，定期的に「データ特集」論文を掲載する学術誌として *Journal of Peace Research* を参照）。最後に，測定に関する論文は，既存のデータを用い，おもに測定に関する問題のみに焦点を絞る（たとえば，Bollen and Grandjean 1981; Treier and Jackman 2008）。

　また，概念，測定モデル，データが時間の経過にともなって変化していくことを追跡していくことも興味深い。たとえば，Polity の民主主義の測定基準は，提唱から数十年の月日が経った（Gurr 1974; Gurr et al.1990; Jaggers and Gurr 1995）が，その概念や測定基準はいまだに定まっていない。この点，各国・各年の値がデータセットのバージョンごとに変化していない事例と変化していく事例を見比べてみるのも興味深いだろう。その他，Goertz（2006a），Hall（2003）を参照。

第 11 章

意味と測定

> このような定量化や標準的な論理規則との関わりについての入り組んだ論争に足を踏み入れてしまうと，そもそも定量化する前に概念を構築しなければならないということを忘れてしまいかねない。
>
> ジョバンニ・サルトーリ

1. 序　　論

　さまざまな学術文化が，それぞれの方法論に関して独特な語彙を用いるというのは普通のことである。一方の文化に属する研究者は，もう一方の文化で用いられている概念を自分たちが普段使っている語彙で理解できると思い込むかもしれない。しかし，それは実際には言い換え問題を招くことも多い。ある自然言語を別の自然言語へと言い換えようとすると，特定の言葉や概念〔の意味〕をうまく表現できないこともある。それと同じように，社会科学のさまざまな方法論の文化が同じ用語を扱っていても，その用語の意味や重要性は文化ごとに異なるかもしれない。一方の文化で中心的に扱われる概念が，もう一方の文化であまり重視されていないことも大いにありうる。

　本章は，定性的文化と定量的文化の間にこのような概念と測定に関する言い換え問題がどのような形で表れるのかを考察していく。定量的文化で用いられるのは，**変数**（variables）と**指標**（indicators）という表現である。通常，X や Y は，観察されない潜在変数と見なされ，その変数を測定するには（定量的な）指標が必要になる。この一例として「経済発展」という変数がある。この

変数は直接的には観察できないが、1人当たり GDP などの指標を用いたら経験的に測定できる。しかし、実際のところ、定量的伝統に属する研究者なら、この変数と指標を1つの実在として混同してしまうかもしれない。経済発展と1人当たり GDP は互換的に扱われることもありうる。これに対して、本章では変数と指標を全く別のものとして論じていく。「変数」という言葉を用いる場合、それは理論的関心に基づく潜在概念（latent construct）を意味し、「指標」という言葉を用いる場合、それはその潜在概念を測定するための数値データを指す。

このような点について定性的研究者の表現方法は統一されていない。定性的研究者も、便宜上の理由や、統計学の授業で使われている語彙の影響を受けたといった理由で変数や指標という表現を用いがちである。しかし、そのような表現を用いると言い換え問題を招き、定性的文化の研究の進め方をうまく把握できなくなってしまうというのが、筆者たちの考えである。むしろ、定性的文化を把握するには、変数と指標という表現を用いるのではなく、**概念**と**データ**という表現を使い分ける必要がある。「概念」は、範疇（ないし集合）を意味し、その範疇の要素はさまざまな度合いで事例に含まれると考えられる。この標準的な定性的概念の一例は「経済発展国」である。「データ」は、事例が特定の概念の要素を有する度合いを判断するために用いられる多種多様な定性的・定量的情報を意味する。「変数」と「概念」、「指標」と「データ」、この両者の類似点は明らかである。概念と変数は、理論を組み立てるときに用いられる言葉や考え方のことであり、データと指標は、その概念や変数を測定するために用いられる経験的情報のことである。

しかし、「変数・指標」と「概念・データ」は、基本的に同じことを表現しているように見えるかもしれないが、それぞれ異なる関係性を表している。この両者の違いは「意味と測定」という本章の題名に端的に表れる。定性的研究者が用いる概念とデータは**意味論**上の関係にある。彼らは、データを用いて概念の意味をいかに表現できるのかを考察していく。これに対して、定量的研究者が用いる変数と指標は**測定**上の関係にある。彼らは、指標を用いて潜在概念をいかにうまく測定できるのかに焦点を絞る。

再び、この具体例として、1人当たり GDP のデータを用いていかに経済発

第 11 章　意味と測定

展を分析できるのかという点を考えてみたい。定量的文化の標準的な考え方としては，各国の 1 人当たり GDP は経済発展の水準をうまく表す指標と見なされる。この場合，1 人当たり GDP のデータは，統計モデルで経済発展の水準を用いるときの測定基準として扱われる。同じく，定性的研究者も経済発展を分析するときに 1 人当たり GDP のデータを用いることもありうる。しかし，通常，その場合に重視されるのは，データを特定の範疇（経済発展国）の「意味」とどのように関連づけるのかという点である。通常，分析に用いる前にデータに「意味論的変形」（semantic transformation）と名づけられる処理（「調節」については Ragin 2008 を参照）を施し，経済発展国という中心的な概念に対するデータの適合度を高める必要がある。同じく，定量的研究者も 1 人当たり GDP のデータを分析するためにそのデータを（たとえば，対数値へと）変形することがある[1]。しかし，そのような変形〔変換〕が施されるのは，あくまで統計学上の理由（たとえば，データの歪みの修正）のためであり，概念の意味に対する〔データの〕適合度を高めるためではない。

「経済発展の水準」という変数の数値と「経済発展国」という範疇は，国別に見比べると，同じ国にそれぞれ異なる値を割り当てることが多い。そのため，2 つの文化の違いは，特定の事例に関する理解やコード化に直接的・具体的な影響を及ぼすのである。

定性的研究者は概念とデータの関係をどのように考えるのか。ファジー集合分析はこの点を論理形式として具体的に指定していく分析手段として役に立つ。ファジー論理のそもそもの起源は意味論の数学理論にさかのぼる（手頃な入門書としては Kosko 1993; McNeill and Freiberger 1994 を参照）。自然言語に基づくモデル化にまつわる問題を解決するために考案されたのがファジー論理であった。「身長の高い人」や「裕福な人」などの概念はその典型例である。個人の身長の高さや裕福さなどの概念に関するデータを手に入れることができた場合，そのデータを用い，諸個人が身長の高い人や裕福な人という範疇の要素をどの程度有するのかを論じていくための一連の分析手段として役立つのがファジー集合分析なのである。

---

[1] 広く用いられている変形方法（たとえば対数化）に関する議論は「意味論・統計学・データの変形」の章を参照。

第Ⅲ部　概念と測定

　定量的文化の場合，身長の高い人や裕福な人に関する仮説を検証したい研究者であれば，身長の高さや収入の高さに関するデータを統計分析に用いるだろう。しかし，変数と指標は，概念レベルでは必ずしも混同されないが，実際に統計分析によって仮説検証するときには同一視されてしまう。定性的研究者も実際の研究で概念とデータを混同することもありうるが，そのような手順を踏むことはほとんどない。彼らは諸個人が身長の高い人や裕福な人という範疇にどの程度含まれるのかを理解するために〔データに〕非線形的な意味論的変形を施す傾向にある。
　この論点に関してはもう1つの考え方がある。つまり，定量的研究者が概して変数と指標の間に線形関係を想定している点に着目することである。指標と変数は直接的な対応関係にあると見なされる。もちろん，何か1つの指標だけで潜在変数を完全に測定できるわけではない。これは複数の指標の使用が推奨される理由でもある。しかし，それでも指標と変数の間に必ずしも非線形関係を想定するとは限らない。これに対して，ファジー論理の場合には線形的な意味論的変形は事実上見受けられない。ファジー論理ではさまざまな変形が用いられるが，線形への変形はほとんど用いられない。
　定量的文化で線形関係が重視される理由は，経済発展（development）と発展不全（underdevelopment）のように，対になる2つの変数の関係性を踏まえるとわかりやすい。このような変数は互いに正反対のものとして扱われることが普通である。つまり，経済発展の水準が上昇した分だけ，発展不全の水準が低下すると見なされる。また，経済発展と発展不全という2つの変数の対称性は，同じデータ（たとえば，1人当たりGDPのデータ）で測定されることによってさらに強まる。これに対して，ファジー論理に基づくなら，経済発展と発展不全に対して（相互に関連しつつも）別々の意味論的変形を施すだろう。そのため，経済発展国の集合の要素に関する数値と発展不全国の集合の要素に関する数値が負の相関関係にあったとしても，その両者の関係は完全に対称とは限らない。経済発展のファジー集合に関する各国の値は必ずしも発展不全の値からは予測できない。ファジー論理において，対になる2つの集合が一致しないと想定するのは標準的な作業であり，「平和と非戦争は同一ではない」という立言に見られるように，定性的研究者の間に非常に幅広く見受けられる

第11章　意味と測定

(「概念上の対義語と分類枠組み」の章を参照)。

2. 意味論的変形と集合のメンバーシップ関数

　専門用語の違いには往々にして方法論的慣習の重要な違いが表れる。ファジー集合アプローチによって概念を論じる場合，その中心を占めるのは「メンバーシップ関数」(membership function) という考え方である。その具体例として「身長の高さ」という概念を男性に適用する場合を考えてみたい。ファジー集合分析で重視されるのは，特定の男性が「身長の高い男性の集合」の要素をどの程度含むのかという点である。これに対して，定量的分析であれば，「身長の高さ」という変数の値が重視されるだろう。定性的研究者と定量的研究者は，事例をコード化するためにどちらも身長の高さに関するデータに依拠するとしても，そのデータの扱い方に違いが見られるのである。

　慣例上，ファジー集合の変数は0から1の間の値をとる（すなわち，[0,1]）。厳密な数学的観点から見ると，[0,1] という範囲は任意の設定に過ぎない。値が $-\infty$ から $+\infty$ の範囲のどこに位置していようとも，[0,1] の範囲へと縮小可能だからである。実際の研究としては簡単な変形によってデータの範囲を [0,1] に縮小することもできる。連続値のデータセットの尺度を [0,1] へと変形する方法として最もわかりやすいのは，まず，データセットから最小値の値を引き，次に，データの値をデータセットの範囲〔の最大値〕で割るという方法である。この変形を施すとデータセットの最大値は1，最小値は0になる。統計学上，これは線形変換の一種であり，一般的に統計結果に違いは生じない。そのため，多くの場合，統計学の観点から見ると，こうした変形は要領をえないものと見なされる[2]。

　ファジー集合アプローチの理論的・方法論的特徴の1つは，すべてのデータを変形し，[0,1] の範囲に**無理に押し込める**という点にある。変数変形〔変数変換〕は定量的研究では広く行われているが，概して，その変換方法は完全に

---

[2] 一時期の一部の社会科学の分野では変数の標準化が好まれたこともある。変数を標準化しても，分析結果は実質的に変化しないが，同じ単位（標準偏差）に基づくため，変数間の比較が可能になる。

第Ⅲ部　概念と測定

図 11.1　意味論的変形：線形

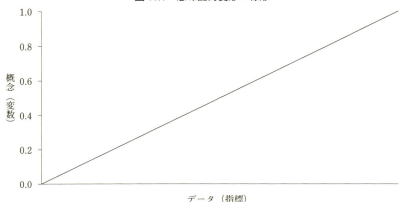

任意に選ぶことができる（「意味論・統計学・データの変形」の章を参照）。ファジー集合分析の場合，普通であれば変数変形は避けては通れない。

　図 11.1 はデータと概念の関係を図示したものである。X 軸は「データ」，Y 軸は「概念」である。ファジー集合分析〔の考え方〕はこのような図で表現するとわかりやすい。ファジー集合分析を用いる研究者は，X 軸で表現されるデータが Y 軸で表現される概念の意味論上の意味に対してどのような関係にあるのかを探求するからである。これに対して，統計分析の指標と概念〔変数〕の関係を表現する場合にはこのような図は用いられない。図 11.1 が想定しているのは完全な線形関係である。この図は，定量的研究者がデータのそもそもの尺度を変形せずに分析に用いるときの作業をファジー論理の文脈に当てはめたものと言えるが，実際のファジー集合分析においてデータを概念に合うように変形する場合，このような線形変形が施されることはほとんどない。

　むしろ，意味論に基づくファジー集合アプローチは，概念の意味を踏まえてデータを要素の値へと変形していく。たとえば，「身長の高さ」という概念を男性に適用する場合，その概念の意味を踏まえて分析される (Zadeh 1965)。「身長の高い男性」を考える簡単な方法は，次のように訊ねてみることである。「6 フィート 3 インチ（1.9 メートル）の男性は身長が高い男性と言えますか」。このように訊ねたら，「はい，完全に身長が高いです」という答えが返ってくるかもしれない。この問答をファジー集合の用語へと言い換えると，「その男

性は身長の高い男性の集合において 1.00 の要素の値を有している」という表現になる。5 フィート 7 インチ（1.7 メートル）の男性に関しても同じような問いを訊ねることができる。この場合，その男性の「身長」は全く「高くない」という答えが返ってくるかもしれない。この答えは，その男性が身長の高い男性の集合において 0.00 の要素の値を有しているということを意味する。それでは 6 フィート（1.83 メートル）の男性の場合はどうだろうか。その男性の身長は「おおむね」高いと言えるだろう。これは身長の高い男性の集合において 0.50 の要素の値を有していると見なせるかもしれない。この「半々」の値は意味論的変形において非常に重要である。

0.50 という要素の水準は，中間点を意味するため，大まかに中央値や平均値と類比されやすい。しかし，実際には 0.50 という水準は，このような統計学上の平均値とは根本的に異なる。ファジー論理の場合，0.50 という要素の値によって表されるのは「分かれ目」である。つまり，この値は事例が集合の外側から内側（あるいは内側から外側）へと切り替わる境界なのである。また，データの値の小さな変化が概念上の大きな違いをもたらしうる部分でもある（次節を参照）。0.50 という要素の値はデータの分布とは無関係である。一般的にファジー集合分析において，データの平均値が 0.50 の要素の値として用いられることはほとんどないだろう。たとえば，6 フィートの男性は，身長の高さの平均値を上回っていたとしても，身長の高い男性の集合において 0.50 の要素の値が割り当てられることもありうる。

3. 非重要変量の原則

図 11.1 が表しているのは線形の意味論的変形である。実際のところ，多くの統計分析は，何気なく指標と変数を関連づけるときにこの種の変形〔線形変換〕を施す。これに対して，本節では，定性的研究がデータと概念を関連づけるときに広く見られる非線形の意味論的変形を取り上げたい。

「身長の高い男性」のメンバーシップ関数を組み立てていく手順はこの一例である。前節では 6 フィート 3 インチ（1.9 メートル）の男性は身長の高い男性の集合の要素を完全に有していると見なした。それでは 7 フィート（2.1 メ

ートル）の男性の場合はどうだろうか。その男性も明らかに集合の要素を完全に有していると考えられる。実際，身長が6フィート3インチを上回るなら，どの男性も集合の要素を完全に有していることになる。もちろん，同じことは身長が5フィート7インチを下回る男性にも当てはまる。この場合，身長の高い男性の集合に含まれる要素の値はどの男性も0である。このように，6フィート3インチより高い場合の身長の違いと，5フィート7インチより低い場合の身長の違いは，意味論上の意味を持たず，身長の高い男性という概念にとって重視されないのである。

定性的文化に見られるこのような意味論的変形の根本原則は以下のように表現できる。

非重要変量の原則（Principle of Unimportant Variation）：データには意味論上同じ意味を持つ領域がある。

〔事例の〕データの値の違いが，そのままその事例に含まれる意味論上の範疇の要素の違いとして変形されるとは限らない。身長の異なる2人の男性が，どちらも身長の高い男性という範疇の要素を完全に有していることもありうる。

図11.2は，この具体例として，経済発展国という概念と1人当たりGDPに関するデータの関係を表している（同じような例を用いた研究としてはRagin 2000を参照）。たとえば，スイスとスウェーデンの1人当たりGDPの違いは，経済発展国という集合の要素の値には反映されない。要素の値はどちらも1.00である。同じく，最貧国の国々も，経済発展国という集合の要素の値が0であることに変わりはない。

また，図11.2の要素の値が増大・減少し始める部分について次のように問うこともできる。その起点の区切りは「任意」に設定したのではないか。このような問いかけに対しては次のように答えるのが無難であろう。まず，経済発展国が，研究者や政治家，国連や世界銀行などの国際機関によって言及されるとき，そこには何らかの意味が含まれているに違いない。もしそうなのであれば，原則としてそこに表れる意味を読み解き，重要な意味の違いがデータに表れる起点を判断するための根拠として〔その解釈を〕利用できるはずである。

第 11 章　意味と測定

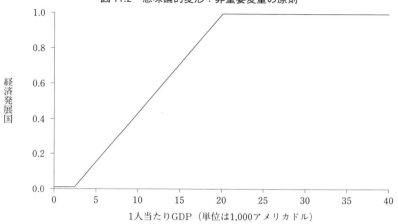

図 11.2　意味論的変形：非重要変量の原則

それゆえ，この種の区切りは必ずしも任意に設定したものではない，と返答できる。加えて，直線の傾きが緩やかであれば，メンバーシップ関数の値が減少し始める厳密な起点を重視する必要はないかもしれない（が，比較的急な傾きが設定されることが多い）。

この点はかなり直観的にわかりやすい。つまり，〔1 人当たり GDP の水準が〕最上位の国々にとって 4,000〜5,000 ドルの違いは全く重要ではないが，中程度の国々にとって 4,000〜5,000 ドルの違いは非常に重要になりうるのである。これは非重要変量の原則から必然的に導き出される結論であり，針小棒大（small differences but big impacts）の原則と名づけることができる。1 人当たり GDP の違いが経済発展国の集合の要素として重視されない領域が存在するのと同じく，1 人当たり GDP の違いが集合の要素の違いとして増幅される領域が存在するのである。このような値の違いの増幅は，要素の値が 1 を下回り，0 を上回る範囲に見られる。この範囲では 1 人当たり GDP の小さな違いが経済発展国の集合の要素の大きな違いへと変形される。

図 11.2 の直線の傾きは，Y 軸の要素の値が 0 を上回り，1 を下回る範囲においてつねに変わらないが，ファジー集合分析を行う場合，傾きをこれと全く同じ形へと変形する必要はない。定量的文化で標準的に用いられる意味論的変形が直線であるとしたら，ファジー集合分析で最も幅広く用いられる意味論的

変形はS字形のさまざまな曲線であると言えるだろう（この点も「意味論・統計学・データの変形」の章を参照）。値の違いが増幅される範囲は，このS字形の形状の違いに左右されるが，その範囲は0.50前後の値に集中することが多い。要するに，非重要変量の原則は，通常，データの尺度の上端（要素の値1）と下端（要素の値0）に適用される。これに対して，要素の水準が0.50前後の場合，データの値の違いは増幅され，その値が少しでも変化すれば，意味論上の大きな違いが生じることになる。

4. メンバーシップ関数と尺度水準

おそらく読者の中には，名義尺度，順序尺度，間隔尺度，比例尺度という古典的な尺度水準の順番を方法論の授業で学習した者もいるだろう。通常，この尺度の違いは，事例を比較するときの情報量の違いを表している。具体的に言えば，名義尺度はカテゴリカル・データの比較しかできないため情報量は少ないが，間隔尺度と比例尺度は規模を測定できるため情報量も多い。スタンリー・スティーブンズの古典的論文（Stevens 1946; 1968）以降，このような尺度水準は，統計学の素養の1つに数えられるようになった。

それでは，このような尺度水準は，ファジー集合分析のメンバーシップ関数とどのように対応するのか（あるいはどのように対応しないのか）。この議論の手がかりとしてわかりやすいのは要素が0の値をとる場合である。間隔尺度と比例尺度の違いは，0の値を任意の値と見なすか，絶対値と見なすかの違いにある。たとえば，銀行口座の残高は比例尺度である。というのも，残高が0に達することは口座の金額を使いきったことを意味し，負債を抱える場合と残高がある場合では意味が大きく異なるからである。

ファジー集合分析の場合，0という要素の値はこれと同じ役割は果たさない。ファジー集合分析は，0の値によって**集合の要素**を完全に有していないことを表現する。たとえば，ある国の1人当たりGDPの値が0ドルではなく500ドルであっても，その事例に含まれる「富裕国」という範疇の要素の値はまぎれもなく0.00である。この意味で言えば，ファジー集合分析の0の値は連続尺度の最小値の考え方に近いが，それでも全く同じ意味ではない。

第 11 章　意味と測定

　これと同じことは要素の値が 1.00 の場合にも当てはまる。1 という値は集合の要素を完全に有していることを意味する。この値は連続尺度の最大値と似たような役割を果たすが，〔ファジー集合分析の〕古典的な尺度基準に真の最大値という考え方は存在しない。たとえば，ある人物が最大水準の富を有しているとして，その意味を考えた場合，その人物がさらに 1 ドル多く所有していても最大水準の富を有していると見なすことができるのである。

　古典的な測定理論において，二値変数は尺度水準のいちばん下に位置づけられる。もし連続値のデータを手に入れたら，決してそのデータを二値化してはいけないと考えられる。その作業によってそもそもの〔データの〕情報が失われてしまうからである。しかし，二値化に対するファジー集合分析の見方はこれとは全く異なる。民主主義の測定基準として用いられやすい Polity のデータ（Marshall, Jaggers, and Gurr 2010）を具体例として考えてみると，両者の違いはわかりやすい。

　図 11.3 は，広く用いられる二値化の枠組みを Polity のデータに応用したものである。この図の場合，−10 から +10 の尺度のうち，民主主義の区切りとして設定されたのは +7 である。統計学の観点から見ると，Polity のデータを二値化すると膨大な情報量が失われてしまう。尺度の目盛りが 21 点から 2 点に減少してしまうからである（図 11.3 を参照）。これに対して，ファジー集合の観点から見ると，二値化は別の関数形への意味論的変形を施しているに過ぎない。この種の二値化に対してファジー集合の観点から反論があるとすれば，それは〔二値化によって〕情報量が減少したという反論ではなく，直線の傾き（+7 の箇所の垂直線）が急すぎる（導関数は無限）という反論である。これは区切りの設定の問題である。〔区切りを境に〕データの値のごくわずかな変化によって意味論上の意味が完全に変化してしまうのである。

　しかし，同じ二値化の作業であっても，傾きを調整してもっと緩やかにするなら，民主主義国の集合の要素を判断するためのアプローチとして定性的研究者に無理なく受け入れられるだろう。たとえば，このようなアプローチを採用した場合，Polity の値が +7 という区切りを下回ったら，ファジー集合の要素の値も 1.00 から徐々に減少していく。これは図 11.2 と図 11.3（の直線の傾き）に見られる変形方法の違いを見比べるとわかりやすい。図 11.3 は二値の変形

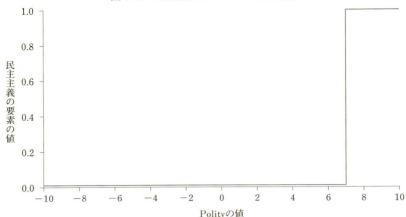

図11.3 二値変数とメンバーシップ関数

であるが,その直線の基本形は図11.2と本質的には変わらない。要素の値の最大値(1.00)と最小値(0.00)をつなぐ直線の傾きが違うだけなのである。ファジー集合を用いる研究者は,Polityの21点の尺度に何気なく表現されている線形関係の前提をそのまま用いるより,たとえ問題があったとしても,おそらく二値のメンバーシップ関数を用いたほうがよいと考えるのである。

5. 結 論

定性的研究者は1つの概念をめぐるデータと要素の関係をどのように考えるのか。本章では,ファジー集合アプローチを用いて,この疑問をうまく説明できることを示した。このアプローチで重視されるのは,データの値を要素の値へと変形するときにどのような意味論的変形が適しているのかという点である。定性的研究者はデータと概念の意味の合致に関心を持つため,変形の適切さは概念の意味によって判断されると考えられる。この意味で言えば,概念の意味がファジー集合分析の中心に鎮座しているのである。

これに対して,定量的研究は,データと変数を関連づける方法として,ファジー集合分析に見られるような非線形の変形方法をあまり用いることはない。むしろ,データは変数の指標として用いられる。そのため,データと変数に線

形関係を想定することが普通であり,そのような捉え方をするのが適切と見なされる。通常,統計的変数の優れた指標には変形を施す必要がない。変形を施すのではなく,指標の値と変数の値がぴったりと合致することが求められる。この意味で言えば,統計分析には,測定に際して変形を必要としない指標が求められるのである。

6. 推薦文献

概念に関する定性的研究は本章で論じた意味論アプローチの入門書として読みやすい。特に,Collier and Gerring (2009), Collier and Levitsky (1997), Goertz (2006a; 2008), Sartori (1970; 1984) を参照。統計的研究に広く見られる変数・指標アプローチは Blalock (1982), Bollen (1989) を参照。この2つの研究分野は,ごく少数の例外(たとえば,Adcock and Collier 2001; Goertz 2006a)を除けば,互いに議論を交わすことはなかった。ファジー集合アプローチと意味論の結びつきに関する議論は Zadeh (1965) にさかのぼることができる。この結びつきを強調する優れた入門書は Kosko (1993), McNeill and Freiberger (1994) である。非重要変量という考え方は Ragin (2000) において1人当たり GDP を具体例に論じられている。その他,Boyd and Iversen (1979), Gates et al. (2006), King, Keohane, and Verba (1994) を参照。

第12章
意味論・統計学・データの変形

> 分布が歪んでいても，べき乗（たとえば，対数）へと変形〔変換〕すれば，分布の対称性を増大できる。しかし，なぜこの点に留意すべきなのか。
>
> (1) 歪みが大きいと，ほとんどの観察がデータ全体のごく狭い範囲に集中してしまうため，分布を分析しにくい。
>
> (2) 歪みの中心から離れた位置にあるように見える値も，分布の対称性が増大すれば，データの中心部分に近い位置になる。
>
> (3) 広く用いられている統計的手法の中には平均値を用いて分布を表現する手法もある。しかし，歪んだ分布の平均値では分布の中央をうまく表現できない。
>
> ジョン・フォックス

1. 序　　論

　統計学の文化には変数変形〔変数変換〕に関する規範が確立している。そのため，データの標準化や対数化〔対数変換〕などの手法も，反論を受けることなく，広く用いられている。とはいえ，そのような研究の進め方は，その文化の研究目標を踏まえると方法論的に納得できるが，個別事例の理解を重視する定性的文化の観点から見ると，非常に問題があるように思えてしまう。定量的文化が統計学上の必要性に応じて変数を変形〔変換〕するのに対して，定性的文化は意味論の重要性や概念に表れる意味を重視するという全く別の規範や価

値観に基づいて変数を変形する。たとえば〔定量的文化において〕1人当たりGDPの対数化やPolityの民主主義の値の標準化を意味するような作業に対して，定性的文化は異なる解釈をするのである。

本章では，変数変形の根本原則（Fundamental Principle of Variable Transformation）を紹介し，定性的文化の変数変形の見方を記述していく。変数変形の根本原則とは，変数を変形するときには必ず意味を保持するか増大させなければならないという原則である。具体的に言えば，この原則を踏まえて1人当たりGDPの対数値を用いたら，変形前のデータより変形後のデータのほうが経済発展や裕福さなどの概念をうまく表していなければならないということになる。この原則を満たしていない変形は定性的文化では正しくないと見なされてしまう。

2. 標準化 対 意味の保持

変数変形の手法として広く用いられているのは変数の標準化（standardization）である。変数を標準化しても，概して統計分析の結果は変わらない。変数を線形変換しても，ほとんどの場合，パラメーターの推定量はもともとの性質（たとえば，不偏性）を保持するからである[1]。念のため振り返ると，変数の標準化の計算式は，$(x_i - \bar{x})/s$ である。$\bar{x}$ は平均値，s は標準偏差を表す。たとえば，Polityの場合，事例に民主主義の値を割り当てるときの本来の尺度は−10から+10の範囲である（Marshall, Jaggers, and Gurr 2010）。標準化は，この尺度を，平均値を基準〔0の値〕とし，標準偏差を測定単位とする新たな尺度へと変換することを意味する。

標準化の結果は，言うまでもなく標準化に用いるデータの値次第であり，〔そのデータの値として〕測定される本来の概念の定義とは無関係である。データの値が変わると，平均値や標準偏差の値も変わる。実際，標準化を施す場合，何か特定の事例の値を変えたら，ほかの事例の値も簡単に変わってしまう。事例自体が実世界で全く変化していなくても，ほかの事例のコードが変わると，

---

[1] とはいえ，変形させた変数を交互作用項に用いた場合のように，変形させた変数にさらなる変形を加えたときはこの限りではない。

第 12 章 意味論・統計学・データの変形

その事例のコードも変わってしまうのである。これは定性的文化の観点から見ると奇妙に思えてしまう。つまり、個々の事例の値がなぜほかの事例のコード次第で変化してしまうのかという疑問が思い浮かぶからである。

この点をもっと具体的に把握するため、民主主義の水準に関する Polity のデータセットを考えてみたい。まず、定性的研究者であれば、一定の閾値を上回る事例、たとえば、7〜10 の値を持つすべての事例を「完全な民主主義」と見なすという判断基準を設けるかもしれない。このような判断基準を用いた場合、完全な民主主義が事例全体に占める割合は 0% から 100% までさまざまな値をとりうる。その値の違いはどれだけ多くの事例が上記の閾値を上回るかに左右される。これに対して、標準化した値をデータとして用いるとしたら、平均値から少なくとも 2 標準偏差分だけ多い事例を完全な民主主義と見なすといった別の判断基準を設けなければならない。このような判断基準を用いた場合、完全な民主主義としてコード化される事例がごく少ない割合で確実に存在することになる。特定の事例が完全な民主主義という範疇にぎりぎり入るか否かは、ほかの事例の値に左右される。定性的文化の観点から見ると、この判断には問題がある。特定の事例を完全な民主主義と見なすかどうかは、あくまで概念の定義やその事例の特徴から判断されるものであり、民主主義の水準に関する母集団全体の分布から判断されるものではない。

また、値の標準化が研究に与えうる影響はほかにもある。この一例として、「『極端』値に基づいて事例研究の対象を選択するには変数を標準化すべきである」という助言（Seawright and Gerring 2008）を考えてみたい。まず、極端な事例に着目したいと思うこと自体はもっともなことである。次に、彼らが〔極端な事例に着目する手法として〕選んだのは値の標準化である。この手法が当然のように選ばれたのは、標準偏差という点から、極端〔な事例〕の意味について何らかの考え方を持ち合わせていたからにほかならない。つまり、平均値から 2〜3 標準偏差離れた観察は極端〔な事例〕である、という考え方である。統計学の文化の枠内であれば、このようなアプローチも非常に納得がいく。

しかし、定性的文化の枠内から見ると、このアプローチは扱いにくい。標準化アプローチは、標本の平均値を「中間点」(middle point) として扱い、その

平均値との関係から極端値を定義する。これに対して，定性的研究者は，標本の平均値を概念の中間点と見なすこともあれば，見なさないこともありうる。この場合，中間点に相当するのは**概念上の中間値**（middle value）である。たとえば，−10から+10の値をとるPolityの尺度の場合，概念上の中間点はおそらく0であるが，標本の平均値はおよそ+3である[2]。

　Polityのデータを標準化したとき，最も極端な事例と見なされるのは，つねに権威主義体制の事例である。標本の平均値はおよそ+3であるため，標準化した値の絶対値は，+10の値を持つ完全な民主主義の事例より−10の値を持つ権威主義の事例のほうがつねに高くなってしまうのである。これは統計学の文化では必ずしも問題にはならない。平均値からの偏差という点で言えば，権威主義の水準が最も高い事例のほうが極端だからである。しかし，定性的文化の観点から見ると，標準化という作業は不毛であり，−10の事例と+10の事例が極端値であることは「明白」である。どちらの事例も概念上の中間点との関係で最大の極端値をとると考えられるからである。

　本書では，ここまでの議論から導き出される主張を定性的文化における変数変形の根本原則と名づけたい。

> **変数変形の根本原則**：データを変形するときには必ずデータと概念の意味との関係を強めるように変形すべきである。

前章では「身長の高い男性」という概念と身長の高さに関するデータを具体例に用いた。定性的研究者は，その身長のデータを変形することもありうるが，その目的はそもそもの概念との適合を高めるためである。これに対して，身長の高さを標準化したデータを用いる場合などの標準化の目的は，通常，何らかの概念との適合を高めるためではない。それゆえ，標準化は変数変形の根本原則に反していることになる。

　要するに，意味論に基づく定性的アプローチを踏まえると，標準化という作

---

[2] Polityの体制類型の測定基準は「民主主義の値−権威主義の値」によって計算される。民主主義と権威主義はどちらも0から+10の値をとる。この点を踏まえると，Polityの手続きは0が概念上の中間点であることを強くうかがわせる。

業は一般的に分析の一歩後退と見なされる。標準化は，意味論上の関係性を論じるはずの部分に，データの分布の可変性という的外れな問題を持ち込んでしまう。データの標準化は概して変数変形の根本原則に反している。実世界のデータの分布を標準化したときに得られるデータの側面は，誤解を招きかねず，分析の役に立たないのである[3]。

3. 対数化 対 ファジー集合上の変形

　変数の対数化（すなわち，変数の自然対数の使用）は，統計的研究に広く見受けられ，推奨されることも多い。その典型例は1人当たりGDPの対数化である。その判断が反論を受けることはほとんどない。すべての研究者がこのような変形〔変換〕を施すわけではないが，対数化を用いる研究例はあらゆる分野に無数に見つけることができる。

　これに対して，定性的文化の場合，1人当たりGDPと富裕国や経済発展国という概念との関係を具体的に論じるための分析手段としてファジー集合分析が用いられる。ファジー論理にとって重要なのは，富裕国や経済発展国という集合の要素を事例がどの程度有しているのかをデータで表すことである。標準的な慣例（前章を参照）に従えば，0の値は富裕国や経済発展国の集合の要素を全く有していないことを意味し，1の値はその要素を完全に有していること，すなわち，富裕国や経済発展国の事例であることを意味する。各事例の要素の値は0から1の範囲のどの値もとりうる。

　国家がどの程度裕福なのか，どの程度経済発展しているのかを判断するとき，定量的文化と定性的文化はそれぞれ一般的に1人当たりGDPをどのように用いるのか。この疑問を考えてみると，2つの文化の違いがわかりやすい。定量的文化は，図12.1の破線で示したように，1人当たりGDPの水準と経済発展の度合いが線形関係にあるという前提に立つことが多い。普通は明言されることはないが，経済発展の度合いは1人当たりGDPの増加とともに直線的に高まっていくと想定されているのである。これに対して，対数値を用いた場合，

---

[3] Freedman (2009: 87-88) は，フックの法則を具体例に用い，標準化という考え方があまり芳しくないと思われる理由をわかりやすく説明する（フックの法則に関しては「射程」の章を参照）。

第Ⅲ部　概念と測定

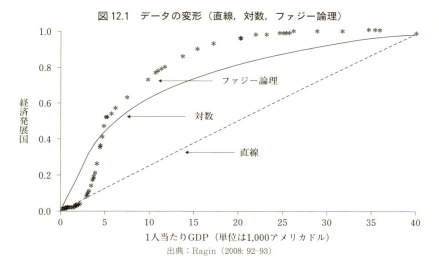

図 12.1　データの変形（直線，対数，ファジー論理）

出典：Ragin（2008: 92–93）

　両者の関係は図 12.1 の実線のような形状になる。この実線に対する解釈の 1 つとして，1 人当たり GDP と経済発展は収穫逓減の関係にあると考えることもできる（ほかの解釈は後述）。別の言い方をすれば，1 人当たり GDP が高まるほど，図 12.1 の対数曲線の傾きは緩やかになっていく。

　ファジー集合分析は，定量的データの連続値と要素の値が S 字形の曲線関係にあるという前提に立つことが多い。1 人当たり GDP と経済発展国の関係は，図 12.1 の星印で示したようなパターンになる（Ragin 2008 chap.5 を参照）。ファジー集合上の変形を施す場合，1 人当たり GDP が一定水準より低い事例にはすべて 0 の値が割り当てられる。意味論の観点から見ると，そうした事例はいずれも分析対象とする概念（経済発展国）の要素を全く有していないことを意味する。この判断は「意味と測定」の章で論じた非重要変数の原則に基づく。図 12.1 では，1 人当たり GDP の軸の原点の近く，最も低い位置にあるのがその事例群である。次に，概念の要素を少しでも有する事例に目を移すと〔1 人当たり GDP の値の〕小さな違いによって経済発展国の集合の要素を有する度合いは大きく変化していくことがわかる。ファジー集合の線の形状は対数値の線の形状に似てくるが，1 人当たり GDP が 2,500～5,000 ドルの範囲に関して言えば，ファジー集合の線の傾きのほうがかなり急である。それに対して，

第 12 章　意味論・統計学・データの変形

　ファジー集合曲線のもう一方の端では，1人当たりGDPが一定水準より高い事例にすべて1の値が割り当てられる。そうした事例はいずれもその概念の要素をすべて有していると見なされるからである。そのため，ファジー集合の線は右側に行くほど，急激に横ばいになっていく。

　1人当たりGDPの対数値の場合も，値が上端に近づくほど，その値の違いの重要性は相対的に低くなっていく（が，傾きは完全には横ばいにならない）。むしろ，最下端の値（たとえば，1人当たりGDPが2,500ドルを下回っている事例）の違いが非常に重視されていると言える。ここに意味論に基づく定性的アプローチとの根本的な違いを見てとることができる。「経済発展国」の要素に着目する意味論的観点から見ると，最下端の値の違いは重要ではない。そこに位置する国々はいずれも明らかに経済発展国ではないからである。たとえば，チャドとマリの1人当たりGDPの違いはあまり重要ではない。経済発展国という範疇の要素の値はどちらも0だからである。これに対して，1人当たりGDPの対数値を用いる場合，下端に位置する国々の値の小さな違いは対数変換によって増幅される（このことは図12.1の対数値の線が原点から急な傾きで始まっていることからもわかる）。この観点から見ると，チャドとマリの1人当たりGDPの違いは経済発展の水準の違いに対して非常に重要である。この場合，1人当たりGDPが少し増加することは，貧困国の経済発展の違いに大きく影響するが，富裕国にはほとんど影響しないことになる。

　この要素の値と対数値の違いは2つの文化の規範の違いが関係している。定性的文化の場合，個別の概念の意味を問うことがつねに求められる。概念は，各事例が要素を有しうる集合として理解され，分析対象として測定される。1人当たりGDPのデータを富裕国や経済発展国という意味にもっともうまく合うように変形することは，研究者がなすべき作法と見なされる。これに対して，定量的文化の場合，対数化は，データの歪みに対処するためや，統計モデルとの適合度を高めるために施される。このような点を考慮することは，定性的研究の観点から見るとあまり納得できないが，統計学の観点から見ると，本章冒頭の題辞に示した理由からもわかるように，非常に納得がいくのである。

4. データの変形の原則的根拠

2つの文化がそれぞれ別々のデータの変形方法を用いる原則的根拠は，1人当たり GDP の水準ごとの事例の分布を見るとわかりやすい。図 12.2〔の上段〕に示したように，事例の大多数は値の低いほうに位置する。ファジー集合の観点から見た場合，この図から導き出されるのは，ほとんどの国々は経済発展国という範疇の要素を全く有していないという結論である。また，図 12.2〔の上段〕のヒストグラムは，非常に裕福な国々（すなわち，1人当たり GDP が 20,000 ドルを上回る事例）が相当程度存在することも示している。それらは経済発展国という集合の要素を完全に有する事例としてコード化される国々である。この中間に位置する事例（ファジー集合の要素の値が0から1の間にある事例）は比較的少ない。そのため，事例全体のほとんどを占めるのは，経済発展国という集合に完全に含まれる事例か，完全に含まれない事例なのである。

ファジー集合上の変形を施す場合，生データ〔変形前のデータ〕と線引き箇所はどのような関係にあるのか。特に，要素を完全に有している事例，要素を全く有していない事例，そして，要素を特定の割合で有している事例の線引き箇所はどのように判断したらよいのか。図 12.1 のデータとそのコード化の基準はチャールズ・レイガンの研究（Ragin 2008）に基づく。その研究は，専門知識を活用して線引きを行う具体例としてわかりやすい。彼がコードを判断するときに重視したのは，要素を完全に有している事例の閾値（1人当たり GDP・20,000 ドル），要素を全く有していない事例の閾値（2,500 ドル），そして，要素を有している度合いと有していない度合いが同等とされ，ファジー集合分析において 0.50 の値が割り当てられる事例の分かれ目（5,000 ドル）を決定することであった。レイガンは，ほかの研究者や世界銀行などの重要な組織がどのように富裕国と貧困国を判断しているのかを考慮しつつ，このような線引きを決定するにいたった。図 12.1 のS字形の曲線を描き出すにあたって意味論上の慣習が活用されたのである。この変形はほかの研究者や主要な研究組織が実際に用いている表現を踏まえているため，最終的に各事例に割り当てら

第 12 章　意味論・統計学・データの変形

図 12.2　各国の 1 人当たり GDP の実測値・対数値別の分布

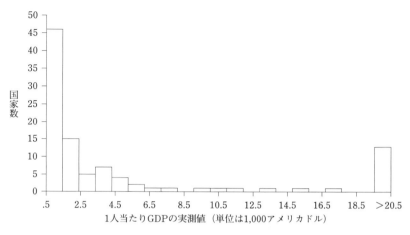

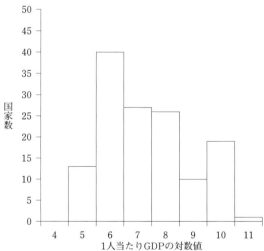

れる要素の値の意味も，その研究者の世界では伝わりやすいはずである。つまり，各国の要素の値には，ほかの専門家たちが裕福さや経済発展を概念化したり，論じたりするときの表現方法が反映されているはずなのである。

このように，定性的アプローチは，変数変形の根本原則を満たすようデータの変形を進めていく。生データは，分析者本人や専門家の世界で通用している概念の意味にもっとうまく合うように変形される。この作業には解釈の部分も含まれるため，分析者は変形を施すときの明確な判断基準を提示しておくことが望ましい。その判断基準は，分析対象とした特定の現象に関する表現として，日常言語や共通の文化的慣習，専門知識と専門表現，さらには研究者自身の主観的知識を反映したものになるだろう。直線への変形，対数化，標準化によって特定の概念の意味を保持・増大させることもできるが，アプリオリにそのような前提に立つことはできない。あくまで事例のコードと概念の意味がどれだけ合致しているのかを明確に検討し，意味の保持や増大を立証することが求められるのである。

次に，統計学の文化に見られる対数変換の議論に移りたい。図12.2の下段からわかるように，対数値を用いると事例の分布は大きく変化する。これによってデータは正規分布に近い形状へと変化する。この分布の変化は1人当たりGDPの水準が低い国々の違いを大きく区別した結果である。ヒストグラム（下段）の左側の大半を占めているのは1人当たりGDPが2,500ドルを下回る国々である。1人当たりGDPの下端の値の違いは，意味論に基づくファジー集合アプローチでは重視されないが，対数値のデータセットにとっては非常に重要なのである。

定性的研究者が，図12.2〔の下段〕のような対数化による事例の分布の変化を目にしたら，その研究の進め方を正しくないと考える可能性が高い。この例で言えば，変形後の新しいデータは，ほとんどの国々が中規模の経済発展を経験しているように見えてしまう。そのため，定性的研究者は，この図を全く正しくないと感じるかもしれない。変形によってデータの根底にある経験的現実が歪んでしまうことを懸念する可能性が高いのである。

しかし，定量的文化の枠内から見ると，対数値の使用には実用的に正当化できる明確な根拠がある。第一に，対数化は理論的な根拠に基づいて施されると

第 12 章　意味論・統計学・データの変形

きがある。たとえば，ブライアン・ジョーンズたちは，ほぼすべての政府予算は，べき分布に従うと論じ，それを実証分析によって解明した（Jones et al. 2009）。この場合，$y \sim ax^b$ という分布を想定しているため，実証分析で検証するには明らかに方程式の両側に対数値を用いることが求められる。それゆえ，対数変換を施すことは妥当と考えられる。

第二に，広く知られている根拠として，対数化はデータの歪みに対処するために行われる。図 12.2 からわかるように，対数化は歪みの緩和に有効である。この場合の対数化は実世界のデータの分布に問題があることへの配慮という原則的根拠に基づく。研究目的上，統計的手法を用いて妥当な推論を立てることが必要であるならば，データの歪みは深刻な問題になりうるし，是正する必要がある。

最後に，第三の原則的根拠として，対数化はデータの変形によって統計モデルの適合度を高めるという理由で施されるときもある。適合度の高さとは，因果効果の強さや有意水準の高さを意味する。この種の原則的根拠は，モデル指定の探索（たとえば，Learmer 1978）の一種に位置づけられるが，統計学者はこの手法をめぐって数十年に渡って論争を繰り広げている。わかりやすく言えば，モデル指定の探索とは，あらゆる種類の変数変形を施し，その中から最も厳密な分析結果を叩き出した変数を選び出すという手法である。適合度の増大を理由に特定の変数変形の使用を正当化すべきなのか。定量的研究者はこの点をめぐって論争を繰り広げるときもある[4]。これに対して，意味論に基づく定性的研究者は，モデルの適合という問題と，生データの最良の変形方法という問題を完全に分けて考えるはずである。統計モデルの適合度を高めるためだけに変数を変形してしまうと，変数変形の根本原則に反してしまう恐れが高いからである。

---

[4] たとえば，Kurtz and Schrank（2007）がガバナンスと経済成長は無関係であると論じたのに対して，世界銀行のエコノミストたちは次のように反論した。「以下の分析結果は，カーツとシュランクの〔変数の〕指定に小さな変更を 2 つ加え，その効果の違いを示したものである。彼らが 1 人当たり GDP をそのままの値で用いたのに対して，本稿では対数値を用いた。この作業は国家間比較研究では非常に標準的な慣例であり，統計学上も正しいと考えられる。分析に用いるのは線形回帰モデルであり，従属変数との関係で言えば，1 人当たり GDP の対数値のほうが〔そのままの値より〕線形関係に近いからである」（Kaufmann et al. 2007: 59）。

5. 結　論

　生データの変形という作業は定量的研究と定性的研究のどちらの伝統にも見受けられる。しかし，変形を施すときに遵守すべき規範は大きく異なる。定量的研究者は，厳密な統計的検定を試みる補助として，標準化や対数化などの手法を活用する。これに対して，定性的研究者は，生データを標準化・対数化することはほとんどなく，むしろ，その研究者自身や専門家の世界によって定義される概念の意味に合うよう，データを「調節」(calibrate; Ragin 2008) する。

　付言すると，どちらか一方のアプローチが本質的に優れているということはない。実際，どちらのアプローチもそれぞれの文化全体の文脈を踏まえたら十分納得できる，というのが筆者たちの考えである。そのため，前述のように，統計学の文化の枠内であれば，生データの標準化や対数変換は当然のことと見なされやすい。同じく，定性的文化の枠内であれば，事例に概念の要素の値を割り当てるときに一部の事例の違いを無視しても差し支えないと見なされる。一方の文化から見ると納得できないように思われる研究の進め方も，もう一方の文化から見ると非常に納得がいくのである。

6. 推　薦　文　献

　値の標準化の計算方法や，対数変換による歪みの緩和は，統計学のさまざまな入門書で取り上げられている。ファジー集合分析で用いられる定量的な生データの変形については特に Ragin (2008) を参照。また，データの変形を施す定量的研究と定性的研究の具体例は以下の通りである。

　Brown, Earle, and Gehlbach (2009) は，ほとんどの変数に対数値を用いた研究例の1つである。Busse and Hefeker (2007) は，対外直接投資に関する変数を対数で表現するにあたって負の値が出てしまうことを避けるため，$y = \log(x + (x^2+1)^{.5})$ という方程式を用いてデータを変形した。乳児死亡率を対数化・標準化した値を生活水準の指標として用いた研究例については Carment, Samy, and Prest (2009) を参照。Fearon (2003) は，民族の多様性に

第 12 章 意味論・統計学・データの変形

関する同論文の測定基準がほかの測定基準より優れている理由として,事例の分布が歪んでいないことを挙げている。Herrnstein and Murray（1994）は,分析に用いた知能テストの値が正規分布ではなかったため,その値を正規分布へ従うよう変形した。このデータの正規化〔正規分布への変形〕を批判したのが Fischer et al.（1996）である。Goertz and Mahoney（2005）は Skocpol（1979）の定性的データをファジー集合として再構築した。Londregan and Poole（1996）は Polity の値を望ましい統計的手法で分析できるようにするため,$T(S)=\log(S+10.5)-\log(10.5-S)$ という方程式を用いて値を変形した。S は Polity の民主主義の値を表す。Mahoney（2010b）は,定性的な歴史データを用いて,各事例のファジー集合の要素の値を割り出した。ファジー論理に基づく変数の変形と調節についての詳細な議論は Ragin（2008）chap.5 を参照。その他,Jaggers and Gurr（1995）, Ragin（2000）, Zadeh（1965）を参照。

第13章
概念上の対義語と分類枠組み

> 論理学として人間科学の基礎に役立つのは二値論理ではない。むしろ，そこで求められるのはファジー論理である。本質的にファジー論理とは集合の境界がはっきりしていないクラス論理学のことである。
>
> ロトフィー・ザデー

1. 序　論

　概念を考えるときの1つの側面として興味深いのは，概念上の対義語をどのような用語で表現するのかという点である。概念は，民主主義的と権威主義的，戦争と平和，裕福と貧困のように，対になる2つの言葉で提示されることが多い。ここで理論的・方法論的に重要なのは，対になった2つの概念のうち，一方の概念はもう一方の概念の否定語と同義なのかという問題である。たとえば，裕福＝非貧困なのか，戦争＝非平和なのか。この問いは以下のようにさらに一般的な形で表現できる。

　　　概念上の否定語と対義語は同じ意味なのか。

ここでも民主主義を例に挙げれば，非民主主義と権威主義は同じ意味なのか。
　筆者たちが考えるに，定性的伝統に属する研究者は，概してこのような問いに「ノー」と答えるだろう。定性的研究者は，非対称性アプローチを採用し，非民主主義と権威主義を別の概念として捉える。これに対して，定量的伝統に

属する研究者は，概してこのような問いに（少なくとも方法論上の慣例として）「イエス」と答える。定量的伝統において概念を測定し，概念を統計モデルに用いるときには1つの概念とその否定語は対称的なものと見なされる。たとえば，体制の民主主義の度合いを正反対にしたものがその体制の権威主義の度合いである。

　これに関連して，分類枠組みにおける概念間の境界をめぐる問題もある。分類枠組みは**相互排他的な**範疇〔類型〕に基づくべきであるというのが伝統的な考え方である。どのような観察も1つの範疇にしか割り当てることはできないとされる[1]。国家を同時に権威主義と民主主義にコード化することはできないとされる。しかし，実際には，このような分類枠組みのアプローチは世界を見渡したときに見える光景と食い違っていることが多い。国勢調査に用いられる人種の範疇〔属性〕はその具体例である。たとえば，バラク・オバマであれば，要素が0ではない範疇は3つあると言えるかもしれない。(1) アフリカ系アメリカ人，(2) 白人，(3) アフリカ人である。しかし，オバマ大統領がこの3つすべての範疇の要素をある程度有していることを認めてしまうと，分類枠組みの相互排他基準を侵害することになってしまう[2]。

　定性的研究者は（実際の研究の進め方として）相互排他性という分類枠組みの前提を拒否することが多い。意味論志向の定性的伝統に立脚すれば，オバマ大統領は2つか3つの人種の範疇の要素を少なくとも部分的に有していると述べたほうが納得できる。本章は，この点に関して，ファジー集合分析が平易な数学アプローチとして相互排他性という前提を立てずに分類枠組みを分析していることを論じていく。

2. 概念上の対義語に関する対称性アプローチ 対 非対称性アプローチ

　概念上の対義語をめぐるアプローチの違いの一例として民主主義と権威主義

1　加えて，分類枠組みは集合網羅的であるべき（つまり，すべての観察に範疇を割り振るべきである）と考えられるのが通例である。
2　筆者（ガーツ）が2010年8月に大学からeメールで伝えられたところによれば〔アメリカ合衆国では〕新しい連邦規則によって個々人が複数の民族集団を選択することが認められた。

第 13 章　概念上の対義語と分類枠組み

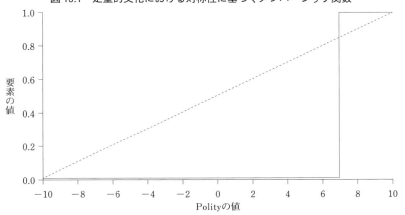

図 13.1　定量的文化における対称性に基づくメンバーシップ関数

の概念を取り上げてみたい。具体的にわかりやすいよう，Polity のデータ (Marshall, Jaggers, and Gurr 2010) を用いて民主主義の概念を二値的に測定する場合を考えてみたい。Polity の値の範囲は −10 から +10 である。たとえば，+7 から +10 の値を持つ事例を民主主義の事例として扱うこともできる。すると，ここで重要な問題が生じる。−10 から +6 の値を持つ事例をどのように呼べばよいのか。「権威主義」の実例と見なすべきなのか，それとも，「非民主主義」の実例と見なすべきなのか。

定量的文化で（普通は最初から選択されることはないが）二値範疇を用いるならば，非民主主義と権威主義は同じものとして測定される。−10 から +6 の値を持つ事例はすべて非民主主義であり権威主義でもある。こうした事例と +7 以上の値を持つ民主主義の事例は完全に分けて考えられる。このアプローチに見られる二値範疇の排他性をわかりやすく表現したものが図 13.1 である。この図は事例の Polity の値と民主主義の集合の要素が含まれる度合いを表している。X 軸は民主主義の水準，Y 軸は民主主義の集合の要素である。図〔の実線〕からわかるように +7 の値が 1 か 0 かの境界である。すなわち，この値以上であれば，事例は民主主義の集合に完全に含まれるが，この値を下回れば，事例は民主主義の集合から完全に除外されるのである。

定量的伝統に属する研究者は連続変数を用いるときにも概念上の対義語を対

称的なものとして想定する（一般的にこの伝統では連続変数の使用が強く望まれる）。権威主義に関する仮説と民主主義に関する仮説のどちらにも同じ連続変数を用いることが普通であり，そうすることが適切と考えられている。事例の民主主義の度合いを正反対にしたものがその事例の権威主義の度合いである。図 13.1 の破線は Polity の連続値と民主主義の集合の要素の連続値（「意味と測定」の章を参照）の関係を標準的な線形関係で表したものである。定量的伝統に立脚すれば，直線の傾きが逆になることを除けば，これと同じ線形関係を権威主義に用いるだろう（つまり，Polity の値は権威主義の要素の値に対して負の関係にある）。このような対称性を持つパターンは多くの概念に当てはまる。たとえば，経済発展（economic development）と経済発展不全（economic underdevelopment）はどちらも 1 人当たり GDP という同じデータを用いて測定できる。そのため，事例がどの程度経済発展しているのかを測定できる優れた判断基準を手に入れたら，同時に，事例がどの程度経済発展していないのかを測定できる優れた判断基準を手に入れたことになる。

　これに対して，定性的伝統に属する研究者は，このような対称性〔アプローチ〕を用いないことが多い。実際，Polity の値と民主主義の集合の要素との関係を図 13.1 の実線や破線のように表現することは定性的文化では望ましくないとされる。むしろ，意味論と意味に基づくアプローチを典型的に表すと図 13.2 のようになる。ここではその一例として，Polity の値が +10 に達した事例でなければ民主主義の集合の要素は 100% にならないという判断基準を用いた（Goertz 2008）。二値的基準〔図 13.1 の実線〕を用いると，+7 の値を下回る事例は完全に非民主主義の事例ということになるが，ファジー集合の観点から見ると，民主主義の値は，図 13.2 の +4 のようにもっと低い水準から上昇し始めると考えても無理はないように思われる。そのため，+4 より高く，+10 より低い値を持つ事例は，民主主義の集合と非民主主義の集合の両方の要素を部分的に有していることになる[3]。

　X の値を 1 から 0 の範囲でコード化するファジー集合分析にとって X の否

---

[3] Polity は民主主義の概念と権威主義の概念にそれぞれ別々の判断基準を用いている。そのため，ほとんどの研究者は民主主義の変数の値から権威主義の変数の値を引いた値を Polity の値として計算しているが，民主主義と権威主義を別々にコード化することも可能である。

第13章 概念上の対義語と分類枠組み

図13.2 定性的文化における民主主義とその否定語の概念化

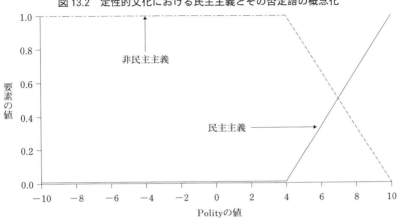

定は「1 − X の要素の値」を意味する。そのため、破線で表した図13.2の非民主主義の値は「1 − 民主主義の値」に等しい（すなわち、¬X＝1−X）。ファジー集合分析は否定をほぼ文字通りの意味で用いる。つまり、否定とはもともとの要素の値を否定することなのである。

とはいえ、非民主主義と権威主義は同じ概念ではない。具体的に言えば、この両者はメンバーシップ関数（membership functions）が異なるのである。たとえば、民主主義と権威主義をそれぞれ全く違う形でPolityのデータと関連づけることもできる。その一例として、事例のPolityの値が−10以上−4以下であれば、権威主義の範疇の要素を完全に含むと見なし、値が−4より高く、＋2より低ければ、要素を部分的に含むと見なし、値が＋2以上であれば、要素を全く含まないと見なすこともできる。

ここで重要なのは、定性的伝統においては民主主義と権威主義は対称的な概念ではないということである。この2つは異なる概念であり、それゆえにメンバーシップ関数も異なる。もちろん、非民主主義と権威主義は関係しているし、関連づけて考えるべきであるが、その2つは同じ概念ではないのである。意味論の観点から見れば、対義語として対になる多くの概念に同じことが当てはまる。たとえば、非戦争と平和は別々の概念であると主張しても、およそ異論は出ないだろう。イスラエルとエジプトは非戦争の状態にあるが、その二国間関

係が平和かどうかあまり判然としない。

　要するに，意味論アプローチは，概念上の否定語と対義語を同じ意味とは考えず，概念とその対義語の測定基準はおおむね対称性を持たないと想定するのである。概念にはそれぞれその定義や意味に合わせた固有の測定基準が必要である。本書は，これを定性的研究の「概念上の対義語の原則」（Principle of Conceptual Opposites）と名づけたい。この原則は以下のように表現できる。

　　概念上の対義語の原則：概念とその対義語は意味と測定基準の点で対称性を持たない。

3. 重複的分類 対 排他的分類

　定性的研究者は，分類枠組みに含まれる範疇〔類型〕は相互排他的でなければならないという考え方を拒否することが多い。たとえば，図 13.2 のように，ファジー集合に基づく民主主義と非民主主義のコード化は，範疇の相互排他性の原則を明らかに侵害してしまう。というのも，一部の事例（Polity の値が＋4 より高く，＋10 より低い事例）は，民主主義の範疇と非民主主義の範疇の要素を同時に有しているからである。これと同じような非排他性は，「民主主義・アノクラシー・権威主義」や「下流階級・中流階級・上流階級」といった，3 つ以上の範疇を含む分類枠組みにも当てはまる。この場合も一部の事例は同時に複数の範疇に属してしまう。

　ここでも民主主義を具体例に用いたい。多くの研究者は，権威主義と民主主義の中間範疇におもに着目し，その範疇をアノクラシー（anocracy）と名づけることがある[4]。事例をコード化するときの手続きの 1 つとして，統計分析は，Polity の値の中間範囲（たとえば，−5 から＋5 の範囲）をアノクラシーとして扱い，その両極を非アノクラシー（権威主義と民主主義）として扱う。この

---

[4] このような中間範疇はハイブリッド・レジーム（hybrid regimes）に関する広範な文献で大々的に取り上げられている（たとえば，Schedler 2002; Levitsky and Way 2010）。また，中間範疇は内戦（たとえば，Vreeland 2008）や国家間戦争（Goemans 2000）に関する研究でも重視されている。

第 13 章　概念上の対義語と分類枠組み

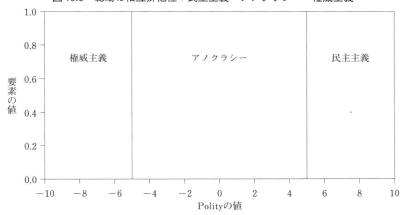

図 13.3　範疇の相互排他性：民主主義・アノクラシー・権威主義

アプローチは，内戦研究で大きな影響力を持つジェイムズ・フィアロンとデイヴィッド・レイティンの研究（Fearon and Laitin 2003）で用いられ，その後，一般的になったように思われる。このような三類型アプローチを用いる研究者は，ダミー変数をコード化して 3 つの範疇を網羅することが通例である。図 13.3 はダミー変数を用いた三類型の標準的なコード化である。各国・各年のデータに割り当てられるのは，この 3 つの範疇のうち，どれか 1 つ（のみ）である。

しかし，同じように Polity のデータを用いても，ファジー集合に基づいてこれらの概念をコード化したら，図 13.3 に示したコード化とは大きく違って見えるだろう。ファジー集合分析は〔範疇間に〕はっきりとした境界を設けないことが普通である。つまり，ファジー集合アプローチは範疇の相互排他基準に従わないのである。範疇間の移行は，突発的に転換するのではなく，漸進的・部分的に変化していく。図 13.4 からわかるように，権威主義，アノクラシー，民主主義のそれぞれの範疇には多少の重複が認められる。権威主義でありながら同時にアノクラシーでもある国々や，アノクラシーでありながら同時に民主主義でもある国々も見られるのである。

このようなファジー集合に基づくコード化は，本質的に統計分析でも利用できないことはない。統計学の枠組みから見れば，この 3 つの範疇は，それぞれ

第Ⅲ部　概念と測定

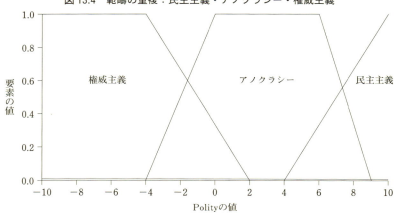

図 13.4　範疇の重複：民主主義・アノクラシー・権威主義

0から1までの値をとりうる別々の変数に過ぎない。しかし，広く用いられているのは，図 13.3 のような相互排他性に基づくアプローチのほうである。多くの定性的研究者もこのアプローチを採用している。相互排他性に基づくアプローチを用いること自体は間違いとは言えない。むしろ，ここには範疇間の境界をどのように設けるべきなのかという問題をめぐる研究者の判断の違いが表れる。〔範疇間の移行について〕ファジー集合分析が漸進的な変化を好むのに対して，相互排他性に基づく分類枠組みは突発的な転換を何気なく想定するのである。

ここまでの議論を要約すると，定量的研究に用いられる分類枠組みは，通常，相互排他的な範疇〔類型〕で成り立つものとして理解されるが，概念の意味論アプローチに立脚すれば，それとは正反対の見方が必要とされる。本書は，これを定性的研究の「概念上の重複の原則」(Principle of Conceptual Overlap) と名づけたい。この原則は以下のように表現できる。

　　概念上の重複の原則：分類枠組みに含まれる複数の範疇の境界は相互排他的ではなく重複しうる。

社会科学の研究でファジー集合分析を採用する場合も，日常生活の中で使われ

第 13 章　概念上の対義語と分類枠組み

表 13.1　テッド・ガーの 1974 年当初の分類枠組み：民主主義・アノクラシー・権威主義

権威に関する変数	専制	民主制	無秩序体制
執政府への加入	恣意的帰属＝1 指名＝1 二元＝1	競争選挙＝2	カエサル的＝1
意思決定への制約	無制限＝2 わずかな制限＝1	院内政党＝2 大きな制限＝1	なし
参加	弾圧＝2 限定的＝2	制度化＝2	非制度化＝2 分派的・限定的＝1
命令	全体主義的＝2 部門別＝1	なし	最小限＝2
集権性	なし	分権的＝1	分権的＝2
最大値	7	7	7

出典：Gurr（1974）

る多くの家電機器の設計にファジー集合分析を応用する場合も，分析の中心を占めるのはこの原則なのである。

4. 意味論的分類と名義的分類

　政治体制の特徴を描写するための概念は，その歴史を紐解くと興味深いことがわかる。当初，テッド・ガーが提唱した政治体制の三類型（Gurr 1974）は名義的範疇であった（表 13.1 を参照）。そこで提示された専制（autocracy），民主制（democracy），無秩序体制（anarchy）という 3 つの範疇〔類型〕は，それぞれ複数の定義的特徴の固有の組み合わせで成り立っていた。おそらくガーは相互排他的な範疇の提示を目的としていた。しかし，少なくとも 5 つの定義的特徴（表 13.1 に示した権威に関する変数）が用いられ，それぞれ少なくとも 2 つの値をとりうるため，3 つの類型は政治体制として想定しうるすべての領域を網羅していたとは言えない。これでは少なくとも 2 つの類型の特徴を兼ね備えた政治体制も存在しうることになる。

　分析に使いやすい名義的範疇を提示することが目的であるならば，その範疇に合致しない事例にどのように対処すべきなのか。そうした事例を単に「欠損データ」として済ませるか，実証分析の対象から除外してしまうこともできな

いことはない。しかし，明確かつ正当だと考えられる理由がなければ，事例の除外という対応には問題があると思われる。これに対して，意味論から考えた場合，その事例を既存の分類枠組みの範疇に含めることができるのか，それとも，その事例のために新たな分類枠組みが必要になるのかという点が重要になる。このような意味論アプローチに立脚すれば，分析者は，関連するすべての事例を既存の範疇として，あるいは新しい範疇として分類枠組みに含めることが可能になる。

ここでもPolityのデータセットを具体例に用いて説明してみたい。このデータセットは一部の特殊事例に独特なコードを割り当てることで有名である（し，悪名も高い）。その特殊事例は，内戦や人権侵害などに関する分析結果に影響を与えるため，近年，大きな注目を受けている（たとえば，Vreeland 2008）。以下は，その3つの特殊事例に関するPolityの正式な説明（詳細は省略）である。

中断期（Interruption Periods）（−66）：「−66」という成分変数の値は「中断」期間を表している。操作上，国家が戦争によって外国に占領され，旧来の政治体制が終焉を迎えた場合，独立した政府が再び樹立されるまでその事例に中断というコードを割り当てる。

空白期（Interregnum Periods）（−77）：「−77」という成分変数の値は「空白」期間を表し，中央政府の政治的権威が完全に崩壊していることを指している。このような状態は内戦期に最も起こりやすい（たとえば，1978年から1986年のレバノン）。

移行期（Transition Periods）（−88）：「−88」という成分変数の値は「移行」期間を表している。新しい政体の中には，新しい制度を設計し，それを法律として制定し，施行するという「移行期間」を経て樹立される場合もある。とりわけ，民主主義的な政体や擬似民主主義的な政体は，憲法制定会議や国民投票をともなう手続きを経て樹立されやすい。このような移行期に該当する場合，すべての指標に「−88」の値を割り当てる（Mar-

第13章　概念上の対義語と分類枠組み

shall and Jaggers 2002: 16)。

　このようなコードは，通常，定量的文化では欠損データの問題として扱われる。このような値が割り振られた事例は統計分析から除外するというのが標準的な研究の進め方である。もちろん，こうした慣習を踏まえ，その「欠損値」の推定を試みる研究者もいる。現在，Polity 自体も−77 や−88 の事例に新たな値を割り振るための手続きを整備している[5]。

　これに対して，意味論に基づく定性的アプローチは，−66，−77，−88 というコードとして表される概念を考察するところから議論を始める。−66 の事例は「占領」と関係し，−77 の事例は「無秩序体制」と関連し，−88 の事例は一種の「移行」である。そのように考えると，次のような問いが思い浮かぶかもしれない。この3つの類型の特徴は民主主義・アノクラシー・権威主義の概念とどのように合致するのか（または合致しないのか）。この問いに対しては「3つの類型は全く異なる概念なので民主主義・アノクラシー・権威主義という分類枠組みとは合致しないかもしれない」という答え方もできる。

　この点は−77 の無秩序体制の事例から考えるとわかりやすい。ガーが提唱した当初の分類枠組みでは無秩序体制は名目的類型の1つであった。しかし，時を経て，その無秩序体制の事例は，アノクラシーの事例か−77 の事例として考えられるようになった。ここで問題になるのは，Polity の値はあくまでも**体制類型**の判断基準であるため，政府が全く機能していない事例（たとえば，破綻国家や大規模内戦の事例）にどのようにアプローチすべきなのかという点がわかりにくいことである。現在，Polity はそのような事例に 0 の値を割り振っているが，それはアノクラシーと中央政府の欠如・崩壊とを混同しているように思われる。「政府の類型」と「政府の存否」は別である。そのため，概念的観点から見れば〔無秩序体制ではなく〕「体制不在」(anarchy) という新しい変数を作り出したほうが無難である。無秩序体制〔ないしは体制不在〕は，欠損データの問題ではなく，別々の概念の問題なのである[6]。多くの実証研究

5　Plümper and Neumayer (2010) は Polity のアプローチを批判しているが，その批判の前提として，彼らもまた〔特殊事例のコード化を〕欠損データの問題として捉え，特殊事例を−10 から＋10 という Polity の測定基準に合わせてコード化すべきと考えている。

第Ⅲ部　概念と測定

のプロジェクトは，政府が存在するすべての国々を観察対象の母集団として定義しているように思われる。そのように母集団を定義すれば，体制不在の事例は母集団から除外されるだろう。しかし，その除外の理由は，事例のデータが欠損しているからではなく，分析対象となる事例の母集団の基準を満たしていないからである。

　次に，−66の占領の事例も概念的観点から考えてみる価値がある。体制不在の事例と違って，外国の占領下にある国々には政府が存在する。外国の占領下にある事例のほとんどは「軍事独裁」である。第二次世界大戦中のドイツのフランス占領がもたらしたのは，体制不在ではなく，ドイツの介入を受けた軍事政権〔ヴィシー政権〕であった。そのため，概念的観点から見れば，〔体制類型の〕選択肢の1つとして，こうした事例は軍事独裁の事例（すなわち，権威主義体制の事例）としてコード化できる。アメリカの占領を受けたイラクやアフガニスタンのように，部分的な軍事的占領もこの事例に含まれる。あるいは，もう1つの選択肢として，民主主義体制は完全な自治・主権国家でなければならないと論じることもできる。そうであれば，軍事的占領の事例は「非主権政体」（non-sovereign polity）などの別の範疇に含まれることになる。植民地の事例もすべてこの範疇に該当するだろう。いずれにせよ，占領の事例は，概念上の問題は残るが，欠損データの問題とはあまり関係ないのである。

　最後に，−88の移行の事例についても同じような点を指摘できる。この場合に問題になるのは欠損データではない。移行に関する情報は概して豊富に存在するからである。むしろ，問題になるのは，政治制度が形成過程の途上にあることや，その制定されたばかりの制度を民主主義（政治制度の明確化・明示・安定が求められる政治体制）などの範疇とどのように合致させるべきなのかという点がわかりにくいことである。この点，政府構造が機能していないことを踏まえ，移行の事例を「体制不在」の範疇に含めて論じるというアプローチもありうる。こうしたアプローチには異論もあるかもしれないが，性質上，

6　多くの研究者は内戦を無秩序体制の状況として分析している（たとえば，Walter 1997）。同じような問題は国際紛争研究にも見られる。たとえば，Klein et al.（2006）は，二国間関係の性質を友好関係と敵対関係の間で概念化している。しかし，この場合，ボリビアとミャンマーの関係のように，二国間関係が存在しない状況をどのように扱えばよいのかという問題が残る。

第13章 概念上の対義語と分類枠組み

その異論は事例の実証的特徴に関する問題というより概念上の問題なのである。

5. 結 論

定性的研究者は，対義語として対になる範疇（たとえば，民主主義 対 権威主義）や，分類枠組み（たとえば，民主主義・アノクラシー・権威主義）を分析に用いる。しかし，意味論アプローチに基づくため，定性的研究の範疇的表現の用い方は定量的研究の規範とは大きく異なる。正の概念とその対義語〔負の概念〕は必ずしも対称性を持つとは見なされない。経済発展の度合いは必ずしも経済発展不全の度合いの正反対ではない。そのため，定性的研究者は，経済発展諸国と発展不全諸国を分析しても，その両者を正反対の鏡像とは見なさないのである。定量的研究者はこれを奇妙なことと思うかもしれない。概念とその対義語に完全な対称性を想定することが定量的研究者の当然の選択と考えられているからである。定量的文化では，経済発展の水準が上昇した事例は，同時にその上昇分だけ経済発展不全の水準が低下した事例として理解される。

また，これに関連し，定性的研究者は，実際の研究の進め方として，分類枠組みに含まれる範疇〔類型〕は相互排他的でなければならないという考え方を拒否することもある。範疇間の境界の部分的重複を認めることも多い。日常言語を話すときと同じように概念を用いるからである。定量的研究者から見ると，これも奇妙なことと思うかもしれない。分類枠組みは定量的文化では本質的に相互排他的な名義的範疇で成り立つと考えられているからである。しかし，意味論的観点から見ると，世界は完全に別々の範疇へとすっきり分かれるわけではない。名義尺度で想定される明確な境界は，実世界の多くの事例に見られるように，事例が1つの分類枠組みのもとで複数の範疇の要素を同時に含んでいることを把握するのに適していないのである。

6. 推薦文献

ゲイリー・キング，ロバート・コヘイン，シドニー・ヴァーバは，定性的研究の範疇や分類枠組みに対する定量的研究者の不信感を次のようにうまく表現

する。「分類枠組み，分析枠組み，ひいてはあらゆる形の分類に見られる構成概念は，データ収集のための一時的な手段としては役に立つ……しかし，一般的に言えば，データをそのような形でまとめることは**おすすめしない**」(King, Keohane, and Verba 1994: 48)。また，分類はその根底にある微妙な違いを覆い隠してしまうという考え方に基づき，懐疑的主張を展開する定量的研究の具体例としては Blalock (1982: 109), Jackman (1985: 169), Shively (2005: 32) を参照。このような不信感に対する批判は Collier, LaPorte, and Seawright (2012) を参照。名義尺度を相互排他的な類型として理解する考え方は Stevens (1946) にまでさかのぼることができる。相互排他的な分類枠組みを記述的分析と説明的分析に用いた定性的研究としては Collier, LaPorte, and Seawright (2008), Elman (2005), George and Bennett (2005) を参照。また，相互排他的ではない分類枠組みがファジー集合分析でどのように用いられるのかという点は，工学の応用分野に関する教科書で詳しく論じられている。Kosko (1993), McNeill and Freiberger (1994) は，その優れた入門書である。とはいえ，このような論点は分類枠組みに関する社会科学の定性的研究では十分に発展していない。しかし，それでも実際の研究の進め方として，相互排他的ではない分類枠組みを用いる研究も多く見受けられる（たとえば，ハイブリッド・レジームに関する研究はその1つである）。

第IV部

研究設計と一般化

第14章
事例選択と仮説検証

> 従属変数のある特定の値に基づいて観察を選んでも，ほかの値の事例を考慮しなければ，その従属変数の原因については何もわからない。
>
> ゲイリー・キング
> ロバート・コヘイン
> シドニー・ヴァーバ

1. 序　論

　特定の事例が詳細な事例研究の対象として選び出される理由はさまざまである（Eckstein 1975）。本章は，因果的仮説の評価を分析目的としたとき，定量的文化と定性的文化がそれぞれ事例研究の対象をどのように選択するのかを考察していく。仮説検証の説得力を最も高める事例の種類は，それぞれの文化で用いられる因果モデルの違いによって決まる。平均処置効果（average treatment effect）に関する仮説を検証するのに適した事例は，必要条件やINUS条件に関する仮説を検証するには適さないだろう。残念なことに，事例選択に関する先行研究は，概して，分析対象となる因果モデルの種類の違いに注意を払わないか，あるいは，検証されるのは加算・線形の統計モデルであると簡単に想定しがちである。そのため，そのような先行研究に見られる事例選択に関する助言の多くは，分析目的が平均処置効果の推定であるなら納得できるが，分析目的が集合論に基づく仮説の検証であるなら納得できるものではない。

　本章では事例選択と仮説検証を2つに分けて論じていく．第一に，先行研究

の中で最も誤解を招きやすいと思われる論点の1つとして、従属変数の値に基づいて事例を選択すべきなのか、という問いを取り上げる。「定性的研究者は従属変数に基づく選択を避けるべきである」という考え方は、キング、コヘイン、ヴァーバが提示した助言（King, Keohane, and Verba 1994）として強い印象を残した。しかし、定性的方法論者から見ると、この助言は統計的研究の洞察を定性的研究へと軽率に拡大解釈した典型例であると受け止められている（たとえば、Collier and Mahoney 1996）。本章では、その助言は（多数事例研究の文脈で）加算・線形の因果モデルを扱う場合には納得できても、集合論に基づく因果モデルを扱う場合には納得できないということを論じていく。研究者は、従属変数に基づく事例選択という考え方が〔自らの議論に〕適しているのか否かを判断する前に、まずは分析対象となる因果モデルの種類を問わなければならないのである。

　第二に、事例研究を進めるときに因果推論の説得力を最も高める事例の種類を論じる。複数手法的研究者は、この論点をめぐって、新たな研究分野を開拓した（たとえば、Lieberman 2005; Seawright and Gerring 2008）。現在では、回帰分析の結果を事例研究で補足しようとする研究者がそうした先行研究の考え方に沿って議論を進めることも多くなった。しかし、筆者たちの考えでは、そうした複数手法的研究の助言の中には、集合論モデルを検証しようとする研究者が誤解しやすいものも含まれているように思われる。本章では、この議論を進めるにあたって、簡単な四分表を用い、定性的文化と定量的文化がそれぞれ事例研究に際してどのセルを重視するのかを論じていく。定性的文化で重視されるのは、原因と結果の両方が存在する (1,1) のセルである。(0,0) のセルは、事例研究の対象としては避けられる傾向にある。集合論に基づく仮説を評価するときにあまり説得力を得られないからである。これに対して、定量的文化では普通すべてのセルが重視される（Seawright 2002）。

2. 従属変数に基づく選択

　定量的研究者が定性的研究者に示した助言の中でも、最も鮮烈で最も有名なのは、従属変数の極端値に基づく事例選択の危険性についての助言である。平

第 14 章 事例選択と仮説検証

和ではなく戦争の事例に焦点を絞った事例選択の具体例（George and Smoke 1974）などを踏まえ，クリストファー・エイケンとダンカン・スナイダルは，極端事例を〔分析対象に〕選択してしまうと，分析結果の妥当性が「壊滅的影響」を受けかねず，「推論上の誤謬」の危険性を抱えてしまうと考えた（Achen and Snidal 1989: 160-161）。バーバラ・ゲディスは，社会革命に関するシーダ・スコチポルの分析（Skocpol 1979）などの主要な定性的研究が従属変数に基づく事例選択に「苦しめられている」と指摘し，それについて語ることは「タブー」であると論じた（Geddes 1990; 2003 も参照）。こうした従属変数に基づく事例選択への懸念は，キングたちが本章冒頭の題辞に掲げたような主張を展開したことで頂点に達した。

その批判には，ジェイムズ・ヘックマンの議論（Heckman 1976; 1979）などの先行研究に根差した統計学上の根拠がある。2つの変数間の関係性を考えた場合，従属変数に基づいて事例の標本を切り捨てて〔一部の標本のみを分析に用いて〕しまうと，従属変数のすべての範囲を分析に用いたときより直線の傾きは平らになってしまう。その結果，標本の切り捨てに基づいて回帰直線を推定すると，系統誤差（すなわち，バイアス）が生じやすくなる。従属変数のある一定範囲内の値だけから事例の標本を選択すべきではないというのが，この議論の教訓である。この助言は，定量的文化では論争を呼ぶことはなく，典型的な線形回帰モデルを用いて分析を進めるなら納得できるものであった。

しかし，定性的研究特有の因果モデルを用いて分析を進めようとするなら，その助言はもはや適切とは言えない。この具体例として，$Y=(A*B*c)+(A*C*D*E)$ という因果モデルを考えてみたい。この方程式で表されるのは，A は Y の必要条件であるという仮説である。その A に関する仮説を検証しようとするなら，どのような事例選択の戦略が適しているだろうか。

この疑問に答えるため，「数学的序論」で示した，以下の必要条件の定義を振り返ってみたい。

$$P(X=1 \mid Y=1)=1 \qquad (14.1)$$

この定義式が意味することに注目してほしい。つまり，$Y=1$ の事例のすべてに着目し，その各事例に $X=1$ が存在するかどうかを確認する。もし定義式の

ような関係性が確認されたら，その証拠によって〔Aで表される〕必要条件に関する仮説は裏付けられるのである。これはもちろん従属変数に基づく事例選択である。つまり，$Y=1$ の事例だからこそ〔事例研究の対象として〕選択されるのである。

このような〔従属変数に基づく事例選択という〕研究設計の考え方は，伝統的に言えば，ジョン・スチュワート・ミルの一致法（method of agreement; Mill 1843/1974）に見ることができる。一致法は必要条件に関する仮説を考察するための戦略なのである。また，近年，方法論研究者は，仮説の妥当性に確信を持つには合致事例（$Y=1$ でありながら $X=1$ でもある事例）をどれだけ多く考察したらよいのかという疑問に取り組み始めている（Dion 1998; Braumoeller and Goertz 2000; Ragin 2000）。本章の趣旨から考えると，定性的研究者が，必要条件の定義を直接的に踏まえ，必要条件の検証に際して従属変数に基づく事例選択を採用するという点が重要である[1]。

定性的研究と統計的研究の2つの文化に見られる事例選択基準の齟齬を理解するため，選択バイアスに関するゲディスの研究（Geddes 1990; 2003）を取り上げてみたい。ゲディスが議論の俎上に載せたのは，東アジア（韓国，台湾，シンガポールなど）の急速で持続的な経済成長の原因を論じた定性的研究である。高度成長を説明する際にそれらの研究は政府が穏やかで規律のとれた労働力の形成（すなわち，「労働者への抑圧」）に果たした役割を強調しがちであると，彼女は考えた。しかし，そのような因果推論を立てた研究者たちは，持続的な経済成長を果たしたごくわずかな国々の証拠しか用いなかった。そのため，ゲディスは，極端事例（高度成長を果たした事例）しか選択されていないという理由から，それらの研究者の知見には選択バイアスの影響が表れていると考えた。さらに，こうした従属変数の極端値に基づかない事例選択を採用したら，労働者への抑圧と経済成長の間に別の関係性が成り立つかもしれないと論じた。

この点を実証的に示すため，ゲディスは，発展途上国というもっと幅広い標本を用い，1人当たりGDP成長率と労働者への抑圧という2つの変数間の関

1　本文の議論の範囲を超えてしまうが，$Y=0$ の事例も必要条件の仮説を判断するのに役立つ。特に，こうした事例を用いて，瑣末な必要条件と瑣末ではない必要条件を区別することができる（Braumoeller and Goertz 2000; Goertz 2006b; Ragin 2008 を参照）。

第 14 章　事例選択と仮説検証

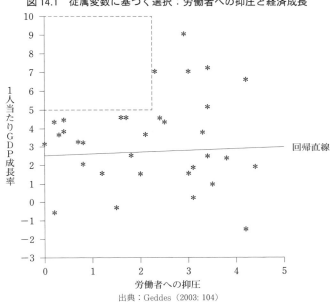

図 14.1　従属変数に基づく選択：労働者への抑圧と経済成長

出典：Geddes（2003: 104）

係性についてのデータを提示した。図 14.1 は，1970 年当時の 1 人当たり GDP が韓国より高かった発展途上国 32 カ国についてのデータ（Geddes 2003: 104）を再現したものである。この図の回帰直線が平らなことからわかるように，2 つのデータに線形関係は見られない（直線の傾きは 0.09，R^2 は 0.003 である）。そのため，図 14.1 の散布図を見たとき，ゲディスには労働者への抑圧と経済成長が無関係なものに**見えた**のである [2]。

しかし，このデータを集合論の観点から見ると，労働者への抑圧と経済成長の間に重要な関係性が存在する可能性も示される。このデータには空白域がある。その点に着目すると，図 14.1 の左上の象限に観察が 1 つも存在しない部分が際立って見える。この空白域は「労働者への抑圧は高度経済成長の必要条

---

[2] ここからすぐに思い浮かぶ懸念として，ゲディスの議論を踏まえると，定性的研究者が標本の切り捨てによる選択バイアスによって本当の関係性の強さを**過大評価**してしまうのではないかと思われるかもしれない。しかし，実際には，2 つの変数に関するデータを用いた場合に標本を切り捨てると，選択バイアスによって 2 つの変数の関係性は弱くなってしまう。

件である」という仮説が成り立つときに現れると期待できる部分なのである。そのため，このデータは，線形関係に基づく仮説を裏付けることはないが，必要条件に基づく仮説には合致しているように見える。高度成長を達成した事例にはいずれも，少なくとも中程度の労働者への抑圧が見られる（一方，唯一の事例として，メキシコは労働者への抑圧の平均をわずかに下回りながら高度成長を達成している）。そのため，この母集団において，少なくとも中程度の労働者への抑圧が存在することは，持続的な高度成長の必要条件と言えるかもしれない。集合論に基づく因果モデルを想定する定性的研究者なら，データのこうした側面に気づくはずである。

　興味深いことに，労働者への抑圧を持続的な高度成長の原因として主張したそもそもの研究者の議論に立ち返ると，彼らがその関係性を線形の共変動パターンではなく必要条件として考える傾向にあったことがわかる。たとえば，フレデリック・ディーヨは，「規律がとれた低賃金労働者は……経済発展の前提条件である」(Deyo 1987: 182) と述べ，ヘイゲン・クーは，「工業労働者の統制と規律は……国内の資本家に対する事業の信頼感を増大させつつ，外国の資本家への有利な投資環境を整えるために周縁国家が提供しなければならない条件の 1 つである」(Koo 1987: 174) と主張した。これらの引用文には，必要条件に関する古典的な表現（「前提条件」，「提供しなければならない」）が用いられている。そのため，ゲディスのデータは，何人かの研究者が新興工業化諸国について実際に提示した仮説と合致しているようにも見えるのである。

　要するに，事例選択の問題はモデルに依存するのである。つまり，分析対象となる仮説の実証的含意を検証できるような事例を選択しなければならない。必要条件に関するモデルを提示するなら，$Y=1$ の事例を選択するという戦略が望ましい。十分条件に関する仮説に関心があるなら，通常，$X=1$ の事例が最適である。しかし，加算・線形モデルを想定した仮説を取り上げるなら，このような事例選択は適していない。

3. 事例選択の戦略

　本節では〔事例選択に関する〕いくつかの論点を模式的に表した具体例とし

第 14 章　事例選択と仮説検証

表 14.1　事例選択のセル

	$X=0$	$X=1$
$Y=1$	(0,1)	(1,1)
$Y=0$	(0,0)	(1,0)

て，表 14.1 を用いて議論を進めたい。この表に含まれるのは，原因を表す変数 X と，結果を表す変数 Y という 2 つの二値変数である。原因は存在しないが結果は存在する (0,1) のセルは，必要条件のセルと考えることができる。必要条件が成り立つにはこのセルが空でなければならないからである。これに対して，原因は存在するが結果は存在しない (1,0) のセルは，十分条件のセルである。十分条件が成り立つにはこのセルが空でなければならないからである。そして，(1,1) のセルは，原因と結果がどちらも正の値をとる〔原因と結果が存在する〕事例に該当し，(0,0) のセルは，原因と結果がどちらも存在しない事例に該当する。

(1) 無作為選択

　定量的文化に見られる事例選択の標準戦略は，無作為選択（random selection）である。大量の事例を選択するなら，この戦略には多くの利点がある。最も基本的な利点として，無作為選択を行うと，事例選択の手続きが因果モデルのどの変数とも相関関係を持たなくて済む。表 14.1 の観点から見れば，大量の事例を無作為選択したら，最初から特定のセルを重視しなくて済むのである。統計モデルを検証する場合，まさにデータがそのように分布していることが望ましい。

　しかし，視点を少数事例研究の標本へと移すと，無作為選択の有用性には異論も出てくる。ジェイムズ・フィアロンとデイヴィッド・レイティンは，回帰分析の結果についての因果メカニズムを論じるときにも少数の事例研究の対象を無作為選択することを推奨した（Fearon and Laitin 2008）。彼らは，無作為選択でなければあまり説得力が得られない理由として，研究者が仮説を裏付けるためにあらかじめ熟知している事例を「選別した」のではないかという疑いを払拭できないことを挙げている。加えて，豊富なデータや知識がそろってい

るという理由だけで事例を選択すると，代表性に関する問題も生じてしまう。彼らは，独立変数や従属変数の特定の値に基づいて観察を選び出すという戦略に対しても，この代表性の問題が当てはまると考えた。こうした問題を回避し，より客観的な検証を進める方法として，事例研究者に対して乱数生成ソフトを用いて事例研究の対象を選択するよう推奨した[3]。

しかし，定性的研究者がこうした無作為選択という戦略を事実上採用していなくても，それは意外なことではない[4]。彼らは，特定の変数の値を踏まえつつ，事例を意図的に取捨選択する。このような戦略が採用される大きな理由の1つは，ほかの事例と比べてある特定の種類の事例を因果モデルの検証に用いたほうが議論の説得力が高まるからである。

必要条件に関する仮説を検証しようとする研究者のことを考えてみたい。この場合，表14.1の中で特に重視されるのは (0,1) のセルである。このセルに事例が存在したら，それはどれも反証事例になる。そのため，研究者がこうした事例を詳しく調べ，本当に仮説を反証するのか否かを確認するのは当然のことである。さらに，測定誤差が生じていないか，予期しない因果メカニズムが存在するのではないかという点を考察していく。

もう1つ重視されるのは (1,1) のセルである。このセルに該当する事例には，必要条件と結果を結び付ける因果メカニズムの存在が期待できる。定性的研究者は，この期待が成り立つか否かを確認するため，(1,1) の事例を集中的に検討する。定性的分析の主な目的は概して $Y=1$ の事例を説明することである。そのため，定性的研究者が，必要条件と思われる原因が存在する $Y=1$ の事例を詳しく調べようとするのは当然のことである。

必要条件は存在しても結果は存在しない (1,0) のセルは，あまり役立たないが，それでも因果メカニズムの探求に役立たせることはできる。このような事例に関しては，障害となっている要因の除去や，機会となりうる要因の拡大によって，必要条件が因果的な働きをすること，つまり，結果が生じうること

---

3 Herron and Quinn (2009) は，さまざまな事例選択戦略の良し悪しを考察し，ほとんどの意図的な事例選択戦略と比べて無作為選択のほうがうまくいくことを見出した。

4 King, Keohane, and Verba (1994: 125) が論じるように，「定性的研究者は，無作為選択によって重要な事例をとりこぼしてしまう危険を冒さないよう，往々にして無作為選択という考え方を（適切に）避けようとする」。

第 14 章　事例選択と仮説検証

を期待できるかもしれない。この場合，必要要件となる原因は結果をもたらす機会がありながらも実際には結果をもたらすことはなかったが，そのような機会の存否自体を確認するには適している。しかし，実際の結果の発生はほかの重要な原因の欠如によって妨げられているため，必要条件に関する因果メカニズムを確認しにくいことが難点である。

　最後に，(0,0) のセルに関する定性的研究者の立場は非常に両義的である。定性的研究者の考え方は，このセルをめぐって大きく2つに分かれるのである。第一に，$X=0$ の事例を選択することは必要条件に関する仮説を検証するのに役立つと見なされる。必要条件に関する仮説は，こうした事例に対して「Y は生じない」という明確な予測を立てるからである。第二に，こうした事例のほとんどは，必要条件に関する仮説の検証とはあまり関係がないと見なされる (Braumoeller and Goertz 2002; Clarke 2002; また，Seawright 2002 も参照)。具体的に言えば，無作為選択を採用した場合，(0,0) のセルは特に問題を生じさせる可能性が高い。定性的研究では，事例の大多数がこのセルを占めるため，無作為選択をしてしまうと，(0,0) の事例が多く選ばれてしまう。このセルに多くの事例が該当するのは，一般的に定性的研究者がめったに起こらない結果を分析対象として取り上げるため，$Y=0$ の事例数が $Y=1$ の事例数を大きく上回ってしまうことが理由である。(0,0) という問題含みのセルに該当する事例の合計数は必要条件 X の分布に左右される。しかし，通常，研究者はあまり広く存在しない必要条件を分析対象とするため，最も多くの事例が (0,0) のセルに該当することになる[5]。

　定性的文化にこのような研究の進め方が見られるのに対して，マイケル・ヘロンとケヴィン・クインが見出したように，極端値や異常値に基づく事例選択の戦略は，統計学的な仮説検証に最も役立たないと見なされている (Herron and Quinn 2009)。彼らは，表 14.1 のような四分表を用い，事例がまばらにしか存在しないセルから分析対象を選択するという戦略は避けるべきであるとい

---

[5]　これに対して，定性的研究者が十分条件について研究する場合，説得力の最も高いセルの種類は微妙に異なる。特に重視されるのは (1,0) のセルである。このセルに観察が存在したら，その観察はどれも仮説の反証になるからである。(1,1) のセルに該当する観察の有無を確認することが重視される点は変わらない。さらに，(0,0) のセルに該当する事例は，十分条件に関する仮説の検証には概して関係なく，通常，事例研究の分析対象に選ばれることはない。

う結論に達し，次のように論じた。「純粋に統計学の標本抽出の観点から見ると，母集団全体を代表していない事例に特段の注意を払っても徒労に終わる。こうした事例は，探索的分析や理論構築には役立つかもしれないが，母集団レベルの平均因果効果についてその事例から得られる情報量は，おのずから限られている」(Herron and Quinn 2009: 13)。しかし，前述のように，集合論に基づく仮説を判断するのに最も役立つのは，通常，事例がまばらにしか存在しないセルである。たとえば，必要条件に関する仮説を分析するときに最も役立つのは (0,1) のセルであるが，それは「母集団全体の代表」ではない。必要条件に関する仮説を踏まえたら，そのセルは空のはずだからである。さらに，該当する観察数が最も多くなりやすいセル，つまり，(0,0) のセルは，分析に最も役立たないと考えられる。

　要するに，事例選択は因果モデルや研究目的に左右される，というのが本書の主張である。ヘロンとクインの議論 (Herron and Quinn 2009) に明示される分析の組み立て方は，平均処置効果を研究するという考え方に基づく。そのため，彼らの結論と助言は，その特定の研究目的と分けて考えることはできない。同じく，定性的伝統における事例選択の進め方に関する本章の議論は，集合論に基づく仮説を研究するという考え方に基づく。定性的研究の事例選択の進め方は，その文化の文脈においてのみ意味を持つのである。

(2) 実質的に重要な事例

　事例選択に関するもう1つの問題は，ある事例群を分析に役立つと判断した後にその中のどの事例を〔特定の分析対象として〕選択すべきなのかという点である。具体的に言えば，定性的研究者は (1,1) のセルに該当する事例の中のどの事例を選択すべきなのか。フィアロンとレイティンの助言 (Fearon and Laitin 2008) を踏まえると，その事例群の中で無作為選択を採用したらよいかもしれない。この助言も，重要な事例は**分析以前**には存在しないという多数事例研究の考え方に基づくものである。無作為選択は，意図的にせよ，そうではないにせよ，望ましい分析結果を裏付ける事例のみを選別してしまうことを避けるのに役立つ。

　しかし，定性的研究者なら，(1,1) のセルのように，分析に役立つセルから

第 14 章　事例選択と仮説検証

事例を選ぶときでさえ，決して無作為選択を行わないだろう。むしろ，豊富な知識がそろっている事例や，そうした知識を容易に集められる事例を選択することが多い。定性的文化においては，1つの事例についての知識が増えるほど，事例過程分析（第Ⅱ部を参照）に大いに役立ち，妥当な推論を立てるための機会も高まるのである。

　定性的研究者は，事例に対する専門知識の価値を重視するだけでなく，事例の「実質的な重要性」に違いがあると考える。無作為選択を採用すると，通常，実質的に重要な事例（substantively important cases）が選ばれる確率は低くなってしまう。概して，実質的に重要な事例とは，特定の現象が見られる「理念型」や有名な具体例を指す。同じく，規範的関心の高い事例や，重要な政治的役割を果たす事例も，実質的に重要な事例として扱われることもありうる。

　優れた定性的理論とは実質的に重要な事例を説明できる理論のことである。もしそうした事例を説明できなければ，それは優れた理論とは言えない。結局のところ，事例を説明することが研究目的であるなら，重要な事例を説明できる理論は高い評価を受けるべきであり，あまり重要ではない事例しか説明できない理論は低い評価しか受けられないのである。この点をわかりやすく示す具体例として，ジャック・ゴールドストーンは，マルクス主義理論がフランス革命をうまく説明できなかったことを次のように論じた。「マルクス主義の見方はほかの事例には成り立つのかもしれないが，その知見が，歴史的に最も重要な革命の1つ（すなわち，当時最も巨大で，最も影響力があり，最も模範とされた国々の1つに起こった革命にして，頻繁にマルクス主義理論の模範例と見なされていた革命）に成り立たないのなら，その理論の価値に対する信頼も大きく揺らぐことになるだろう」(Goldstone 2003: 45-46)。

　これに対して，仮説検証の際にはすべての事例をアプリオリに等しく重視すべきであるというのが，統計学の観点から見たときの規範である。この場合，特定の事例を説明することではなく，大規模な母集団における因果効果を一般化することが研究目的であるため，特定の事例に特にこだわる理由はない。社会革命に対する変数の効果を推定しても，フランス革命が特別視されるわけではない。〔理論が〕ほかの多くの事例によって裏付けられるなら，フランス革命の状況と一致しなくても，特に問題にはならない（が，少なくとも問題にな

ったとしても，その問題の大きさはボリビア革命などのほかの事例〔と一致しないとき〕と同等である）。そのため，実質的に重要な事例に対する定性的文化の関心の高さは，定量的文化の観点から見たら奇妙に映るだろう。

(3) 事例比較分析の証拠を用いた事例選択

複数手法的研究の場合，事例研究の対象を選ぶための標準的な戦略は，事例比較分析の証拠を用い，特に分析に役立つ事例を突き止めるという方法である。ほとんどの複数手法的研究が想定するのは，初めに多数事例の統計分析を行い，次にその分析結果を踏まえて事例研究の対象を突き止めるという手順である（たとえば，Lieberman 2005; Seawright and Gerring 2007; 2008）。無作為選択の場合と同じく，事例研究の対象は，分析対象の代表性と多様性を理由に選び出される。この場合，事例研究は，厳密に定義された大規模な母集団に関する一般化に役立てるために行われると想定される。この文脈において，事例研究は，統計モデルの精緻化と検証の両方に役立つと見なされる。

複数手法的研究で提案される事例選択の戦略にはさまざまな選択肢がある（たとえば，Seawright and Gerring 2007 で提案されるのは9つの選択肢である）。複数手法的研究の想定では，事例研究の分析手法として定性的研究が必要になるとはいえ，その一連の分析の起点と終点に位置するのは，あくまでも統計モデルの変数の効果を推定するという作業である。それゆえ，**事例選択**の手順は，完全に統計モデルに依存する。たとえば，「典型」事例，つまり〔回帰直線の〕「線上」に位置する事例（on-line case）を選択するという戦略をとるなら，従属変数の〔実測〕値と回帰分析の予測値がおおむね一致した，残差の少ない観察を見つけ出すという作業が必要になる。「逸脱」事例，つまり〔回帰直線の〕「線から外れた」事例（off-line case）を選択するなら，従属変数の〔実測〕値と回帰分析の予測値が近似しない，残差の大きい事例が求められる。この種の事例研究は，回帰分析を補足する分析手法として必要不可欠であり，その理由は複数手法的研究の応用例によってうまく説明できる（Collier, Brady, and Seawright 2010b）。

それでは，定量的研究に基づく複数手法的な事例選択の戦略の中で，どの戦略が集合論に基づく仮説を探求する定性的研究に最も役立つだろうか。まず，

第14章 事例選択と仮説検証

　このような戦略は、そもそも定性的研究とは無関係と見なすことができるかもしれない。その分析手法のほとんどは、必要条件やINUS条件に関する仮説にはあまり馴染まない。さらに、定性的研究の中には、幅広い母集団に関する一般化をそもそも目指していない研究もある。分析対象の射程が限られていること（「射程」の章を参照）を踏まえると、定性的研究者は、母集団に含まれる多くの事例やすべての事例を事例研究の対象にすることもある。そのため、幅広い母集団から事例研究の対象を選択するという考え方自体が当てはまらないとも言えるのである。

　しかし、その一方、このような手法の中には、集合論に基づく仮説を論じる定性的研究へと拡張できるものもある。線上の事例や、線から外れた事例を用いるという基本的手順は、修正したら集合論の文脈にも応用できる（Schneider and Rohlfing 2010 を参照）。その一例として、図14.1のゲディスのデータを振り返ってみたい。「少なくとも中程度の労働者への抑圧は高度成長の必要条件である」という仮説は、おそらくメキシコを除くすべての事例に「合致する」。しかし、その合致事例のすべてを線上の事例と見なすべきではない。原因と結果の存在を強く示す実例こそが正真正銘の線上の事例なのである。そのため、「典型事例」の最良の候補と言えるのは、右上の象限に位置する事例である。ゲディスのデータの場合、高度の労働者への抑圧と高度成長の両方が見られたのは、ブラジル、マレーシア、シンガポール、韓国、シリア、台湾の6つであり、それらの事例こそが最良の線上の事例と言える。シリア以外の事例は NICs〔newly industrializing countries, 新興工業諸国〕に関する研究の中で取り上げられる事例としても広く知られている[6]。

　ジェイソン・シーライトとジョン・ゲリングが取り上げた複数の戦略（Seawright and Gerring 2007）のうち、おそらく最も簡単に定性的研究に応用できるのは「決定的事例」（crucial case）戦略と「経路事例」（pathway case）戦略の2つである（Gerring 2007b も参照）[7]。決定的事例は「所与の結果が最も生じ

---

[6] これに対して、散布図の左上の象限に位置する事例は、線から外れた事例や逸脱事例と見なされる（ゲディスのデータには、線から外れた事例は特段に存在しない）。
[7] シーライトとゲリングは、その後の研究（Seawright and Gerring 2008）では母集団に関する一般化という目標に主眼を置き、この2つの戦略を取り上げなくなった。

やすいか、最も生じにくい」（Seawright and Gerring 2007: 89）事例として定義される。前述の表14.1に関する議論を踏まえると、特定のセルが必要条件・十分条件に関する仮説に大きな影響を及ぼすことがわかる。そうしたセルに該当する事例は、結果が最も生じにくい（すなわち、必要条件が存在しない事例である）から、あるいは、結果が最も生じやすい（すなわち、十分条件が存在する事例である）からこそ、決定的事例と見なされるのである[8]。

これに対して、経路事例は「X_1 が存在し、かつ、X_2 が存在しない場合に正の結果（$Y=1$）が生じやすい」事例として定義される。こうした事例を対象とした事例研究の目的は、一般命題の検証ではなく、因果メカニズムの探索である。この種の事例研究は定性的研究に広く見受けられるように思われる。事例研究は、過程追跡（process tracing）によって因果メカニズムを考察し、複数の代替的議論の良し悪しを判断することを中心目標に掲げることが多い。表14.1について言えば、通常、経路事例は（1,1）のセルに該当する。この場合、個別の観察の因果過程に予想通りの働きが見られるのかを判断するため、原因（1つあるいは複数の原因）と結果の両方が存在する事例を分析することになる。この種の事例研究は、非常に広く見受けられるため、「因果メカニズムと過程追跡」の章で別途詳細に論じる。

4. 結　論

本章では、研究目的の違いによって事例選択の基準が変わることを明らかにした。定量的分析者と定性的分析者は、そもそもの研究目的が異なるため、事例選択の最良の戦略に対する考え方も異なるのである。

第一に、定量的文化で強く望まれるのは無作為選択であり、それは多数の事例を選択する手法として最適である。この事例選択の戦略を採用すると、四分表の特定のセルを重視しなくて済むため、統計分析のバイアスを回避できる。

---

[8] 決定的事例戦略は、定性的研究に広く見られるが、つねに統計分析の補足として役立つとは限らない。Herron and Quinn（2009）は、シーライトとゲリングの各種の戦略を評価する際、決定的事例戦略の一種に対して否定的な評価を下し、結果についてあらかじめ豊富な知識が必要になるため「うまくいかない」と指摘した。

しかし，集合論に基づく仮説を研究するなら，特定の事例群を重視することが求められる。四分表のすべてのセルが同じ説得力を持つわけではないからである。そのため，定性的研究者は，特定のセルから標本を選び出すことを特に重視する。

　第二に，ある事例群を分析に役立つと判断した後，定性的研究者は，専門知識がそろい，事例過程分析を最も効率的に進められる事例に引き寄せられることが多い。そのうえ，実質的に重要な事例を重視することが多い。これは定量的研究との大きな違いである。定量的研究は，規範的・歴史的な見地から特定の事例を重視するということはない。この2つの伝統の違いは双方の研究目的の違いに由来する。定性的研究者は，特定の事例を説明するにあたって一部の特別な事例に大きな関心を払う。これに対して，定量的研究者は，大規模な母集団の枠内での平均効果を推定するにあたって特定の事例のみに焦点を絞ることはない。

　最後に，定量的研究に基づく複数手法的研究は，平均効果に関する多数事例の仮説を判断するのに役立つ事例選択の戦略をさまざまに提示する。しかし，その戦略の多くは，集合論的関係を考察する定性的研究へと何の支障もなく拡張できるわけではない。一概に「典型」事例や「逸脱」事例を選択すると言っても，その事例の意味は検証対象の因果モデル次第で変化する。統計モデルを用いるなら，この種の事例は残差との関係から定義できる。集合論に基づく仮説を考察するなら，典型事例は，原因（あるいは原因の束）と結果の両方が存在する観察のことを指す。逸脱事例は，結果は存在しても原因は存在しない観察（必要条件の仮説の場合）や，原因は存在しても結果は存在しない観察（十分条件の仮説の場合）のことを指す。このように，統計モデルを用いるか，それとも，集合論モデルを用いるかによって，典型と逸脱の意味そのものが変わってしまうのである。

5. 推薦文献

　統計分析の選択バイアスを扱った古典的研究としては Heckman（1976; 1979），Maddala（1983），Achen（1986），Manski（1995）を参照。Stolzenberg and Relles（1990）は一部で指摘されるほど統計分析の選択バイアスが深刻な問題ではないという見方を提示する。選択バイアスの考え方を用いて定性的研究者を批判する研究例としては Achen and Snidal（1989），Geddes（1990; 2003），King, Keohane, and Verba（1994: chap.4）が挙げられる。その批判に対する反論としては Collier and Mahoney（1996），Collier, Mahoney, and Seawright（2004）を参照。

多数事例研究における無作為選択の強みを手短に論じた議論としては King, Keohane, and Verba（1994: 124）が挙げられる。少数の事例を無作為選択することを推奨する議論は Fearon and Laitin（2008），Herron and Quinn（2009）に見られる。複数手法的研究の中で事例選択を扱う重要な研究としては Lieberman（2005），Seawright and Gerring（2007; 2008），Rohlfing（2008），Sekhon（2004）が挙げられる。集合論に基づく仮説を検証するための事例選択は Braumoeller and Goertz（2002），Clarke（2002），Freedman（2010b），Mahoney and Goertz（2004），Ragin（2000），Schneider and Rohlfing（2010），Seawright（2002）で論じられている。

第15章
一 般 化

> 一般化する（Generalize）：1.（a）一般的な形，一般的な種類，一般法則などに変える，（b）形の定まらないもの，特別な形を持たないものとして表現する，2.（a）特定のものから推論する，（b）推論や一般的な結論を導き出す，3.（a）一般的・普遍的に適用可能にする，（b）普及させる。
>
> The American Heritage Dictionary of the English Language

> 被覆法則の少なさは困りものである。特に，生物学，心理学，社会科学の領域には，詳細な説明を導き出せるような，観察可能な実証的規則性はほとんど存在しない。
>
> ピーター・ヘッドシュトロム，ペトリ・ウリコスキ

1. 序　　論

　世界を一般化したいと思うのは社会科学者の常である。時間と空間の垣根を越えて応用できる概念，モデル，理論を生み出すことこそが，研究作業の中心目標である。しかし，哲学の文献を紐解いても，社会科学の方法論の研究を調べても，一般化が特定の形をとりうることについて多くは語られない。そこで，本章では，定量的文化と定性的文化で典型的に用いられる一般化の方式を比較していく。

　真っ先に取り上げるべきなのは「一般化」が何を意味するのかという疑問である。記述的一般化（descriptive generalization）と因果的一般化（causal generalization）の違いは広く知られている（たとえば，King, Keohane, and Verba

1994)。まず，記述的一般化に概して必要とされるのは，母集団全体における事象の状態を「記述」できる1つの変数である。たとえば，世論調査を実施し，その調査結果を用いたら，その調査実施日にアメリカ人の50％がオバマ大統領に好感を抱いていたと一般化することもできる。これに対して，因果的一般化につねに必要とされるのは，AやBという，少なくとも2つの変数である。母集団全体におけるAとBの関係性について，その形と強さを因果的一般化によって明確に定めることができるなら理想的である。

　定性的文化と定量的文化のそれぞれに属する研究者は，因果的一般化について異なる形を想定し，どのようなものを厳密な一般化と見なすのかについて異なる考え方を持つ。定量的研究者は，関連性（association）や平均処置効果（average treatment effects）という概念を用いて一般化を考える。そのため，一般化の厳密さは，関連性や処置効果の大きさに左右される。

　これに対して，定性的文化では，因果的一般化として「すべてのAはBである」や「すべてのAはBではない」という集合論に基づく形が想定されることが多い。もちろん，一般化に当てはまらない事例が少数存在することもあり，その場合は「ほぼすべてのAはBである」（あるいは，ほぼすべてのAはBではない）や，「事実上すべてのAはBである」（あるいは，事実上すべてのAはBではない）という表現が用いられることもある。たとえば，民主主義体制下の国々に決して大量虐殺が起こらないことに注目する研究者がいたとしたら，その知見から「大量虐殺が起こるすべての事例は非民主主義体制の事例である」という一般化を導き出すことができるかもしれない。

　このように，厳密な（因果的）一般化の意味は文化の違いによって異なる。定量的文化においては，一般化の厳密さは，変数間の関連性や処置効果の高さを意味する。定性的文化においては，一般性の厳密さは，一方の範疇の要素を有することがもう一方の範疇の要素を有するために必要不可欠であること〔必要条件の場合〕と，一方の範疇の要素を有していたらもう一方の範疇の要素をほぼ確実に有すること〔十分条件の場合〕を意味する。

　この2つの文化のうち，一方の文化に典型的に見られる一般化をもう一方の文化〔に属する研究者〕が理解し，分析するのは難しい。定性的手法が，相関，関連性，平均処置効果を見出すことに適さないのに対して，標準的な統計的手

法は，集合論的一般化を研究することには適さない。本章では，ほぼ完全な形での集合論的一般化の具体例が社会科学の研究分野に非常に多く存在することを示したい。このことを意外に思われる読者もいるかもしれないが，集合論的一般化は定性的研究の文脈では納得できることなのである。

2. 定性的一般化

定性的研究は，集合論上の関係性と必要条件・十分条件を密接に関連づけて考える。「すべての A は B である」という表現を集合論の言葉で表すと「A は B の部分集合である」という形になる。これを論理学の言葉で表すと「B は A の必要条件である」という形になる。興味深いことに，これらの一般化の表現は被覆法則（covering law）の基本形と通底する。たとえば，民主主義国間の平和に関する因果的一般化は，以下のように，被覆法則の標準形〔三段論法〕（たとえば，Hempel 1942; Woodward and Hitchcock 2003）へと簡単に変換することができる。

> 民主主義国同士は戦争を起こさない。
> アメリカ合衆国とカナダはどちらも民主主義国である。
> **それゆえ，**
> アメリカ合衆国とカナダは戦争を起こさない。

科学哲学上，法則は集合論的一般化の形をとることが多い。たとえば，デイヴィッド・アームストロングは「自然法則」に関する有力な分析（Armstrong 1983）において「すべての F は G である」という法則の形を被覆法則と見なす考え方に焦点を絞って議論を展開した。正確に言えば，「すべての A は B である」や「すべての A は B ではない」という厳密な一般化は，被覆法則の候補になりうるということである。

もちろん，読者の中には，「すべての A は B である」や「すべての A は B ではない」と言えるほど厳密な一般化は（おそらく自然科学には存在したとしても）社会科学にはめったに存在しないか，全く存在しないのではないかと思

第IV部　研究設計と一般化

う人もいるだろう。しかし，研究を進めたり，文献を読解したりすると，このような集合論に基づく実証的一般化の具体例を日常的に見つけることができる。以下の一覧は，筆者2人の関心に沿って，国家間紛争，内戦，民主主義，経済発展などの研究テーマに見られる具体例を抜き出したものである。「すべてのAはBである」や「すべてのAはBではない」という一般化に類する表現を強調するため，それぞれ関連する表現を囲み文字によって表記した。

普通選挙権の導入は（アメリカを除く）ほぼすべての国々に社会主義政党の伸張をもたらした（Duverger 1955: 66）。

民主主義国に飢饉は起きない（Drèze and Sen 1989 の知見を要約）。

裕福な民主主義国の（ほぼ）すべてにおいて権威主義への移行は起こらない（Przeworski et al. 2000 の有名な知見を要約）。

第一次世界大戦以降，弱い制度しか備えていない（かつ）不完全な民主化途上国の中で，対外戦争に参加した国，ひいては対外戦争に着手した国は1つもない。……1945年以降，弱い制度しか備えず，不完全な形で民主主義への移行を経験した63カ国のうち，対外戦争に着手した国や，対外戦争勃発時から参加した国は1カ国も存在しない（Narang and Nelson 2009: 363）。

最終的に一般化すると，快楽のためにマリファナを使用する人物について，筆者の知る限りすべての事例で一連の態度の変化が見られた，と主張できる（Becker 1953: 236）。

本稿は，少なくともラテンアメリカには（人権）裁判を採用したことが原因で民主主義を損なう結果になった国は1つの事例も存在しないことを明らかにした（Sikkink and Walling 2007: 442）。

第15章 一般化

組織化した労働者階級は，ほぼすべての国々において，完全な民主主義へと発展していく中で重要なアクターとして登場した。ただし，小自作農諸国の一部に見られた，ごく少数の農民中心の民主主義の事例は例外である（Rueschemeyer, Stephens, and Stephens 1992: 270）。

本稿で取り上げた変化のすべてが経済危機にともなって起きたことはたしかに偶然とは言えない。このパターンからうかがえるように，経済危機は権威主義体制の崩壊にとって十分な誘因とは言えないまでも，必要な誘因と言えるかもしれない（Bermeo 1990: 366）。

実際，第二次世界大戦終了以降，大統領の所属政党が所得格差に与える効果には著しい一貫性があることがわかる。この時期，共和党所属の6人すべての大統領の政権下で所得率〔の格差〕は80対20の割合で増大した。これに対して，民主党所属の5人の大統領のうち，ジミー・カーターを除く4人すべての政権下では所得格差は低下した（Bartels 2008；この文章はTomasky 2008: 45 の引用に基づく）。

第一に，東アジアで核兵器を追い求めたのは，国際化に頑固に反対する国々だけであった。……第二に，中東で核開発に着手したのは，いずれも輸入代替政策と比較的閉鎖された政治経済の舵取りを行う指導者であった（Solingen 2008: 18）。

過去20年間に自爆攻撃を決行したすべての集団には大きな目標があった。……テロリストは，自分の祖国と見なした領域に軍隊を駐留している外国を脅し，その領域から軍隊を引き揚げさせるという目標を掲げた（Pape 2005: 21）。

2001年から2005年に起きた38件の武力紛争のうち，富裕国の第三・四分位〔上位25％〕に位置する国々で起こった紛争はわずか1件だけである。それはつまり，2001年9月11日に起こったアルカイダのアメリカへ

223

第Ⅳ部　研究設計と一般化

　の攻撃である（Buhaug and Gleditsch 2008: 218）。

　これらの一般化の中には有名な議論も含まれている。実際，社会科学の最も重要な知見の多くは，集合論的一般化なのである。このような集合論的一般化という一般化の形に注意を払ってみると，ほかに多くの具体例を見つけ出すことも難しくない。

　ジョン・スチュワート・ミルの一致法（method of agreement）と差異法（method of difference）は，定性的方法論において，個々の変数間に見られる集合論上の関係性を研究するための手段として位置づけられる。因果的一般化を組み立てる場合，すべての $Y=1$ の事例を考察し，Y が発生したときにつねに存在すると考えられる共通要因 X が各事例に存在するかどうかを確認することが自然な手順である。これは一致法の標準的な組み立て方である。本章の表現を踏まえると，「すべての $Y=1$ は $X=1$ である」という立言が成り立つ Xs を探求する手法こそが一致法である。たとえば，ハワード・ベッカーの有名な論文は，このような一致法が見られる典型例である。彼は，快楽のためにマリファナを吸引した人物に焦点を絞り，その諸個人全員に共通する一連の行動を発見した。

　上記のような研究例の著者の多くは，集合論的一般化を，因果関係を反映したものとして解釈する。たとえば，ナンシー・バーミオは，経済危機と権威主義体制の崩壊との間に因果関係が成り立つと考え，その見解を下支えするために集合論に基づく実証的一般化を行った。もちろん，その因果関係に関する解釈を確証するには，事例過程分析（within-case analysis）や過程追跡（process tracing）によって，さらに分析を進める必要がある。しかし，ある変数が別の変数の原因になるという考え方がそもそも一般化という作業自体に裏打ちされているのである。

　そして，最後に強調しておくと，このような〔定性的〕一般化を行う研究者は，その一般化が一定の文脈にしか成り立たないという前提に立つ。実際，定性的一般化の射程はかなり狭いことが多い（「射程」の章を参照）。もちろん，定性的一般化の多くには例外の余地もある。そのため，綿密に集合論に基づいた一般化を提示したとしても，研究者はそれをいっさいの例外の余地のない普

第15章 一般化

表 15.1 集合論的一般化：体制変動の強制後の指導者の末路

	国内から強制された体制変動	外国に強制された体制変動
処罰を受けた	27	22
処罰を受けなかった	182	0

出典：Goemans（2000）

遍法則とは考えないのである。

3. 集合論的一般化と四分表

集合論的（因果的）一般化は，2つの変数が必要になるため（本節の議論の目的上，変数や概念を二値と見なすと）四分表で簡単に表すことができる。その具体例として表 15.1 を用いたい（次節でも引き続き用いる）。この表は，国際的危機や戦争の末期に指導者がどのような末路をたどるのかという点を論じたヘンク・グーマンズの研究（Goemans 2000）を表したものである。従属変数は，戦争終了時に指導者が「処罰」（つまり，国外追放，投獄，処刑）を受けるか否かであり，分析対象として重視された独立変数は，外国軍がその国の旧体制を打倒したか否かである。表 15.1 は，この2つの変数の関係性を整理したものである。

その表を見ると，厳密な定性的一般化を簡単に見つけ出す方法があることがわかる。つまり，2×2 の四分表，ひいては $N \times N$ の表から空のセル（あるいはほぼ空のセル）を探すことである。もしそのようなセルが存在したら，表で示した変数間の中心的関係を「すべての A は B である」や「すべての A は B ではない」という形へと組み立て直すことができる。グーマンズの分析の場合，「外国に強制された体制変動のすべての事例において旧体制の指導者は処罰を受けた」という形で一般化できる。

四分表を用いた集合論分析と統計分析の議論の違いについては「数学的序論」で詳しく論じたため，本節では2つの要点を整理するだけに留めたい。

1. 集合論上の関係性を統計的関連性の測定基準と照合すると，測定基準

次第でその関係性に対する解釈も変化する。χ^2 や τ_b のように，広く見受けられる四分表の測定基準を用いたら，集合論上の関係性は，有意であってもあまり強くはないと見なされるだろう。これに対して，オッズ比という関連性の測定基準を用いたら，非常に有意かつ強い関係性が見出されるだろう。
2. 統計学上の測定基準は，通常，「すべての X は Y である」という一般化と「すべての Y は X である」という一般化を区別しない。具体的に言えば，オッズ比では十分条件と必要条件を区別できない。

ここで重要なのは，統計的検定ではデータの一定の特徴を正確には伝えられないということではなく，そもそも統計的検定が集合論的一般化の分析には適さないということである。もちろん，集合論の分析手段も，定量的文化で普通に研究されている対称的関連性の類いを分析するには適さない。

4. 統計モデル，完全予測変数，集合論的一般化

統計分析で広く知られている問題として「完全予測変数」(perfect predicators) と呼ばれる問題がある[1]。基本的に最尤法では，独立変数が結果を完全に予測したら統計学上の方程式を計算できなくなる（この点に関しては Zorn 2005 が優れた議論を展開している）。1990 年代には SAS ver.6 などの一般的な統計ソフトは，この問題を無視し，意味のない分析結果を表示することがあった。現在の統計ソフトは〔この問題が起きたときには〕警告を表示する（たとえば，SAS）か，警告を表示しながら問題の変数をモデルから除外する（たとえば，Stata）。しかし，R の場合，そのままモデルを推定してしまうため，分析者が標準誤差の異常な高さに気づくまで問題は残り続けることになる。ほとんどの研究者は，この問題を発見したら，該当する変数を除外するだけ

---

[1] 通常，この問題は統計学では「分離」(separation) の問題と呼ばれている（たとえば，Heinze and Schemper 2002）。完全予測変数とは〔標本の〕結果変数を 0 と 1 のグループへと完全に分離してしまう変数のことである。一般的に，この問題は所与の〔変数のすべての〕セルが 0 のときに生じる。

第15章 一 般 化

で済ます（Stata なら自動的に除外される）。しかし，その方法をとると，完全予測変数の逆説（Paradox of the Perfect Predictor）と名づけられるような問題が生じてしまう。

完全予測変数の逆説：最も大きいだけでなく，普通に考えたらはるかに大きな因果効果を持つ変数はモデルから除外される。

〔統計学の文化に属した〕研究者は，その関係性の異常な強さに関心を寄せるのではなく，むしろ，解決すべき統計学上の問題と見なす。この「問題」への対処方法[2]はいくつか存在するが，最も広く用いられているのは，該当する変数をモデルから除外するという方法である。たとえば，統計モデルから特定の項を除外する場合，次のように正当化されることもある。「ICOW のデータを用いるにはモデルの指定をいくらか変更する必要がある。核兵器の状態に対する交互作用項をモデルから除外するのは，その変数が 0 の値のときに従属変数の 0 の値を完全に決定づけてしまうからである」（Gartzke and Jo 2009: 224）。

表 15.2 は，グーマンズのデータに関するクリストファー・ゾーンの分析結果（Zorn 2005）である。表 15.1 に示したように，この場合の完全予測変数は「外国に強制された体制変動」である。そのパラメーターの推計値は 8.4×10^9 である。これはつまり，外国の介入を受けて失脚した指導者が処罰を受けるオッズは，そうした介入を受けずに失脚した指導者より 8,400,000,000 倍高いことを意味する。彼は，このような無限とも言える推定値（計算上は 8.4×10^9 という値）が出てしまうのは異常であると考え，より少ない値を算出する方法を提示した。その修正方法を用いたら，「外国に強制された体制変動が戦後の指導者の末路に与える影響について従来より信頼性の高い全体像を提示できる」（Zorn 2005: 167）と主張した。より「現実的」なモデルを用いたら，オッズ比は「わずか」243 になる（表 15.2 を参照）。しかし，243 という係数の値は 84 億と比べたら低いが，それでもまだ高く，分析結果の意味合いは実質的に

---

2 Zorn（2005）は，このような変数のパラメーターに関して「より穏当」な推定値を得るための方法をいくつか論じている。この問題をベイズ主義の手法によって対処するなら，尤度方程式を計算できるよう事前確率を用いることになる。

表 15.2 完全予測変数：外国に強制された体制変動

変数	最尤法 $\hat{\beta}$	オッズ比	罰則付き最尤法 $\hat{\beta}$	オッズ比
定数	−2.96	—	−2.87	—
	(.46)		(.44)	
ほかの小国の敗戦国	.85	2.3	.85	2.3
	(.66)		(.63)	
ほかの大国の敗戦国	3.36	28.8	3.20	24.5
	(1.02)		(1.00)	
小国の敗戦国（混合体制）	2.69	14.8	2.61	13.7
	(.62)		(.61)	
大国の敗戦国（混合体制）	3.24	25.6	3.12	22.5
	(.89)		(.87)	
外国に強制された体制変動	22.85	8.4×10^9	5.49	243.0
	(4840.20)		(1.51)	

出典：Zorn（2005: 167）

ほとんど変わらない[3]。

　完全予測変数の問題を踏まえると，2つの文化が同じデータに対して異なる反応をとりうることがわかる。まず，定性的研究者は，完全予測変数を分析の中心に据える傾向にある。このように完全予測変数に引き寄せられるのは，分析対象の結果についての包括的説明を提示することが彼らの研究目標だからである。これに対して，定量的研究者の分析目標は，完全予測変数以外の変数の効果を推定することである。そのような目標を立てるからこそ，完全予測変数の存在は統計学上の問題と見なされ，その問題を回避するため，変数の除外などの対応が必要になることもありうる。

5. 統制変数と完全予測変数

　観察データに基づく因果推論に関する研究の多くは，交絡変数の問題に焦点を絞って議論を進める。新しい統制変数を投入した結果，重要な統計学的知見が消えてしまうことはつねに起こりうる。そうした状況を疑う研究者なら，何

---

[3] また，完全予測変数を突き止めるもう1つの方法として，標準誤差の値の高さに着目するという方法もある。たとえば，表15.2の場合，問題となっている変数の標準誤差の値は4800より高い。

第15章 一般化

か重要な統制変数を投入し忘れているのではないかと直ちに指摘するに違いない。経済学者は，クロス・セクション，各年，各地域についての統制や固定効果など，欠落変数バイアスの問題に悩まされやすいのである。スタンリー・リーバーソンとフリーダ・リンは，この点を以下のように論じる。

> （現在の社会学の表現を用いると）従属変数に影響を及ぼす条件や要因はほぼ無限に存在する。たとえば，15個の変数を加えた複雑な分析を行うような場合，その分析に対して「16個目の変数も考慮すべきである」と提案することは現在の分析では問題なく受け入れられている。新たな要因の「統制」によって，それ以前の結論が完全に変わってしまう可能性はつねに存在する（Lieberson and Lynn 2002: 8）。

このように，統計分析の知見がモデルの指定の影響を受けやすいことを踏まえ，近年，社会科学の学術誌では「頑健性」の分析に（貴重な）ページを割くことが普通になりつつある。この頑健性に関する議論は，主要な変数の符号や統計的な有意さが揺るがないことを確認するため，分析の中心的特徴を変えたときの統計分析の知見の脆さを論じるものである。この分析の補足としてウェブサイトが活用されることも多い。

これに対して，定性的文化で発展した集合論的一般化は，本質的に2つの変数間の一般化であり，統制変数を投入する必要はない。必要条件・十分条件に関する仮説の場合，別の変数や，別の変数の組み合わせが必要条件や十分条件となる原因の効果を抑えることはない（Seawright 2002: 181）。実際，集合論的一般化は擬似相関に対しては頑健である。一般的に，新しい変数を追加して当初の関係性が消えてしまうことを危惧する必要はないのである。この点は以下のように表現できる。

> 統制変数や交絡変数では厳密な集合論的一般化を覆すことはできない[4]。

---

[4] 例外は，統制変数自体と一般化に用いた変数が完全な相関関係にある場合である。

統制変数〔の投入〕が母集団の下位群ごとに関係性を変化させる要因を探すための手法であることを思い起こすと、この知見が成り立つ理由もわかる。集合論的一般化であれば、視点を母集団全体から部分母集団に移しても〔集合論上の関係性は〕変わらないからである。もし母集団 Z においてすべての A が B であるならば、その一般化は Z のすべての部分母集団に成り立つ。母集団全体に当てはまる完全予測変数は、つねに部分母集団にも当てはまる完全予測変数なのである。

この点は、表 15.2 の完全予測変数の因果効果を見ると、直観的にわかりやすい。そのオッズ比は〔左の表では〕無限とも言える値であり、〔右の表では〕243 という非常に高い値である。ここにさまざまな統制変数を投入したり、固定効果を用いたり、モデルを別の形に修正したりはできるが、それで〔完全予測変数の〕因果効果が消えてしまうとは考えにくい。実際に完全予測が成り立っている場合、統制変数を加えても何の影響も及ぼさないだろう。集合論的一般化に当てはまらない事例がわずかでも存在したら、パラメーターの推計値は（多重共線性の影響で）低くなるだろうが、それでも、統制変数が大きな効果を示すことは一般的には考えにくい。

6. 結 論

厳密な一般化という考え方は、定性的文化と定量的文化で異なる意味を持つ。定性的文化では、厳密な一般化は「すべての A は B である」や「すべての A は B ではない」という論理形式に近似した集合論上の関係性を指す。これに対して、定量的文化では、厳密な一般化は 2 つの変数の統計的関連性が強いことや、平均処置効果が実質的に大きく、統計的に有意であることを表す。

このような一般化の種類の違いは、それぞれの文化の全体的目標の違いと密接に関係する。定性的研究者は、結果の必要条件となる要因を突き止めることなどによって、結果の包括的説明を試みることが多い。こうした研究の方向性を踏まえると、彼らが厳密な集合論的一般化を探求するのはかなり自然なことである。これに対して、定量的研究者は、特定の変数の平均効果の推定を試みる。こうした研究目標を踏まえ、厳密な一般化には、因果効果の大きさや、そ

第 15 章　一 般 化

の因果効果に関する分析結果の頑健性についての主張が含まれることが多いのである。

7. 推 薦 文 献

King, Keohane, and Verba（1994）は，定量的研究の観点から記述的一般化と因果的一般化の両方について優れた議論を展開する。集合論的一般化と定性的研究の関係については Ragin（2000）を参照。Goertz（2003c）は，必要条件に基づく理論的一般化と仮説を取り上げる膨大な研究例を提示する。統計学の標準的手法によってそのような一般化を論じることの難しさは Dion（1998），Braumoeller and Goertz（2000）で論じられている。Pearl（2000: chap.1）は，研究者が集合論的一般化では捉えられない例外を発見したときにどのように議論の焦点を確率論へと切り替えることが多いのかという点を論じる。その他，Ashworth et al.（2008），Baumgartner et al.（2009），Chapman and Roeder（2007），Cooper（1998），Doyle（1983a; 1983b），Geddes（2003），Goertz（1994），Goertz, Hak, and Dul（2013），Hale（2004），Hansen, Mitchell, and Nemeth（2008），Harff（2003），Jones et al.（2009），Levy（1988），Lipset（1959），Ostrom（2005），Ragin（1987; 2008），Ragin and Schneider（2009），Ramirez, Soysal, and Shanahan（1997），Ray（1993），Rodrick（2006），Russett（1995），Russett and Starr（2000），Ryckman and Goertz（2009），Sambanis（2008），Singh and Way（2004），Young（2008）を参照。

第 16 章

射　　程

> 仮説上の超母集団から無作為抽出された標本が研究対象であるという考え方は，陳腐であったとしてもいまだ傾聴に値する。
>
> デイヴィッド・フリードマン

1. 序　　論

　「射程」(scope) という概念は研究手法の教科書で扱われないことが多いため，初めにその具体例から話を始めたい。本章で論じていくモデルの適合と指定に関する問題は，自然科学の簡単な具体例にうまく表れている。ここで取り上げたいのは「ばねの伸びは荷重に正比例する」という物理学上のフックの法則である（Freedman 2009 もこの法則を重要な具体例として取り上げている）。ばねに「荷重$_i$」を加え，ばねの長さが「長さ$_i$」になるとしたら，この法則は以下のように表現できる。

　　長さ$_i = \beta *$ 荷重$_i + \varepsilon_i$　　　　　　　　　　　　　　　　(16.1)

古典物理学（ラプラスやガウス）において ε_i は測定誤差を表す。測定誤差とは，器具上の要因や人的要因など，測定値に真値〔真理値とは別の概念〕からのずれを生じさせるさまざまな要因の組み合わせのことである。

　式からわかるように，方程式 (16.1) は射程限度 (scope limits)〔比例限度・弾性限度〕を定めていない。そのため，この方程式は，どのような荷重を加えても，宇宙のどのような物理的環境下においても，フックの法則が成り立つと想定していることになる。ここで分析者が法則の適用可能性に 1 つか複数

の限界を設けさえすれば，射程条件（scope conditions）を導入できる。

　フックの法則に無理なく射程限度を設けるための方法は 2 つある。第一に，「一定範囲内の荷重でなければ，フックの法則は成り立たない」という主張を提示することである。物理学者には知られているが，多くの「科学法則」は極端な条件下では破綻してしまう。この場合，大きな荷重を扱うには方程式（16.1）に二次項を加える必要がある。このように考えると，フックの法則の射程は，前掲の方程式のままでは一定の閾値を下回る荷重に限定されるが，その閾値を上回る場合には，モデルの変数を調整し，法則を修正することが必要になる[1]。

　第二に，「重力の大きさが地球と同じでなければ，フックの法則は成り立たない」（つまり，地球の重心との距離の違いによって法則の性質は変化する）という主張を提示することである。これは法則を成り立たせるために必要な「文脈」（context）や「背景条件」（background conditions）を指定することを意味する。とりわけ，文脈に該当するのは方程式（16.1）で明示的に指定されなかった（つまり，省略された）1 つか複数の変数である。このような変数が存在しなければ（あるいは変数が特定の値をとっていなければ），法則として表現された関係性は成り立たない。

　このように，適用可能性が限られているからこそ，フックの法則には射程条件の設定が必要になる。観察単位の部分母集団（subpopulations）や文脈が変われば，モデルのパラメーターは変わってしまう。たとえば，ばねに非常に大きな荷重を加えたり，重力が違ったりすれば，異なる結果が生じる。普遍的な射程を持つような物理学の理論は事実上存在しない。おそらく，量子力学の基本理論を除き，すべての理論や一般法則は文脈の影響を受けやすい。すなわち，射程限度が設定されているのである。

　射程を以下のような一連の変数として考えてみるとわかりやすい。

　　射程条件 S_i が成り立つなら，処置の効果は β である。

---

[1] どのようなばねも十分な荷重を加えると最終的には壊れてしまう。この破壊点は終局限界の一種である。この限度に達したとき，法則は成り立たなくなる。

第 16 章　射　程

こうした射程条件の範囲外で実際にどのような関係が成り立つのか，それははっきりとはわからない。おそらく異なる関係性が成り立つのではないかと考えることができる。要するに，射程条件とは，因果関係の同質性に関する主張，すなわち，因果効果の働きに違いが生じないと期待される領域に関する主張なのである。

　もちろん，理論の射程は自然科学より社会科学のほうが限られている。フックの法則は〔適用できる〕荷重の範囲が広く，地球上のほとんどの文脈で成り立つため一般性はかなり高い。それに対して，社会科学のモデルは部分母集団や文脈の違いの影響を受けやすいことで悪名高い。同じモデルを事例の〔特定の〕部分母集団に適用する場合と新しい母集団に適用する場合では，パラメーターの推計値が異なってしまう可能性が非常に高いのである。

2. 因果関係の錯綜性問題に対するモデル内対応

　モデルの適合度や因果関係の錯綜性〔異質性〕(heterogeneity) の問題に対処するとき，このような射程限度を設定したくなければ，因果モデルを変更するという方法もある。本書はこうした対処方法を「モデル内」対応 (within-model responses) と名づけたい。本節ではモデル内対応として最も広く知られているいくつかの方法を概観する。後述するように，因果モデルの変更によって因果関係の錯綜性に対処するという選択は定性的研究者より定量的研究者に好まれる。これは定量的研究より定性的研究のほうに射程の狭い研究〔射程条件の設定を選択した研究〕を見つけやすい理由の1つでもある。

(1) 定量的研究の対応
　定量的研究において因果関係の錯綜性問題が生じたときの対処方法として，射程条件を設ける場合とモデル内対応の場合ではどのような違いがあるのか。この点はフックの法則の議論を用いるとわかりやすい。

$$荷重 < S_1 \text{の場合，} 長さ = \beta * 荷重 + \varepsilon \tag{16.2}$$

$$荷重 < S_2 \text{の場合，} 長さ = \beta * 荷重 + \gamma * 荷重^2 + \varepsilon \tag{16.3}$$

第Ⅳ部　研究設計と一般化

荷重が小さい場合（S_1）には簡潔なほうの方程式が用いられる。荷重が大きい場合（S_2）をも含むよう射程限度を広げたいならば，二次項を加える必要がある。方程式に二次項（荷重^2）を追加すれば〔モデルの枠外に新たな条件を設定することなく〕モデル自体の枠内で射程問題に対処できたことになる。

　射程の決定には根本的代償（Fundamental Tradeoffs）と呼びうる問題がさまざまな形で付きまとう。本章の議論は万物の法則を念頭に置いているわけではない。しかし，少なくとも社会科学において（全く新しい理論を構築するのではなく）何らかの既存理論の射程を広げようとすれば，当初の理論より修正後の理論のほうが複雑になってしまうのはほぼ避けられないだろう（Przeworski and Teune 1970）。そのため，根本的代償に直面したら，一般化の射程の増大という利益が，簡潔性（parsimony）の減少（すなわち，複雑さの増大）という損失に見合うものなのかを判断しなくてはならない。フックの法則がそうであるように，簡潔性の減少にともなう代償があまり大きくないのであれば，往々にしてモデル内対応を選択するほうが望ましい。

　ここで重要な点として，無作為化（randomization）が射程問題への対処方法として確実な方法ではないことを指摘しておきたい。簡単な具体例として，男性には正の効果を示す〔効き目がある〕が，女性には効果を示さない治療法（たとえば，薬剤）があるとしよう。この場合，射程条件として，治療法の効き目が現れる事例の範囲を規定するのは性別の違いである。この射程に気づかず，すべての被験者を対象に実験を行ったり，統計モデルを当てはめたりしたら，その治療法がすべての人間に平均的に効果を示したと誤解してしまうかもしれない。

　この問題は性別を統制変数として加えれば無理なく対応できる。数えきれないほどの哲学者や方法論研究者が強調してきたように，統制変数の追加は同質的な部分母集団を得るために重要であり，ひいては優れた因果推論を立てるために必要不可欠である。統制変数はモデル内対応の古典的な具体例である。というのも，射程変数（scope variable）を組み込むと，モデルは複雑になる（つまり，簡潔性が損なわれる）からである。こうした修正を施したモデルは以下のように表現できる。

第 16 章 射　程

$$Y = \beta_0 + \beta_1 T + \beta_2 S + \varepsilon \tag{16.4}$$

　これは S（性別）を統制しつつ T（治療法）の効果を検討することを意味する。モデルをこのように表現すると，被験者の性別の違いが議論の重要部分を占めていることがはっきりとわかる。

　広く知られているように，統制変数を投入すると独立変数（T）のパラメーターの推計値は大きく変化しうる。射程の議論の文脈で言えば，統制変数の検証は，その変数の値の違いによって定義される部分母集団内の因果関係の同質性を検証することを意味する（これを直観的にわかりやすく説明した議論としては Berk 2004: chap.1 を参照）。もし統制変数を加えてパラメーターの推計値が変わるのであれば，X が母集団全体に対して定常的な効果を与えていないのではないかと疑うことができる。上記の方程式の場合，性別に関する変数を加えたら β_1 の値は変化するだろう。これは性別の違いによって定義される部分母集団ごとに治療法の効果が異なるということを意味する。

　統制変数を加えて β_1 の推計値が変化したら，そのモデルが因果関係の錯綜性問題を抱えていることがわかる。しかし，統制変数を加えること自体は問題の解決にはならない。そのため，この手法はあくまで因果関係の錯綜性問題を抱えていることを研究者に伝える診断手段に過ぎないのである。

　むしろ，因果関係の錯綜性を把握するための方法として自然なのは，性別と治療法の交互作用を分析することである。この交互作用項の係数は治療法の効果がまさしく性別に依存していることを表している。この方法を用いると治療法の効き目が男性のみに表れることを把握できる。このように交互作用項を投入してモデルを複雑にするという手法は，直接的に射程条件を設けずに因果関係の錯綜性に対処するモデル内対応の典型例である[2]。この場合，S が特定の値をとる事例のみに分析対象を限定することなく，X の効果がいかに S に依存しているのかをモデル化することを指す。このような対処方法がうまくいくのは，射程条件になりうる変数との交互作用を示す独立変数が 1 つしか存在せず，その効果を簡潔な交互作用項によって適切にモデル化できる場合である。

---

[2] 「人格，環境，処置，結果が違っても因果関係がどの程度成り立つのかを推定することと統計学上の交互作用を検証することは概念的に似ている」(Shadish et al. 2002: 86)。

また、これとは別に、射程変数によって定義される部分母集団ごとに全体モデルを推定するというアプローチもある。たとえば、男女別々に T の効果を推定することもできる。部分母集団ごとに因果メカニズムがかなり異なると想定しているのなら、この対処方法を選択するのが賢明であろう。たとえば、国家間紛争研究の場合、分析者は、第一次世界大戦以前、第二次世界大戦以後、冷戦以後など、時期ごとに別々のモデルを推定することもある（たとえば、Senese and Vasquez 2008）。多くの変数のパラメーターは時期の違いによって大きく変化しやすい。

　ここまでの議論を要約すると、射程を制限せずに因果関係の錯綜性問題に対処するために広く用いられるモデル内対応には次の3つが考えられる。（1）統制変数、（2）交互作用項、（3）部分母集団ごとの全体モデルの推定、の3つである。とはいえ、（1）と（3）は実際には因果関係の錯綜性の存在を突き止めるための診断手段であり、射程の制限が必要になるかもしれない。射程限度を設けずに因果関係の錯綜性問題に対処できるのは原則的に（2）だけである。

(2) 定性的研究の対応

　これに対して、定性的研究者は、議論の射程を制限せずに因果関係の錯綜性問題にどのように対応できるのか。射程に制限を設けずにモデル内対応を行うことは定性的文化でも可能であるが、定量的文化と同じく、そのような対処方法を用いると、概して簡潔性は損なわれ、ひいては根本的代償が生じてしまう。

　まず、定性的文化のモデル内対応として考えられるのは、当初の集合論モデルに1つか複数の因果経路を追加するという対処方法である。その具体例として $Y=AbC+BCD$ という定性的モデルを考えてみたい。このモデルに新しい事例を追加しようとすれば、新しい因果経路の追加が必要になるかもしれない。その場合、当初のモデルは $Y=AbC+BCD+EF$ という形へと修正されるかもしれない。新たな事例のために新たな経路を追加することにどの程度価値があるのかというのは、理論の性質の違いや、新たな経路をその1つの事例以外にどの程度適用できるのかなど、さまざまな問題に左右される。新たに1つの事例を追加するたびに新たな経路が必要になるという状況は望ましくない。

　また、モデルが特定の文脈でなければ成り立たないことを発見できれば、当

初のモデルの因果経路に新たな変数を加えることができる。ここでも具体例として $Y=AbC+BCD$ という集合論モデルを考えてみたい。このモデルが固有の特徴 Z を持つ分析単位にしか当てはまらないことを研究者が発見したとする。その場合，固有の特徴 Z は必要条件としてモデルの一部に加えることができる。すなわち，$Y=Z*(AbC+BCD)$ というモデルである。このモデルは，Z が存在しなければ，AbC や BCD が Y の十分条件になると期待できないことを表す。

さらに，Z が存在しない事例を考えた場合，Y をもたらす因果的条件として，これとは別の条件の集合を突き止める必要がある。この新たに突き止めた原因と当初のモデルで用いられた原因が理論的にほとんど関係ないということもありうる。たとえば，$Y=zEF$ という原因を新たに突き止めたとしよう。この新しい変数 E と F は，当初のモデルで用いられた変数とは関係ないかもしれないが，それでも，2つのモデルを組み合わせた新しいモデルであれば，射程を制限しなくて済むだろう。とはいえ，最終的にできあがったモデルは $Y=ZAbC+ZBCD+zEF$ という形になるため，簡潔性は減少してしまう。

このように，定量的研究と定性的研究のどちらの場合も，因果モデルを修正すると原則的に理論の射程を制限しなくて済む。適切な修正方法が知られていて，その方法が魅力的に映る（すなわち，根本的代償を負う価値がある）ならば，わざわざ射程の制限に頼ることはない。しかし，モデル内対応による修正方法が知られていない場合や，モデルが非常に複雑になってしまう場合であれば，射程の制限を選択したほうが賢明だろう。

3. 射程条件をなぜ設けるのか

因果モデル〔自体の枠内〕を修正すれば〔モデルの枠外から〕厳しい射程条件を設けずに済むときもある。しかし，それでも結局，明示するにせよ，しないにせよ，研究者はモデルの射程に一定の制限を設けることが多い。本節では，因果関係の複雑さやデータの適合度への関心を理由に研究者がいかに射程条件を設けるのかを論じていく。

(1) 因果関係の複雑さ

まず，以下のような一般原則を提案したい。

> 因果モデルを非常に複雑にしなければモデルの射程を拡大できないような場合，射程限度を設けることを選択したほうがよい。

これは因果モデルの一般性の増大と簡潔性の最大化には代償関係があるという考え方から直接的に導き出した提案である。モデルの一般性の増大という利益のほうが，それにともなう複雑さの増大と簡潔さの減少より重要であると判断したとき，分析者は射程に制限を設けることが多い。実際，研究者は，より広範囲の事例を説明するためにモデルをどのように修正すればよいのかわからない場合がほとんどであろう。そのような場合，射程に制限を設けることはモデルが成り立つ領域を具体的に指定するための手段として必要不可欠である。

社会科学の実際の研究は（定性的研究と定量的研究のどちらの場合も）射程の制限を曖昧にしか示さないか，全く明示しないことが多い。時期の違いや地域の違いが射程条件として用いられることもあるが，それはほとんどの場合，明示されることはない。射程を特定の地域や時期に制限するという方法（たとえば，射程をアフリカのみに限定すること）は，操作上は比較的正確と言えるが，理論上は正確とは言えない。理想としては，特定の時間や場所に限定されない抽象的な射程条件を突き止めることが望ましい。

漠然と特定の地域や時期に射程を限定してしまう理由の1つは，**多くの重要な要因が地域や時期の違いによって変化するからである**。たとえば，アフリカとラテンアメリカは，気候，人口密度，文化，植民地期の歴史など，多くの点で異なる。研究者は，どの要因の違いが最も重要なのか，厳密にそれがなぜ重要なのかを説明できないかもしれない。そのため，射程をアフリカのみに限定することが必要不可欠と考えていたとしても，研究者は，なぜその射程が正しいのかを説明できる複雑な根拠を突き止められないかもしれない。ここでモデル内対応を議論に取り上げないのは，まさにこのような複雑な理論的問題を解決しなければ，モデル内対応を選択できないからである。

定性的因果モデルは母集団に含まれるすべての事例に合うように構築される。

第16章　射　程

　そのことを踏まえると，定量的研究者より定性的研究者のほうがすぐに射程に制限を設けようとする理由も説明しやすい。集合論モデルに新しい事例を少しでも追加しようとすれば，当初のモデルを根本的に変更せざるをえず，変更後もモデルの簡潔性が大きく損なわれるおそれがある。さらに，研究者は，因果パターンを新しい事例に合わせるためにどのようにモデルを変更すればよいのかさえわからないかもしれない。

　仮に一例を挙げるなら，定性的研究者は，新しい事例をいくつか加えるときに D という変数が重要であることを明らかにするだけでなく，そうした事例にそれまで注目されなかった BCD という原因の組み合わせが見られることを明らかにする必要がある。たとえば，シーダ・スコチポルは，社会革命に関する有名な理論（Skocpol 1979）を提示するにあたって射程を非植民地国家に限定した。もし射程を広げ，メキシコやイランなど，旧植民地国家の社会革命の事例を含めようとすれば，新たな変数をいくつか加える必要がある。さらに，その新たな変数を当初の理論に追加しつつ，議論全体を成り立たせる必要がある。しかし，その変更後の理論は複雑になってしまうため，本来，スコチポルの知名度を高めたはずの議論の相対的な美しさ（elegance）〔簡潔性の高さ〕は消えてしまう。そのため，スコチポルは実際には旧植民地国家の社会革命を説明するために別の理論（Goodwin and Skocpol 1989）を構築したのである。

(2) 適合度の増大

　通常，定量的研究は，個別の変数の効果を推定するという分析目的に基づく。射程条件を設けるのは，普通は因果関係の錯綜性に関する問題に対処するためである。これに対して，定性的研究は，データとの適合度の高い因果モデルを構築するという研究目標との関連で射程条件を設けることが多い。射程の制約が導入されるのはモデル全体の適合度を高めるためなのである。

　表 16.1 は適合度の増大に関する問題（この考え方を詳しく論じた研究としては Ragin and Schneider 2010 を参照）を簡単に示したものである。この表は 1 人当たり GDP の高さ（独立変数）と民主主義（従属変数）という 2 つの二値変数の関係を表している。集合論の観点から見ると，概してモデルの適合度は非常に良く，1 人当たり GDP の高さを民主主義の十分条件とほぼ見なすことが

第Ⅳ部　研究設計と一般化

表 16.1　広い射程：1 人当たり GDP と民主主義

$\chi^2 = 9.5, p = .002, N = 144$
Year: 1995.
出典：Gerring（2007a）

できる。しかし，1人当たり GDP が高くても民主主義ではない事例が8つ存在するため，集合論上の関係性は損なわれている。定性的研究の理想としては合致しない事例が1つも存在しないこと，すなわち，右下のセルが空であることが望ましい。

　このような場合，適合度を高める方法の1つとして，射程条件を設ける根拠になりうる共通点を「問題」事例から探るという方法がある。もし問題事例に共通点があれば，その事例を除外し，前より厳密かつ明確な分析結果（すなわち，十分条件に完全に合致する関係）を得ることができる。この表で問題事例とされたのは（シンガポールを除いて）すべて湾岸君主制産油国などの大幅な石油依存国であった。大幅な石油依存国をすべて除外するという射程条件を導入すれば，集合論モデルの適合度は著しく高まるだろう。

　この種の射程の制限はモデルに当てはまらない外れ事例（outliers）を除去しているに過ぎないと考えられがちである。しかし，射程の制限が対象にするのは，抽象的変数（すなわち，大幅な石油依存）であり，特定の国々の集合（たとえば，サウジアラビアやイエメン）ではない。さらに，1人当たり GDP の高さが民主主義に与える効果を検証していることを踏まえると，理論上，石油依存国を除外するほうが賢明だろう。1人当たり GDP の高さを「経済発展」などのもっと幅広い概念の測定基準と考えて分析するならば，石油依存国を事例に含めると測定誤差の問題が生じてしまう。つまり，石油依存経済は実質的に経済成長を経験していなくても1人当たり GDP が高くなるかもしれないのである。

　あるいは，これとは別のアプローチとして，「石油依存国は国民の税金に依

第 16 章　射　　程

表 16.2　狭い射程：1 人当たり GDP と民主主義

		1 人当たり GDP の高さ	
		0	1
民主主義	1	54	35
	0	40	1

$\chi^2 = 19.1, p = .0001, N = 130$
Year: 1995.

存せずに歳入を確保するという点でほかのほとんどの国々と異なる」と論じてみるのもよい。1 人当たり GDP の高さが民主主義をもたらすメカニズムには国家の基幹力（infrastructural power）や国家の社会に対する存在感が関係していると考えているならば，石油依存国を除外するほうが賢明だろう。石油依存国にはそうしたメカニズムが見られないからである。

　この考え方をさらに検討するため，筆者たちは 1995 年の石油輸出に関するデータを収集し，石油依存度が高い**すべての国々**を除外した。表 16.2 はそうした事例を除外した後の母集団である。シンガポールの事例が右下のセルに残るが，それでも十分条件の関係に関する集合論的知見は除外前より厳密である。定性的研究の観点から見ると，この表は，理論的動機に基づいて射程を制限し，問題事例に対して方法論的に適切に対処できたと見なすことができる。代償関係の点で言えば，理論的に擁護できる形で射程を少し変化させただけで十分条件にほぼ完全に合致する関係を見出すことができた。

　ここまで十分条件のセルに焦点を絞って論じてきたが，重要な点として，射程条件を設けるとすべてのセルで事例の除外が生じる可能性があることを指摘しておきたい。上記の例の場合，射程条件を設けると 4 つのセルから合計 14 の事例が除外される。集合論の観点から見ると，これは大きな問題ではない。右上のセルに多くの事例が残っているからである。もし射程条件を設けて右上のセルからすべて（あるいはほぼすべて）の事例が除外されたとしたら，その場合も十分条件に近い関係は成り立つだろうが，それはあくまで瑣末な関係である（Goertz 2006b; Ragin 2008）。

　表 16.1 の射程条件の設定は定量的研究の観点からも論じることができる。

この場合，射程条件をうまく設定できたら2つの結果が表れる。Nの数の減少と適合度の増大である。Nの数の減少は有意水準に影響を及ぼすだろうが，その減少を埋め合わせるように適合度が高まることが望ましい。これは上記の例にも見られる。つまり，射程条件を設定した結果，カイ二乗値の大きさとその統計上の有意さが増大したのである。これは表 16.1 と表 16.2 を見比べるとわかる。Nの数は 14 減少したが，カイ二乗値は 9.5 から 19.1 に上昇し，その有意水準もかなり増大している。

しかし，ここには大きな問題が残る。つまり，この〔適合度の増大という〕変化は重要なことなのか，という問題である。多数事例の統計分析はこの問いに「重要ではない」と答えることが多い。カイ二乗値の増大は，それはそれで結構なことである[3]。しかし，その代償として，関連するデータの獲得に費やした時間を無駄にしてしまう（この作業は思ったほど簡単ではない）のに加え，一般化の射程を狭めてしまう。また，研究者はモデル内対応ではなく射程条件の設定を選択した根拠を正当化する必要がある。その正当化が難しければ，射程条件の設定はモデルの適合度の増大という利益に見合わないかもしれない。

これに対して，定性的研究の場合，射程を制限してごく少数の問題事例を除去するとき，その〔モデルの適合度の増大という〕利益が一般性の減少という損失を上回ることが多い。定量的研究者と比べて定性的研究者のほうが厳密な一般化を追求する（とりわけ，例外をともなわない一般化が理想とされる）。定性的文化では，母集団の射程をごく少数の事例しか含まないほどに狭めたとしても，それは有力な集合論関係の発見という目標によって正当化されることが多い。

4. 射程と実証的検証

研究者は特定の現象が見られたすべての事例に自らの理論を適用できると明確に主張するときもある。たとえば，事実上普遍的に自らの理論を適用できると主張する著名な研究者は国家間紛争研究に見受けられる。

---

3 代わりにこのデータでオッズ比を求めた場合，オッズ比が空のセルに強い影響を受けやすいことを踏まえると，その値はより大きく増大するだろう。

第16章 射　程

　ほとんどの合理的選択論者（ネオリアリストを含む）は自らの理論の適用範囲を時間や空間で限定すべきであるとは主張しない。むしろ，政治的に重視された二国間関係（などの下位集合）に見られた関係性がすべての二国間関係〔集合全体〕に成り立つと期待する。実際，数理モデルに基づく合理的選択論者の中でも，ブルース・ブエノ・デ・メスキータは，戦争の期待効用理論はすべての地域や時期に適用できるはずであると明確に論じる（Bueno de Mesquita 1981）。また，それほど数学的に定式化されていないが，同じくケネス・ウォルツも，システム構造の制約と誘因は（システム内部の国内的要因と違って）どのような時期にも等しくすべての国家に影響を与えると論じている（Bennett and Stam 2000: 555）。

　しかし，理論レベルで普遍的な射程を提示する研究者もいるが，そこで〔仮説として〕提唱される**提案射程**（proposed scope）と理論の**実証射程**（empirical scope）が齟齬をきたすこともある。実証射程とは，実証的検証や調査によって裏付けられたモデルの射程を意味する。社会科学は，実証分析を試行錯誤し，理論が成り立つ範囲を検証していく中で射程の制限範囲を作り上げていくことが多い。この作業自体は悪いことではない。実際，このような作業は科学研究の根幹を占め，自然科学では広く見受けられる。研究計画を漸進的に進めていくときには実証研究の知見と射程の洗練化（などのさまざまな理論の側面）とを行き来することが自然である。実証分析の結果や知見は，分析者が理論を適用できる母集団全体を**構築していく**過程にとって必要不可欠である（Ragin 2000）。

　しかし，残念なことに，理論の提案射程と理論の実証的妥当性は反比例の関係にあることが多い。射程の狭い理論より射程の広い理論のほうが実証的に誤解を招きやすい（あるいは厳密な検証では裏付けにくい）というのが，一般化に関する筆者たちの考えである。そのため，研究者は，射程の広さと実証的妥当性の高さという根本的代償の間で板挟みになってしまう（Przeworski and Teune 1970）。一般性の高い理論を定式化しようとしても，往々にして，その一般性を犠牲にしなければ，理論を妥当な形で説明できないのである。

第IV部　研究設計と一般化

　定量的伝統の場合，このような一般性の増大と実証的妥当性の増大との齟齬が取り上げられるのは，統計モデルに多くの統制変数を加えることの是非を論じるときである。統制変数は理論の射程を制限せずに対処できるモデル内対応の1つとして役立つが，近年の研究は，統制変数を複数加えるだけで妥当な説明を提示できてしまうことに疑問を投げかける。たとえば，以下のように，クリストファー・エイケンは，統計モデルに含める独立変数の数は3つほどに留めるべきと提案する。

　　三変数の原則（A Rule of Three; ART）：統計モデルに説明変数を4つ以上指定することは無意味である。ARTの基準は厳しいように思われるかもしれないが，実際は健全な科学的作業に過ぎない。独立変数が4つ以上になると，モデルの指定の正確性，前提の適合度，ひいては研究者の主張を誰も確認できなくなってしまう（Achen 2002: 446）。

　この助言を真剣に受け止めるならば，射程限度の導入という選択も魅力的に映る。射程を制限すると，一般性は限定されても，統計モデルを成り立たせるための統制変数は少なくて済む。そのため，以下のように，射程を狭めた，詳細かつ質の高い分析をエイケンが求めたとしても，それは意外ではない。

　　さらに重要な点がある。冗長な線形回帰分析やプロビット分析の方程式に非常に多くの統制変数が必要になってしまうのは，本来一緒にならないはずのあらゆる種類の観察を同列に扱っているからである。国家，戦争，人種，宗教的選好，教育水準など，人々の係数に変化をもたらす変数は，その変数の効果をモデル化するのに完全に適していないダミー変数によって「統制」されてしまう。その結果，独立変数の数は多くなり，ほぼ無関係な観察が同列に扱われ，モデルの指定は絶望的に悪化し，分析結果は無意味なものになってしまうことが多い（が，統計的には有意であり，アスタリスクはいくつも付いてしまう）。……むしろ，研究習慣として求められるのは，定量的社会科学の知見の多くを導き出してきた古典的技術をもっと重視することである。すなわち，プロット，分割表，そして，データを

第16章 射　程

素直に見ることである。これらは単純な手法ではあるが，厳密に言えば，単純さを研ぎ澄ませた手法なのである。このような手法は，精巧な統計的手法の想定に含まれる欠陥を暴き，推論上の誤解を防ぐのに役立つ。この種の作業はゆっくりとしか進められないため，分析範囲を限定し，説明要因の数を少なくすること（一般的には3つ以下にすること）が必要になる。しかし，その一方，議論の前提が成り立つデータの下位集合に分析範囲を限定すれば，概してごく少数の説明要因だけで説明できる事例群に焦点を絞ることができ，科学にとって何より大切とされる独創的な考えをその事例群の枠内から導き出すことができる。そのため，データの同質的な下位集合に対象を限定した回帰分析（やプロビット分析やロジット分析）は，決して分析の限界ではなく，研究を前進させる最良の機会なのである（Achen 2005b: 337, 338）。

これは定性的研究者にも通じる論調である。広範囲の時間と空間を扱う研究設計に二の足を踏む定性的研究者の態度とうまく合致するのである。

　この文脈で取り上げられることはあまりないが，統計学の文化で用いられるマッチング法〔同じ母集団に属する観察単位が含まれる複数のファイルの記録を連結する手法〕は，実証的検証を厳しくするために実証射程を狭めることを意味する。定量的研究者がマッチング法を用いると，一部の事例を放棄し，それ以外の事例に焦点を絞ることになる。データの性質次第ではデータ同士が適合していないという理由で事例の大部分が放棄されてしまうこともありうる。マッチングによって選ばれた事例群は，母集団に含まれるすべての事例から無作為抽出で選ばれた下位集合ではない。そのため，マッチングによって得られた分析結果の実証射程は，データセット全体を対象とした標準的な統計分析の射程より狭くなるかもしれない。

　また，実験においても，実証的検証を厳しくするほど一般性は制限されることが多い。この代償関係は内的妥当性（internal validity）対 外的妥当性（external validity）という表現で表される。実験をうまく設計できたら，実際に実験に用いた母集団にとっての内的妥当性は高くなるだろうが，その実験結果をより幅広い文脈で一般化することは難しくなってしまう。実験結果の外的妥当性

も大きな問題になることが多い（Morton and Williams 2010: 254-356）。これらの問題は，必ずしも克服できないわけではないが，実験結果の一般性をめぐって絶えず提起される。

　もちろん，定性的伝統にもつねに同じような問題や課題が持ち上がる。たとえば，〔単一〕事例研究者がその研究の一般性に疑問を投げかけられるのはいつものことである。1つの事例に対して納得のいく説明であったとしても，研究者の世界で求められるのは，その説明がもっと一般的に成り立つのかという疑問に答えることである。この意味で言えば，〔単一〕事例研究者と実験研究者は，外的妥当性に関して，往々にして同じような疑問に答えなければならないのである。

5. 結　　論

　射程という問題は社会科学研究に2つの根本的代償をもたらす。第一の代償関係は，一般性の高さと簡潔性の高さの間に生じる齟齬である。一般性を増大させるために理論の射程を拡大しようとする研究者もいるだろう。しかし，通常，射程を拡大するには因果モデルを複雑にせざるをえないため，理論の簡潔性は減少してしまう。簡潔性を犠牲にして射程を拡大することは賢明な判断なのか。その問いの答えは，複雑化がどの程度必要なのか，射程をどの程度拡大するのか，に左右される。定性的文化では射程の拡大は賢明な判断とは見なされにくい。射程を少し広げるだけで因果モデルに複雑な修正が必要になることが多いからである。これに対して，定量的文化では射程の拡大は賢明な判断と見なされやすい。比較的わずかに修正するだけで因果モデルに多くの新しい事例を合わせることもできるからである。

　第二の代償関係は，一般性の高さとモデルの適合度の高さの間に生じる齟齬である。射程を絞ってモデルの適合度や実証分析の妥当性が大いに高まるのであれば，射程を制限することは概して賢明な判断である。定性的研究は，例外をほとんど含まない厳密な一般化を追求し，特に射程の制限を理論的見地から明確に正当化できるときには射程を絞ってデータに対するモデルの適合度を大きく高めることができる。これに対して，定量的研究者は，自らの議論の射程

を絞ってまでデータに対する適合度を高めようとはしない傾向が伝統的に強かった。しかし，近年，射程の制限をよりいっそう活用するよう求める定量的方法論者も現れるようになった。より厳密に検証し，妥当性を高めるために一般性を犠牲にすることもいとわないという新しい傾向が定量的研究に生まれることもありうるのである。

6. 推薦文献

射程という題材を詳しく論じる方法論の研究は驚くほど少ない。おそらくその最も顕著な例外は Cohen（1989），Walker and Cohen（1985）である。筆者たちは Goertz and Mahoney（2009）において概念的射程と因果的射程について論じたことがある。また，射程は Geddes（2003: 95-98, 152-157），George and Bennett（2005: 25-27, 119-120），Ragin（2000: 61-62）など，定性的手法や研究設計に関する教科書でも短く取り上げられている。「抽象的」な射程条件の重要性を強調するのは Kiser（1996）である。射程条件とセレクション・バイアスの関係性は Collier and Mahoney（1996）で論じられている。射程条件と負の事例の選択に関する問題は Mahoney and Goertz（2004）で扱われている。

射程を定量的観点から論じた研究として優れているのは Bartels（1996）である。定量的研究における外れ事例と射程の制限の関係について初めに重要な主張を展開したのは Bollen（1990）である。また，定量的方法論の中でモデルの単純化によって推論の向上を試みる動きとしては Achen（2002）と *Conflict Management and Peace Science* の特集号（Achen 2005b; Clarke 2005; Ray 2005 etc.）を参照。本章で取り上げた根本的代償は Przeworski and Teune（1970: 20-23）とは別の文脈の議論である。その他，Freedman（2010a），Gerring（2007a），Ray（2003），Sambanis（2004b）を参照。

第17章

結　論

> 似ていないことは，似ていることと同じく，互いに相手に関心を抱く動機になりうる。……互いに違いがあると，互いの心が相手に傾く。それはすなわち，相互対立や相互排除ではなく，相互補完なのである。
>
> エミール・デュルケム

　ゲイリー・キング，ロバート・コヘイン，シドニー・ヴァーバの3人は，*Designing Social Inquiry* を次の一節で締めくくる。「定性的研究者が正しく理解すべき方法論上の問題は，まさしくほかのすべての科学的研究者が従うべき問題である。社会科学のあらゆる研究の根底に内在する論理を理解し，それに従って研究を進めたときにのみ妥当な推論は可能になる」（King, Keohane, and Verba 1994: 230）。これに対して，筆者たちは，本書を締めくくるにあたって，定性的研究と定量的研究の性質に見られる重要な違い，すなわち，研究設計，データ分析，概念，因果推論など，広範囲に及ぶ重要な違いへの注意を再び呼びかけたいと思う。ありきたりな類似点（たとえば，体系的な手続きに即して妥当な推論を立てるという研究目標）を除くと，社会科学のすべての研究を統一するような一連の原則といったものは存在しないと思われる。

　しかし，定量的研究と定性的研究という2つのパラダイムには対話の余地があることも確かである。この2つのパラダイムは，互いに大きな違いはあっても，社会的・政治的世界の説明を目指した学問全体としてうまく相互補完できる。有機的連帯というデュルケムの考え方と同じく，定性的研究と定量的研究が相互尊重と相互理解に基づいて有益な協力関係を築くことができる可能性には現実味がある。とはいえ，このような可能性を成就させるためには，2つの

研究伝統に見られる多くの重要な違いを真正面から認識し，理解することが求められる。

1. 文化の違いのまとめ

表17.1〜17.5は，本書で論じた2つの文化の重要な違いをまとめたものである[1]。2つの伝統に見られるすべての違いを網羅することではなく，その双方の違いの大きさと深さの感触をつかむことが，これらの対照表の趣旨である。各表におよそ5項目，合計で25項目の違いを掲載した。この中には，研究の進め方の違いとして隔たりの大きなものも，それほど隔たりのないものも含まれているが，筆者たちはそのどの違いにも重要な意味があると考えている。

この対照表は研究（自分自身の研究を含む）を分類するための「アイデンティティー」の照合表として使うこともできる。〔定量的研究と定性的研究を〕2つの異なる文化として捉える本書の議論が双方の研究の進め方をうまく記述できているならば，研究者それぞれの研究はどちらか一方の項目に多く該当するはずであり，該当項目が互い違いになることは比較的少ないはずである。多重手法的研究の場合，この対照表によって定量的研究に該当する部分と定性的研究に該当する部分をそれぞれ確認できるはずである。

(1) 個別事例

本書は，中心的主張の1つとして，個別事例の扱い方が定量的研究者と定性的研究者で大きく異なると論じた。定量的研究者は，特定の事例が特定の結果にいたった理由を説明しようとすることはほとんどない。むしろ，事例比較分析によって大規模な母集団全体の特徴に着目する。定量的文化では，主要な研究目標を達成するときに過程追跡によって因果メカニズムを突き止めなくても，優れた研究と見なされる。また，反実仮想分析に関しても，その反実仮想を導き出すのはあくまで事例比較なのである。

---

[1] あらためて言えば，本書の議論の焦点は，おもに因果推論に関心を抱く研究である。そのため，ほとんどの解釈分析はこの表のまとめには含まれない。解釈分析の伝統と本書で論じた研究伝統を対比するには全く別の対照表が必要になるだろう。

第17章 結　論

表 17.1　文化の違い I：個別事例

	記述	定量的文化	定性的文化	章
(1)	個別事例の結果を説明する	ほとんど見られない	広く見られる	1, 3, 4, 6
(2)	事例比較分析 対 事例過程分析	主に事例比較分析	主に事例過程分析	1, 4, 8
(3)	因果メカニズムの特定	任意	特定しなければならない	7, 8, 14
(4)	過程追跡	任意	標準的手法	7, 8, 14
(5)	反実仮想分析	主に事例間の反実仮想	主に事例内の反実仮想	9

表 17.2　文化の違い II：因果関係と因果モデル

	記述	定量的文化	定性的文化	章
(1)	個別の変数に焦点を当てる	標準的手法	時々見られる	2, 6, 8, 9
(2)	因果的配列，交互作用項	時々見られる	広く見られる	2, 4, 6, 8
(3)	因果効果	平均処置効果	必要条件・十分条件	2, 3, 4, 6, 8
(4)	反実仮想分析の目的	モデルとパラメーターの推計値を解説するため	事例内の因果推論のため	9
(5)	同一結果帰着性	明示しない。モデルは1つの経路のみを指す	明示する	2, 4
(6)	因果モデルにおける集計	加算，対数線形，リンク関数上は加算	最大値，最小値，INUS	2, 4

表 17.3　文化の違い III：母集団とデータ

	記述	定量的文化	定性的文化	章
(1)	射程	広い	狭い	16
(2)	事例選択	代表性を重視，無作為選択	(1,1) のセルを最も重視	14
(3)	従属変数に基づく選択	行わない	時々行う	14
(4)	データの形（たとえば表計算）	行は個別の観察を表す	行は変数の配列を表す	2
(5)	三角形状のデータ	分散不均一性を表す	必要条件か十分条件を表す	2

表 17.4 文化の違いⅣ：概念と測定

記述	定量的文化	定性的文化	章
(1) 専門用語	変数・指標	概念・データ	10
(2) 存在論	指標は観察されない変数に基づく	概念の定義的特徴	10
(3) 変数	すべての変数はアプリオリに重要である	データには意味が変化しない領域がある	11
(4) 変数変形の原理的根拠	歪みの緩和や統計モデルにおける適合度の向上	意味論と意味の変形	11, 12
(5) 分類枠組み	相互排他	重複または相互排他	13

表 17.5 文化の違いⅤ：非対称性

記述	定量的文化	定性的文化	章
(1)「1」の違いより「0」の違いを説明する	行わない	時々行う	5, 13
(2) 概念とその対義語	概念とその対義語に同じ変数を用いる	別々の概念と測定基準を用いることが多い	5, 13
(3)「$x_i \rightarrow x_j$」の反実仮想と「$x_j \rightarrow x_i$」の反実仮想の違い	何気なく同じものとして想定する	異なるものとして想定することが多い	9
(4) 四分表における (0,1) のセルと (1,0) のセルの切り替え	両者は統計的関連性のほぼすべての測定基準において同じ値を表す	一方は必要条件のセルを表し，もう一方は必定要件のセルを表すため，この両者は異なる	2, 5, 15

　これに対して，定性的研究者は，特定の事例が特定の結果にいたった理由を説明しようとすることが非常に多い。このような研究方式の場合，研究者はおもに事例過程分析に依拠する。通常，事例比較分析には，推論を立てるときに二次的に依拠するに過ぎない。したがって，定性的研究者は，過程追跡によって特定事例内のメカニズムを突き止めようとする場合がほとんどである。また，反実仮想分析を行い，1つにせよ，複数にせよ，特定事例の歴史を再演する。

(2) 因果関係と因果モデル

　因果関係と因果モデルに関して，定量的研究者は一般的に個別の変数ごとの効果に着目し，交互作用項をつねに投入するとは限らない。因果関係は平均処置効果の観点から理解・定義される。定量的研究者は，反実仮想を用いるとき

もあるが，それはあくまで統計モデル〔の解釈〕を明確にするためであり，仮説検証の手段として用いることはない。典型的な定量的モデルは，集計方法に加算を用いるか，少なくともリンク関数上は加算を用いる。通常，定量的研究者は同一結果帰着性については語らず，むしろ，因果モデル全体を従属変数への1つの経路を表したものとして扱う。

これに対して，定性的研究者は（必要条件は例外として）個別の変数より因果的配列に焦点を当てることが多い。因果関係は必要条件，十分条件，INUS条件の観点から理解・定義される。定性的研究者は，個別事例の反実仮想を仮説検証の手段として用いることが多い。概して，定性的研究の因果モデルは「事例は異なる経路をたどって同じ結果にいたることもありうるが，その経路は多くはない」という前提に基づく。定性的モデルは，最大値や最小値など，ブール代数の演算を何気なく用いて因果的要因を集計する傾向にある。

(3) 母集団とデータ

定量的研究者は，大規模な母集団を扱い，広い射程で一般化する傾向にある。事例研究の対象を選び出すときには，その大規模な母集団の典型事例を選択しようとする。従属変数の値に基づく事例選択は，この研究伝統では良くないものと見なされる。定量的研究者は，行を個別の観察，列を変数とする標準的な長方形の表計算の形状でデータを並べる。また，三角形状のデータセットを見たら，そのデータの分散不均一性を正そうとするのが，定量的分析者の自然な反応である。

これに対して，定性的研究者は，少数の事例を扱い，狭い射程で一般化する傾向にある。興味のある結果や原因が存在している事例に特に焦点を絞り，まさしく従属変数の値に基づいて事例を選択するときもある。定性的伝統ではデータセットの行は変数の値の論理的配列として理解されうる。また，定性的比較分析の素養のある研究者が三角形状のデータセットを見たら，ごく自然に必要条件や十分条件を表したデータとして解釈するだろう。

(4) 概念と測定

測定に関する問題は，定量的伝統では変数や指標という専門用語を用いて論

じられることが普通である。一般的に，潜在変数が指標をもたらすと見なされ，その両者は相関関係にあると想定される。この伝統が重視するのは，変数の値の範囲全体を研究・説明することである。また，統計学上の有力な根拠（たとえば，歪みの緩和）を踏まえ，変数の変形も広く行われている。分類枠組みは相互排他的な範疇〔類型〕を意味するものとして用いられる。

これに対して，定性的伝統で測定に関する問題を取り上げるときには概念とデータの関係性を考察することが普通である。測定は，意味論上の問題とされ，概念の具体的側面を指定することが求められる。定性的研究者は，変数の値の範囲全体のうち，一部の範囲（特に値の上端と下端）を概念の測定と関連づけなくてもよいと想定することが多く，概念の意味を保持するか増大しない限りは変数の変形には慎重である。分類枠組みは，相互排他的な範疇〔類型〕が用いられる場合もありうるし，範疇の要素の重複を認める場合もありうる。

(5) 非対称性

定量的研究者は，特定の結果の存否を同じ変数やモデルによって説明するという，対称性に基づく因果的議論を提示する。また，概念とその対義語は対称的に理解され，概念〔たとえば経済発展〕の否定語（たとえば非経済発展）と対義語（たとえば発展不全）は同じものと見なされる。さらに，定量的研究者は，反実仮想において，一方の方向への変化（たとえば権威主義から民主主義への変動）の起こりやすさと，その逆方向への変化の起こりやすさは同じであるという対称的な見方を何気なく想定する。最後に，四分表に用いられる統計学上の測定基準もほとんどは対称的である。

これに対して，定性的研究者は，特定の結果の存否を異なる変数やモデルによって説明する必要があるという，非対称性に基づく因果的議論を提示する。概念とその対義語は対称的ではないとされ，異なる定義や測定基準も必要になりうると想定されることが多い。さらに，定性的研究者は，反実仮想において，一方の方向への変化の起こりやすさと，その逆方向への変化の起こりやすさは同じではないかもしれないという非対称的な見方も認める。最後に，定性的伝統では，四分表は非対称性の有無，特に必要条件や十分条件に特有のパターンの有無から判断される。

第 17 章　結　論

2. 社会科学における方法論の多元主義

　定量的研究と定性的研究という2つのパラダイムに違いが見られたとしても，それは必ずしも社会科学の対立の火種になるわけではない。対照表に掲載された各項目の違いには矛盾は見られない。むしろ，2つの研究パラダイムの目標や目的が異なることを踏まえると，その両者の違いも全く当然のことと言えるだろう。どちらの文化もそれぞれの目標や目的に照らして考えたら「納得できる」のである。

　2つの文化はどちらも相対的にまとまりを保った体系である。それを考慮すると，多くの研究者がどちらか一方の文化に強く引き寄せられたとしても意外ではない。ありがたいことに，すべての研究者が両方の文化に完全に属していなくても，互いに協力し，互いに尊重することはできる。そのため，一部の研究者が最もうまく身に付けた研究手法や研究手段だけを用い，専門の研究作業だけを進めるという分業が行われていたとしても，その分業が批判されるいわれはない。

　しかし，その一方，この2つの文化は，風通しも良く，緩やかな垣根を越えて互いに相手に影響を与えることもできる。定量的分析と定性的分析は，それぞれ別々に用いられるとは限らず，別々に用いる必要もない。むしろ，一方の伝統で用いられている手法や知見をもう一方の伝統へと有益な形で伝える方法はいくつもある。この点，多重手法的研究が現実的な選択肢の1つとして挙がりやすいことも納得できる。

　2つの異なる文化〔の手法〕をどの程度混ぜてみるか。それは研究者によって千差万別である。定量的研究か定性的研究のどちらか一方の伝統におもに属しつつ，もう一方の伝統から特定の考え方や研究手段を選んで用いるという場合もある。本書で強調したように，相手側の文化に属する研究者がどのように研究を進めているのかを理解したら，多くのことを学ぶことができる。また，相手側の文化を完全に支持していなくても，その文化の研究の進め方や手続きを自らの研究に取り入れることもできる。

　さらに突き詰めて言えば，多重手法的研究を進めるなら，定量的研究と定性

的研究のそれぞれ固有の目標を同時かつ完全に追求することが求められるだろう。この場合，研究者は，大規模な母集団における特定の変数の効果を推定し，その母集団に含まれる特定の事例に見られた特定の結果を説明していく。この前半の目標を達成するには，事例比較分析や統計モデルなどの定量的研究パラダイムの分析手段を活用することが求められるのに対して，後半の目標を達成するには，事例過程分析を進め，〔論理的〕配置に基づく因果モデルを構築し，定性的研究パラダイムのあらゆる資源を活用することが求められる。そして，その暁には，矛盾をきたすことなく，2つの全く異なる一連の知見を内包した分析結果が得られるのである。

このように，2つの文化に分業の余地や手法の混合の可能性があることを認めると，社会科学の多元主義という見方にたどり着く。その観点から見ると，定量的研究，定性的研究，そして，多種多様な多重手法的研究は，それぞれ社会科学に重要な居場所を持つことになるはずである。筆者たちの考えでは，このような方法論の多元主義の発展をおもに妨げている原因は，単なる理解不足にある。定量的分析と定性的分析の目的と手続きが異なる（が，そのどちらも正しい）ことが，はっきりと理解されていないだけなのである。本書がこの2つのパラダイムを別々の文化として論じたのは，双方の違いを明らかにしつつ，両者の建設的な対話を促したかったからにほかならない。

巻末付録

　ここでは巻末付録として政治学と社会学の実証的論文に表れる方法論上の慣習に関する標本調査の結果を提示する。とりわけ，政治学と社会学のディシプリンにおいて優れた実証研究と見なされるような研究（主要学術誌に掲載された研究を優れた研究と定義する）を発表するとき，研究者は実際にどのように研究を進めているのかという点を対象に標本調査を行った。〔それぞれのディシプリンにおいて〕典型的と考えられる研究の進め方を「最良の研究の進め方」と見なしてよいのか。この点については議論の余地もある。しかし，研究者が政治学と社会学のディシプリンにおいて最良の実証研究を発表しようとするときの手続きであるからこそ，典型的な研究の進め方と言えるのである。

　以下の各表は，政治学と社会学の主要学術誌に掲載された論文の層別無作為抽出によって得られた分析結果である。抽出対象は 2001 年から 2010 年にかけて 6 つの主要学術誌（*American Journal of Sociology*, *American Political Science Review*, *American Sociological Review*, *Comparative Politics*, *International Organization*, *World Politics*）に掲載された論文である。標本は雑誌別と時期別（2001-2005 年，2006-2010 年）で層化した。層ごとに 40 本の論文を抽出し，そのうち 18 本の論文をコード化した。そのため，標本となった論文の合計数は 216 本である。書評論文と，実証的理論を扱っていない論文は標本から除外した。コード化作業を行ったのは，ノースウェスタン大学博士号候補生のカイルーンニーサ・モハメダリとクリストフ・グエンである。データはすべて要望に応じて提供可能である。

　まず，表 A.1 は論文の標本に関する基本統計量である。見てわかるように，定量的方法論に基づく論文が大多数を占めている（定性的研究は 31％，定量的研究は 72％）。しかし，重要な点として，定性的研究がほとんど掲載されない学術誌が 2 つ含まれていること（*American Political Science Review* と *American Sociological Review*）に留意してほしい。ほかの 4 つの学術誌には定性的

表 A.1　論文に使用された方法論

方法論	%
定量的方法論	72
定性的方法論	31
複数手法的方法論の明示的使用	1
解釈	2
理論・ゲーム理論	8

注：複数の方法論を用いる論文も含む

研究の論文も相当の割合で含まれている。

また，このデータは，複数手法的研究を明示した論文がほとんど掲載されていないことも示している。学術誌の規定分量内に研究結果を収めることは多重手法的研究の課題の1つであるが，一部の下位分野や，*International Organization* などの一部の学術誌には，いくつかの短い事例研究を加えた定量的研究の論文を掲載するという伝統も見受けられる。さらに，比較政治学や国際政治学に関する近年の書籍は，複数手法的研究を明示的に扱うようになっている。

表 A.2 は，標本となった論文で用いられた定性的方法論の種類に関する基本情報である。定性的研究の論文のうち，個別事例研究や少数事例研究が 90% 以上を占めていることは意外ではない。その中でも，割合が多いのは個別事例研究より少数事例研究のほうである。また，このデータは，中程度の事例研究があまり一般的ではなく，10 以上の事例を扱う定性的研究が 8% ほどしか存在しないことも示している。

定性的研究の構成要素としてかなり広く見受けられるのは，分類枠組みの使用である。標本のおよそ 1/4 は明確な分類枠組みを用いている。定性的研究者は，多くの事例からデータを集める必要はなく，〔定量的研究者と比べて〕記述目的や説明目的で分類枠組みを容易に構築できる。このような分類枠組みは新たな概念の導入をともなうことが多い。実際，新たな概念の導入は定性的研究ではめずらしいことではない（定性的研究の標本のうち，新たな概念を導入した論文は 31% を占める）。

反実仮想や同一結果帰着性を明示的に取り上げた論文の割合は少ない（それぞれ 15% と 13%）。本文で論じたように，反実仮想は定性的研究では明示さ

表 A.2 論文に使用された定性的方法論

方法論	%
個別事例研究（$N=1$）	27
少数事例研究（$1<N<10$）	63
中程度の事例研究（$N>9$）	8
分類枠組み	26
QCA	1
同一結果帰着性	13
反実仮想	15
新しい概念の導入	31
過程追跡の明示的使用	22
独立変数の中央値	2

注：複数の方法論を用いる論文も含む

れず，推論方法として直接的に論じられないことが多い。さらに言うと，この点は，ほとんどの定性的研究者が方法論上の分析手段を体系的に用いないこととも関係する。同じく，同一結果帰着性も分析に何気なく用いられがちであり，その割合の少なさは，おそらく多くの定性的研究が少数事例研究であることと関係する。定義上，個々の事例研究はそれぞれ1つの経路にしか着目できない。そのため，同一結果帰着性は，複数の事例を取り上げなければ分析できないのである。

定性的研究は，過程追跡を何気なく用いることが多く，普通は明示的には扱わない。定性的研究の標本のうち，過程追跡という手法を**明示して用いた**論文はわずか22%である。

研究者に対して方法論への自覚と推論手続きの明示化を求めていくことは，定性的方法論の大きな課題の1つである。定性的研究者が方法論への自覚を高めていくことに本書が役立つなら幸いである。

次に定量的研究に関する分析結果に移りたい。表 A.3 からわかるのは，主流かつ古典的な統計学が，政治学と社会学の下位文化として現在でも優勢を誇っているということである。OLS，ロジット分析，時系列分析，パネル分析の割合を合計すると，定量的研究を扱った論文のおよそ80%を占める[1]。ベイズ主義の分析手法は急成長しているが，今回の標本調査では，その手法を扱

1　1つの論文が複数の分析手法を用いることもありうるが，その分類が重複することはほとんどない。

表 A.3　論文に使用された定量的方法論

方法論	%
OLS 分析	23
ロジット分析／プロビット分析	37
時系列分析	2
パネル分析／時系列クロス・セクション分析	18
交互作用項	18
決定係数の議論	6
ベイズ主義	3
実験	5
操作変数法	3

注：複数の方法論を用いる論文も含む

う論文はほとんど見られなかった。この結果は調査に用いた学術誌の選択が強く影響したと言えるかもしれない。同じく，潜在反応の枠組み（すなわち，ネイマン＝ルービン＝ホランド・モデル）は，方法論研究の界隈では非常に影響力が大きいが，標本となった 216 本の論文の中でその手法を明示的に用いる論文は 1 本もなかった。しかし，操作変数法と実験は，潜在反応の枠組みを表す指標と見なすこともできる。その 2 つを合わせると合計 8% になる。

　文化とは，長年続いている慣習と急速に変化していく慣習の寄せ集めである。定性的研究と定量的研究という 2 つの文化とその下位文化も例外ではない。本書の標本調査は，過去 10 年間の研究を反映しているが，分析対象をもっと長期間に広げたら，コード化した項目の値の多くは変化するだろう。さらに言えば，新しく登場する項目もあれば，消え去っていく項目もあるだろう。文化とは，時間的に変化するだけでなく，空間的に多様である。空間とは，すなわち，下位分野，ディシプリン，地域の違いである。複数手法的分析は，比較政治学や国際政治学には広く行き渡り，評判も高まっているように思われるが，アメリカ政治に関する研究にとってはそれほどではない。また，QCA への注目や評価が高いのは，政治学より社会学のほうである。QCA の立場をヨーロッパとアメリカで比べたときにも同じことが言える。

　そのため，根本的に言えば，本書の議論は，特定の時間と空間における方法論上の慣習を映し出した静止画なのである。2 つの文化という本書の議論が特

に詳しく記述したのは，21世紀初頭のアメリカの状況である。この2つの文化には大きな違いがあるため，今後も残り続けるだろう。しかし，文化の垣根を越え，両方の文化の着想を革新的に組み合わせる研究者集団も増えていくと考えられる。今後，この2つの文化の積集合（intersection）に属し，双方の文化の違いに焦点を絞った研究が，従来の社会科学のほとんどの分野を代表するようになると言っても，過言ではないのである。

訳者解説

本書は，*Gary Goertz and James Mahoney, A Tale of Two Cultures: Qualitative and Quantitative Research in the Social Sciences*（Princeton: Princeton University Press, 2012）の全訳である。

(1) 原著者紹介

ゲイリー・ガーツ教授は 1953 年生まれ。ミシガン大学で 1988 年に政治学の博士号（Ph.D.）を取得後，アリゾナ大学などを経て 2012 年からノートルダム大学のクロック研究所で政治学・平和研究の教授職に就いている。ガーツ教授は国際政治の分野（特に紛争管理・平和研究）で優れた業績をあげており，これまでに *Contexts of International Politics* や *International Norms and Decision Making: A Punctuated Equilibrium Model* など 9 冊の単著・共編著，50 本以上の論文を著してきた。現在は国際システムにおいて平和を実現する諸要因の探求（the Causes of Peace）や地域ガバナンスの発展などのテーマに取り組んでおり，*The Peace Puzzle* という共著の出版が近く予定されている。ガーツ教授は国際政治のみならず定性的研究の方法論にも造詣が深く，本書でも扱われている必要条件や概念形成についての方法論的研究に先駆的に取り組んできたことで知られている。彼は方法論の領域では，本書を含めて 4 冊の単著・共編著（Goertz and Starr 2003; Goertz 2006; Goertz and Mazur 2008; Goertz and Mahoney 2012），20 本の論文，7 本の論考を著している。

もう 1 人の著者，ジェイムズ・マホニー教授は 1968 年生まれ。カリフォルニア大学バークレー校で 1997 年に政治学の博士号（Ph.D.）を取得したのち，ブラウン大学社会学部において助教，准教授を歴任し，2007 年から現在にいたるまでノースウェスタン大学社会学部・政治学部において教授を務めている。とりわけ，比較歴史分析の功績を踏まえ，2012 年に「意思決定に関するゴードン・フルシャー教授職」（Gordon Fulcher Professor in Decision-Making）に

就任した。彼の研究分野はおもに比較歴史分析と定性的方法論である。最初の著作，*The Legacies of Liberalism: Path Dependence and Political Regimes in Central America* では，19 世紀後半から 20 世紀の中米諸国に着目し，農業の近代化（農地の接収と農業貿易の推進）をめぐる政治エリートの意思決定の違いによって各国の長期的な体制分岐が決定づけられることを明らかにした。特に，歴史的資料を丹念に追うだけにとどまらず，その議論の理論的・方法論的（・存在論的）な意義や根拠にまでさかのぼって精巧な枠組みを提示したことが彼の研究の強みであった。実際，マホニー教授の研究関心は多岐に渡る。比較歴史分析（歴史的制度論を含む）に関しては，重大局面，経路依存，制度の長期的変化などを扱い，定性的方法論に関しては，少数事例研究，過程追跡，因果メカニズムとその科学哲学的意義，そして，論理学的発想などを具体的な研究例に即して敷衍する。2014 年現在，これらの論点に関して 5 冊の単著・共編著（Mahoney 2001; Mahoney and Rueschemeyer 2003; Mahoney and Thelen 2010; Mahoney 2010; Goertz and Mahoney 2012），15 本の所収論文，46 本の雑誌論文を発表している。

(2) 本書に対する反応

ゲイリー・キングが指摘するように，政治学界は「人文学から科学」へと向かうパラダイム革新の最中にあると思われる（King 2014: 165）。しかし，「科学的研究」とはどのような研究を指すのだろうか。この問いに対するキング，コヘイン，ヴァーバ（King, Keohane, and Verba 1994; 以下 KKV）の答えは明確である。すなわち，統計的研究の発想に沿って因果推論を進める研究こそ優れた科学的研究であり，統計的研究の発想をすべての研究に貫徹すればよい，というのである。しかし，すべての研究が統計的研究の発想に統一的に従って研究を進めるべきとする KKV の主張に対しては批判も多く，KKV に触発される形で 2000 年代の前半以降多くの定性的方法論の著作が出版され，定性的研究は急速な発展を遂げた（特に Mahoney and Rueschemeyer 2003; George and Bennett 2005; Gerring 2007; Brady and Collier 2010）。

だが，定性的研究には統計的研究とは異なる独自の論理的根拠が存在するという主張が提起されるようになるにつれ，今度は統計的方法論が不当に軽視さ

訳者解説

れたり，定性的研究者が定性的方法論の枠の中に閉じこもったりする傾向が生じていると指摘されるにいたった（泉川 2013: iv）。そこで，定性的研究という呼称にかわって，現在では定性的・複数手法的研究や多重手法的研究という呼称が用いられるようになっている。この場合の「複数」や「多重」という表現が，定量的研究・定性的研究間に効果的な対話・相互学習を促し，研究の多様化を図るべきであるという考え方を反映したものであることは明白であろう（泉川 2013: iv）。

ゲイリー・ガーツ教授とジェイムズ・マホニー教授（以下 GM）による本書『社会科学のパラダイム論争』は，定性的研究と定量的研究を異なる「文化」，異なる「パラダイム」として位置づける。すなわち，集合論・論理学を基礎とした「結果の理由」（causes-of-effects）アプローチによって因果メカニズムを追跡する定性的研究は，統計学・確率論に基づく「原因の効果」（effects-of-causes）アプローチによって母集団の平均因果効果を分析する定量的研究とは根本的に異なると見なされる。このように定義したうえで，GM は定性的研究・定量的研究が同じ問題に直面しても，両者が対照的な対応を示すという差異の事例を列挙していく。ここで注意すべきは，定性的文化と定量的文化の対立を煽りたいがためにその両者の差異を浮き彫りにしているのではないということである。むしろ，GM は「相互理解」の促進を訴えるとともに，2つの研究文化をいずれも理解し，併用することを可能とする研究者を増やすことで，いわば科学的政治学内部において，2つのパラダイムの「平和共存」・「多文化共生」を目指しているのである。

GM は直接明示していないが，本書はチャールズ・スノーが *The Two Cultures and the Scientific Revolution* で提起した問題意識を踏まえて執筆されたのではないかと考えることもできる。同書（Snow 1959/1993）は，自然科学と人文科学が両極化して両者間に対話が成立しなくなり，両者間に無理解・誤解・敵意が広がりつつあることを懸念して著されたものである。同書には以下のような一節が記されている。

> 2つのもの，2つの規律，2つの文化——2つの銀河系でさえ——のぶつかり合う点は，当然，創造の機会を作り出すであろう。精神活動の歴史に

おいて，ある突破口が開かれたのは，まさにこの点だったのである。いまや，機会はそこにある。だが2つの文化については，おたがいにぶつかりあい，話し合うことがないため，これらの機会はいってみたら真空の中にあるのだ……2つの文化がお互いの話しあいを止めてから，もう30年にもなっている（スノー 2011: 5-7）。

それでは，「現代のチャールズ・スノー」というべき GM のメッセージはどのように受容されているであろうか。

本書に対しては，*Comparative Political Studies*, Vol. 46, No. 2 (2013) で特集が組まれ，4本の論文（Goertz and Mahoney 2013a: Brady 2013; Elman 2013; Goertz and Mahoney 2013b）が掲載された。さらに，アメリカ政治学会の定性的手法・複数的手法部会のニューズレター，*APSA-QM*, Vol. 11, No. 1 (2013) は「定性的方法論の新しい波」と題して，本書を Beach and Pedersen (2013), Schneider and Wagemann (2012), Blatter and Haverland (2012), Rohlfing (2012) と比較検討する書評特集が組まれた。それらの書評，あるいは本書を対象とする方法論特集などを手にとってみると，定性的・複数手法的方法論の集大成として，本書が高く評価されている様子が伝わってくる。しかし，その一方で以下のような批判も提起されている。

第一に，*Rethinking Social Inquiry* の共編者であるヘンリー・ブレイディは2つの文化は異なるパラダイムであるとする GM の見解に異議を唱えている（Brady 2013）。GM は集合論・論理学の言葉で表現された理論を統計的表現に言い換える際に齟齬が生じる（逆もまた真である）という「言い換え問題」の存在を指摘し，それを2つの文化を異なるパラダイムと見なす根拠としている。これに対して，ブレイディは GM が列挙している文化間の差異は些細な違いに過ぎないことも多く，「言い換え問題」も工夫すれば言い換え可能なものが少なくないと指摘する。かくして，ブレイディは定量的研究と定性的研究は決して異なるパラダイムではなく，両者は共通のパラダイムのもとにあると反論する。つまり，GM はパラダイムの複数性を強調することで科学的政治学の内部分裂と対立を助長しており，統一的パラダイムの共有を著しく阻害しているというのがブレイディの批判である。

訳者解説

　第二に，文化の「数」をめぐる問題がある。いくつかの書評では「文化は2つより多く存在するのではないか」と指摘されている。すなわち，本書が異文化間の相互理解の促進を訴えつつも定性的研究のもう1つのパラダイムである「解釈アプローチ」を取り上げないことに違和感を覚えるとの意見である。この点について，GMは解釈アプローチが因果推論に関心を寄せず，規範と研究の進め方があまりにも「独特」であるがゆえに取り上げなかったとその理由を説明している。

　解釈アプローチの側からは，例えば井上彰・田村哲樹編『政治理論とは何か』などGM（およびKKV以降の科学的政治学の方法論の進展全て）に応答し，方法論に対する自覚を深めようとする試みも存在する（井上・田村 2014）。このような試みは新たなる「異文化交流」を促す第一歩となるかもしれない。

　第三に，GMが定性的手法の根拠と位置づける集合論・論理学をめぐる議論がある。仮に定性的手法が決定論に基づくものであり，定量的手法が確率論に基づくものであるとすると，定性的手法が依拠すべきは論理学や集合論ではなく，むしろベイズ統計ではないかという指摘がある（Bennett 2008; Beach and Pedersen 2013; Humphreys and Jacobs n.d.）。すなわち，GMが本書で描く「統計学 対 集合論・論理学」は妥当な対立図式ではなく，「頻度主義 対 ベイズ主義」こそが本来の構図なのではないか。加えて，フィールドワークに基づくデータ収集も定性的手法に分類されるであろうが，それは集合論・論理学に依拠する手法ではない（Schneider and Wagemann 2013a: 5）。つまり，集合論・論理学を基礎とすることは定性的研究であることの十分条件ではあるが，必要条件ではないと考えることもできるのである。

（3）文献紹介

　以下，定性的手法を学ぶのに役立つウェブサイトや書誌の情報を紹介したい。

　アメリカ政治学会の定性的手法・複数的手法部会のニューズレターは定性的手法を学ぶうえで参考になる情報が多く，定期的なチェックをお勧めしたい。ニューズレターのバックナンバーは，www.maxwell.syr.edu/moynihan/cqrm/Newsletters/ において閲覧可能であるが，オンライン掲載は1年遅れであり，最新号は部会に加入しないと入手不能であることをお断りしておく。

シラキュース大学マクスウェル・スクールで毎年6月に開講されている定性的・複数的手法研究会（Institute for Qualitative and Multi-Method Research; IQMR）のサイト内の各コーナーや夏期講習のコースシラバスも，定性的手法・複数的手法の理解を深めるうえで大変参考になる。
　また，Cambridge University Press の Strategies for Social Inquiry シリーズから定性的手法・複数的手法に関連する重要文献が次々と刊行中である。そのほとんどの書籍は定性的・複数的手法研究会でも教材として用いられている。同シリーズの刊行状況は，www.cambridge.org/us/academic/subjects/politics-international-relations/research-methods-politics/series/strategies-social-inquiry において確認できる。
　そのほか，本書刊行後に発表された重要な関連文献として，Bennett (2013), Glynn and Ichino (forthcoming), Mahoney and Vanderpoel (2015), Mahoney and Thelen (forthcoming), Marx, Rihoux, and Ragin (2014), Moravcsik (2014), Nielsen (forthcoming), Schneider and Wagemann (2013b), Spillman (2014), Warro and Katznelson (2013), Weller and Barnes (2014) を挙げることができる。
　方法論への関心の高まりを反映し，定性的手法や複数的手法に言及した邦書も増えつつある。本書『社会科学のパラダイム論争』は，定性的手法・複数的手法について網羅的に言及しているものの，方法論的基礎をある程度踏まえた読者を対象にしていることも確かである。
　そこで，まずは因果推論，従属変数と独立変数，事例研究などの基礎的事項について学べる文献として，ヴァン・エヴェラ（2009），久米（2013），建林・曽我・待鳥（2008）が挙げられる。さらに，政治学全般の方法を俯瞰し，各種法を網羅した文献として，加藤・境家・山本（2014）が挙げられる。
　また，キング，コヘイン，ヴァーバ（2004）は社会科学の方法論に一石を投じた古典であり，今なお一読の価値があると思われる。同書への応答として編纂されたブレイディ＆コリアー（2014）は定性的手法の基礎を築いた文献であり，こちらも併せて読むことをお勧めしたい。
　歴史分析との接点については，ジョージ＆ベネット（2013），ピアソン（2010），エルマン＆エルマン（2003），保城（2015）がある。

訳者解説

　本書の内容を理解するにあたっては定量的手法の知識も必要になる。政治学に有益な定量的手法の文献としては，飯田（2013），浅野・矢内（2013），増山・山田（2004），森田（2014），松田・竹田（2012）を挙げることができる。

（4）謝辞

　原著者であるガーツ教授，マホニー教授には，何度も内容に関する確認や質問をするなど大変な手間をかけてしまったが，その都度迅速にこころよくご回答くださり，訳者の求めに応じて「日本語版序文」もお寄せくださった。

　翻訳作業は西川と今井の完全な共同作業で進められた。今井真士氏は本書の訳をなるべく読みやすくすることを心がけ，細部の表現や表記にまで徹底的に真摯にこだわって作業を進めてくれた。本書がもし読みやすい翻訳になっているとすれば，すべて今井氏のおかげである。

　勁草書房の上原正信氏は本書が無事に出版へと漕ぎ着けることができるよう，訳者二人を叱咤激励してくださった。飯田健氏（同志社大学），善教将大氏（関西学院大学），遠藤晶久氏（高知大学）はお忙しい中で草稿をお読みいただき，非常に有益な指摘をいただくとともに，訳者らが見落としていた少なからぬ誤りなどもご指摘くださった。

　前田耕氏（ノーステキサス大学），Margarita Estevez-Abe 氏（シラキュース大学）には人名表記等に関するご助言を賜り，泉川泰博氏（中央大学）からは本書を全訳するという計画に対して，温かい励ましの言葉をいただいた。

　訳者らは本書の翻訳作業と並行して，定性的手法に関する学会内外での研究報告の企画を行ってきた。その場で得た知見も，本書の翻訳にあたって有益であった。示唆に満ちたフィードバックを下さった待鳥聡史氏（京都大学），佐々田博教氏（北海道大学），岡部恭宜氏（東北大学），網谷龍介氏（津田塾大学），松本俊太氏（名城大学），稗田健志氏（大阪市立大学），矢内勇生氏（神戸大学），豊田紳氏（早稲田大学），佐々木優氏（ワシントン大学），飯田連太郎氏（東京大学）にも御礼申し上げる。さらに，同志社大学で開催された「定性政治分析の方法論」にご参加くださり，コメントや意見をくださった各氏にも深謝申し上げる。

　本書にはいまだ訳者らが気づかぬ誤りが残っているかもしれないが，その責

任は訳者らにあることはいうまでもない。

2015 年 6 月

訳者を代表して　西川　賢

引用文献

（邦語文献）
浅野正彦・矢内勇生（2013）『Stata による計量政治学』（オーム社）
飯田健（2013）『計量政治分析』（共立出版）
泉川泰博（2013）「訳者まえがき」アレキサンダー・ジョージ，アンドリュー・ベネット『社会科学のケース・スタディ――理論形成のための定性的手法』（勁草書房）
井上彰・田村哲樹編（2014）『政治理論とは何か』（風行社）
加藤淳子・境家史郎・山本健太郎編（2014）『政治学の方法』（有斐閣）
久米郁男（2013）『原因を推論する――政治分析方法論のすゝめ』（有斐閣）
建林正彦・曽我謙悟・待鳥聡史（2008）『比較政治制度論』（有斐閣）
保城広至（2015）『歴史から理論を創造する方法――社会科学と歴史学を統合する』（勁草書房）
増山幹高・山田真裕（2004）『計量政治分析入門』（東京大学出版会）
松田憲忠・竹田憲史編（2012）『社会科学のための計量分析入門――データから政策を考える』（ミネルヴァ書房）
森田果（2014）『実証分析入門――データから「因果関係」を読み解く作法』（日本評論社）

（英語文献）
Beach, Derek, and Rasmus Brun Pedersen (2013). *Process-Tracing Methods: Foundations and Guidelines*. Ann Arbor: The University of Michigan Press.
Bennett, Andrew (2008). "Process Tracing: A Bayesian Perspective," in Janet M. Box-Steffensmeier, Henry E. Brady and David Collier eds., *The Oxford Handbook of Political Methodology*. Oxford: Oxford University Press.
――― (2013) "Causal Mechanisms and Typological Theories in the Study of Civil Conflict," Jeff Checkel ed., *Transnational Dynamics of Civil War*. Cambridge: Cambridge University Press. pp. 205-231.
Blatter, Joachim, and Markus Haverland (2012). *Designing Case Studies: Explanatory Approaches in Small-N Research*. London: Palgrave Macmillan.
Brady, Henry E. (2013). "Do Two Research Cultures Imply Two Scientific Para-

digms?" *Comparative Political Studies*, Vol. 46, No. 2, pp. 252-265.
Brady, Henry E., and David Collier eds., (2010). *Rethinking Social Inquiry: Diverse Tools, Shared Standards*, 2nd edition. Lanham: Rowman & Littlefield. 泉川泰博・宮下明聡訳『社会科学の方法論争——多様な分析道具と共通の基準［原著第2版］』勁草書房，2014年。
Elman, Colin (2013). "Duck-Rabbits in Social Analysis: A Tale of Two Cultures," *Comparative Political Studies*, Vol. 46, No. 2, pp. 266-277.
Elman, Colin, and Miriam Fendius Elman eds., (2001). *Bridges and Boundaries: Historians, Political Scientists, and the Study of International Relations*. Cambridge: MIT Press. 渡辺昭夫監訳『国際関係研究へのアプローチ——歴史学と政治学の対話』東京大学出版会，2003年。
George, Alexander L., and Andrew Bennett (2005). *Case Studies and Theory Development in the Social Sciences*. Cambridge: MIT Press. 泉川泰博訳『社会科学のケース・スタディ——理論形成のための定性的手法』勁草書房，2013年。
Gerring, John (2007). *Case Study Research: Principles and Practices*. Cambridge: Cambridge University Press.
Glynn, Adam N., and Nahomi Ichino (forthcoming). "Using Qualitative Information to Improve Causal Inference," *American Journal of Political Science*.
――― (forthcoming). "Increasing Inferential Leverage in the Comparative Method: Placebo Tests in Small-n Research," *Sociological Methods and Research*.
Goertz, Gary (1994). *Contexts of International Politics*. Cambridge: Cambridge University Press.
――― (2003). *International Norms and Decision Making: A Punctuated Equilibrium Model*. Lanham: Rowman & Littlefield.
――― (2006). *Social Science Concepts: A User's Guide*. Princeton: Princeton University Press.
Goertz, Gary, and James Mahoney (2012). *A Tale of Two Cultures: Qualitative and Quantitative Research in the Social Sciences*. Princeton: Princeton University Press.
――― (2013a). "Methodological Rorschach Tests: Contrasting Interpretations in Qualitative and Quantitative Research," *Comparative Political Studies*, Vol. 46, No. 2, pp. 236-251.
――― (2013b). "For Methodological Pluralism: A Reply to Brady and Elman," *Comparative Political Studies*, Vol. 46, No. 2, pp. 278-285.
Goertz, Gary, and Amy G. Mazur (2008). *Politics, Gender, and Concepts: Theory and Methodology*. Cambridge: Cambridge University Press.
Goertz, Gary, and Harvey Starr eds., (2003). *Necessary Conditions: Theory, Methodology, and Applications*. Lanham: Rowman & Littlefield.

Humphreys, Macartan, and Alan Jacobs (n.d.). "Mixing Methods: A Bayesian Integration of Qualitative and Quantitative Approaches to Causal Inference," unpublished manuscript.

King, Gary (2014). "Restructuring the Social Sciences: Reflections from Harvard's Institute for Quantitative Social Science," *PS: Political Science and Politics*, Vol. 47, No. 1, pp. 165–172.

King, Gary, Robert O. Keohane, and Sidney Verba (1994). *Designing Social Inquiry: Scientific Inference in Qualitative Research*. Princeton: Princeton University Press. 真渕勝監訳『社会科学のリサーチ・デザイン――定性的研究における科学的推論』勁草書房，2004 年。

Mahoney, James (2001). *The Legacies of Liberalism: Path Dependence and Political Regimes in Central America*. Baltimore: Johns Hopkins University Press.

―――― (2010). *Colonialism and Postcolonial Development: Spanish America in Comparative Perspective*. Cambridge: Cambridge University Press.

Mahoney, James, and Dietrich Rueschemeyer eds., (2003). *Comparative Historical Analysis in the Social Sciences*. Cambridge: Cambridge University Press.

Mahoney, James, and Kathleen Thelen eds., (2010). *Explaining Institutional Change: Ambiguity, Agency, and Power*. Cambridge: Cambridge University Press.

―――― (forthcoming). *Advances in Comparative-Historical Analysis*. Cambridge: Cambridge University Press.

Mahoney, James, and Rachel Sweet Vanderpoel (2015). "Set Diagrams and Qualitative Research," *Comparative Political Studies*, Vol. 48, No.1, pp. 65–100.

Marx, Axel, Benoit Rihoux, and Charles C. Ragin (2014). "The Origins, Development, and Application of Qualitative Comparative Analysis: The First 25 Years," *European Political Science Review*, Vol. 6, No. 1, pp. 115–142.

Moravcsik, Andrew (2014). "Transparency: The Revolution in Qualitative Research," *PS: Political Science and Politics*, Vol. 47, No. 1, pp. 48–53.

Nielsen, Richard (forthcoming). "Case Selection via Matching," *Sociological Methods and Research*.

Pierson, Paul (2004). *Politics in Time: Institutions, and Social Analysis*. Princeton: Princeton University Press. 粕谷祐子監訳『ポリティクス・イン・タイム――歴史・制度・社会分析』勁草書房，2010 年。

Rohlfing, Ingo (2012). *Case Studies and Causal Inference: An Integrative Framework*. London: Palgrave Macmillan.

Schneider, Carsten Q., and Claudius Wagemann (2012). *Set-Theoretic Methods for the Social Sciences: A Guide to Qualitative Comparative Analysis*. Cambridge: Cambridge University Press.

―――― (2013a). "Are We All Set?" *APSA-QM*, Vol. 11, No. 1, pp. 5–8.

―――― (2013b). "Doing Justice to Logical Remainders in QCA: Moving Beyond the Standard Analysis," *Political Research Quarterly*, Vol. 66, No. 1, pp. 211-220.

Snow, Charles Percy (1959/1993). *The Two Cultures and the Scientific Revolution*. London: Cambridge University Press. 松井巻之助訳『二つの文化と科学革命』みすず書房，2011 年。

Spillman, Lyn (2014). "Mixed Methods and the Logic of Qualitative Inference," *Qualitative Sociology*, Vol. 37, No. 2, pp. 189-205.

Van Evera, Stephen (1997). *Guide to Methods for Students of Pollitical Science*. Ithaca: Cornell University Press. 野口和彦・渡辺紫乃訳『政治学のリサーチ・メソッド』勁草書房，2009 年。

Warro, Gregory J., and Ira Katznelson (2013). "Designing Historical Social Scientific Inquiry: How Parameter Heterogeneity Can Bridge the Methodological Divide between Quantitative and Qualitative Approaches," *American Journal of Political Science*, Vol. 58, No. 2, pp. 526-546.

Weller, Nicholas, and Jeb Barnes (2014). *Finding Pathways: Mixed-Method Research for Studying Causal Mechanisms*. Cambridge: Cambridge University Press.

参考文献

Abbott, Andrew (2001). *Time Matters: On Theory and Method*. Chicago: University of Chicago Press.

Acemoglu, Daron, and James A. Robinson (2006). *Economic Origins of Dictatorship and Democracy*. Cambridge: Cambridge University Press.

Achen, Christopher H., (1986). *The Statistical Analysis of Quasi-Experiments*. Berkeley: University of California Press.

—— (2002). "Toward a New Political Methodology: Microfoundations and ART," *Annual. Review of Political Science*, Vol. 5, pp. 423–450.

—— (2005a). "Two Cheers for Charles Ragin," *Studies in Comparative International Development*, Vol. 40, No. 1, pp. 27–32.

—— (2005b). "Let's Put Garbage-Can Regressions and Garbage-Can Probits Where They Belong," *Conflict Management and Peace Science*, Vol. 22, No. 4, pp. 327–339.

Achen, Christopher H., and Duncan Snidal (1989). "Rational Deterrence Theory and Comparative Case Studies," *World Politics*, Vol. 41, Vol. 2, pp. 143–169.

Adcock, Robert, and David Collier (2001). "Measurement Validity: A Shared Standard for Qualitative and Quantitative Research," *American Political Science Review*, Vol. 95, No. 3, pp. 529–546.

Ahn, Woo-kyoung, Charles W. Kalish, Douglas L. Medin, and Susan A. Gelman (1995). "The Role of Covariation versus Mechanism Information in Causal Attribution," *Cognition*, Vol. 54, pp. 299–352.

Allison, Paul D., (1977). "Testing for Interaction in Multiple Regression," *American Journal of Sociology*, Vol. 83, No. 1, pp. 144–153.

Angrist, Joshua D., and Jörn-Steffen Pischke (2009). *Mostly Harmless Econometrics: An Empiricist's Companion*. Princeton: Princeton University Press.

Arfi, Badredine (2010). *Linguistic Fuzzy Logic Methods in Social Sciences*. Berlin: Springer.

Armstrong, David M., (1983). *What Is a Law of Nature?* Cambridge: Cambridge University Press.

Ashworth, Scott, Joshua Clinton, Adam Meirowitz, and Kristopher W. Ramsay (2008). "Design, Inference, and the Strategic Logic of Suicide Terrorism," *American Political Science Review*, Vol. 102, No. 2, pp. 269–273.

Bartels, Larry M., (1996). "Pooling Disparate Observations," *American Journal of Political Science, Vol. 40, No. 3, pp. 905–942.

——— (2008). *Unequal Democracy: the Political Economy of the New Gilded Age*. Princeton: Princeton University Press.

Barton, Allen H., and Paul F. Lazarsfeld (1955). "Some Functions of Qualitative Analysis in Social Research," *Sociologica*, Vol. 1, pp. 324–361.

Bates, Douglas M., and Donald G. Watts (1988). *Nonlinear Regression Analysis and Its Applications*. New York: Wiley.

Bates, Robert H., Avner Greif, Margaret Levi, Jean-Laurent Rosenthal, and Barry R. Weingast (1998). *Analytic Narratives*. Princeton: Princeton University Press.

Baumgartner, Frank R., Christian Breunig, Christoffer Green-Pedersen et al. (2009). "Punctuated Equilibrium in Comparative Perspective," *American Journal of Political Science*, Vol. 53, No. 3, pp. 603–620.

Baumgartner, Michael (2008). "Regularity Theories Reassessed," *Philosophia*, Vol. 36, No. 3, pp. 327–354.

——— (2009). "Inferring Causal Complexity," *Sociological Methods and Research*, Vol. 38, No. 1, pp. 71–101.

Beauchamp, Tom L., and Alexander Rosenberg (1981). *Hume and the Problem of Causation*. Oxford: Oxford University Press.

Beck, Nathaniel (2006). "Is Causal-Process Observation an Oxymoron," *Political Analysis*, Vol. 14, No. 3, pp. 347–352.

——— (2008). "Time-Series Cross-Sectional Analysis," in Janet M. Box-Steffensmeier, Henry E. Brady and David Collier eds., *The Oxford Handbook of Political Methodology*. Oxford: Oxford University Press.

——— (2010). "Causal Process 'Observation': Oxymoron or (Fine) Old Wine," *Political Analysis*, Vol. 18, No. 4, pp. 499–505.

Becker, Howard S., (1953). "Becoming a Marihuana User," *American Journal of Sociology*, Vol. 59, No. 3, pp. 235–242.

Bennett, Andrew (2006). "Stirring the Frequentist Pot with a Dash of Bayes," *Political Analysis*, Vol. 14, No. 3, pp. 339–344.

——— (2008). "Process Tracing: A Bayesian Perspective," in Janet M. Box-Steffensmeier, Henry E. Brady and David Collier eds., *The Oxford Handbook of Political Methodology*. Oxford: Oxford University Press.

Bennett, Andrew, and Collin Elman (2006). "Complex Causal Relations and Case Study Methods: The Example of Path Dependence," *Political Analysis*, Vol. 14, No. 3, pp. 250–267.

Bennett, D. Scott, and Allan Stam (2000). "A Cross-Validation of Bueno de Mesquita and. Lalman's International Interaction Game," *British Journal of Political Science*, Vol. 30, No 4, pp. 541–561.

参考文献

Berk, Richard (2004). *Regression Analysis: A Constructive Critique*. Newbury Park: Sage Publications.
Bermeo, Nancy (1990). "Rethinking Regime Change," *Comparative Politics*, Vol. 22, No. 3, pp. 359–377.
Blalock, Hubert M., Jr., (1964). *Causal Inferences in Nonexperimental Research*. Chapel Hill: University of North Carolina Press.
―――― (1982). *Conceptualization and Measurement in the Social Sciences*. Beverly Hills: Sage Publications.
Bollen, Kenneth A., (1989). *Structural Equations with Latent Variables*. New York: Wiley.
―――― (1990). "Political Democracy: Conceptual and Measurement Traps," *Studies in Comparative International Development*, Vol.25, No. 1, pp. 7–24.
Bollen, Kenneth A., and Burke Grandjean (1981). "The Dimension (s) of Democracy: Further Issues in the Measurement and Effects of Political Democracy," *American Sociological Review*, Vol. 46, No. 5, pp.651–659.
Bollen, Kenneth A., and Kwok-fai Ting (2000). "A Tetrad Test for Causal Indicators," *Psychological Methods*, Vol. 5, No. 1, pp.3–22.
Bowman, Kirk, Fabrice Lehoucq, and James Mahoney (2005). "Measuring Political Democracy: Case Expertise, Data Adequacy and Central America," *Comparative Political Studies*, Vol. 38, No. 8, pp. 939–970.
Box, George E.P., Gwilym M. Jenkins (1976). *Time Series Analysis: Forecasting and Control*. San Francisco: Holden Day.
Boyd, Lawrence H., and Gudmund R. Iversen (1979). *Contextual Analysis: Concepts and Statistical Techniques*. Belmont: Wadsworth.
Brady, Henry E., (2008). "Causation and Explanation in Social Science," in Janet M. Box-Steffensmeier, Henry E. Brady and David Collier eds., *The Oxford Handbook of Political Methodology*. Oxford: Oxford University Press.
―――― (2010). "Data-Set Observations versus Causal-Process Observations: the 2000 U.S. Presidential Election," in Henry E. Brady and David Collier eds., *Rethinking Social Inquiry: Diverse Tools, Shared Standards*, 2nd edition. Lanham: Rowman & Littlefield. 泉川泰博・宮下明聡訳『社会科学の方法論争――多様な分析道具と共通の基準［原著第2版］』勁草書房，2014年。
Brady, Henry E., and David Collier eds., (2010). *Rethinking Social Inquiry: Diverse Tools, Shared Standards*, 2nd edition. Lanham: Rowman & Littlefield. 泉川泰博・宮下明聡訳『社会科学の方法論争――多様な分析道具と共通の基準［原著第2版］』勁草書房，2014年。
Brady, Henry E., David Collier, and Jason Seawright (2006). "Toward a Pluralistic Vision of Methodology," *Political Analysis*, Vol. 14, No. 3, pp. 353–368.

Brambor, Thomas, William R. Clark, and Matt Golder (2006). "Understanding Interaction Models: Improving Empirical Analyses," *Political Analysis*, Vol. 14, No. 1, pp. 63–82.

Braumoeller, Bear F., (2003). "Causal Complexity and the Study of Politics," *Political Analysis*, Vol. 11, No. 3, pp. 209–233.

———— (2004). "Hypothesis Testing and Multiplicative Interaction Terms," *International Organization*, Vol. 58, No. 4, pp. 807–820.

Braumoeller, Bear F., and Gary Goertz (2000). "The Methodology of Necessary Conditions," *American Journal of Political Science*, Vol. 44, No. 4, pp. 844–858.

———— (2002). "Watching Your Posterior: Comment on Seawright," *Political Analysis*, Vol. 10, No. 2, pp. 198–203.

Brown, J. David, John S. Earle, and Scott Gehlbach (2009). "Helping Hand or Grabbing Hand?: State Bureaucracy and Privatization Effectiveness," *American Political Science Review*, Vol. 103, No. 2, pp. 264–283.

Bueno de Mesquita (1981). *The War Trap*. New Haven: Yale University Press.

Buhaug, Halvard, and Kristian Skrede Gleditsch (2008). "Contagion or Confusion?: Why Conflicts Cluster in Space," *International Studies Quarterly*, Vol. 52, No. 2, pp. 215–233.

Bullock, John G., and Shang E. Ha (2011). "Mediation Analysis Is Harder than It Looks" in James N. Druckman, Donald P. Green, James H. Kuklinski, and Arthur Lupia eds., *Cambridge Handbook of Experimental Political Science*. Cambridge: Cambridge University Press.

Bunge, Mario (1997). "Mechanism and Explanation," *Philosophy of the Social Sciences*, Vol. 27, No. 4, pp. 410–465.

Busse, Matthias, and Carsten Hefeker (2007). "Political Risk, Institutions and Foreign direct investment," *European Journal of Political Economy*, Vol. 23, No. 2, pp. 397–415.

Campbell, Donald T., (1975). "'Degrees of Freedom' and the Case Study," *Comparative Political Studies*, Vol. 8, pp. 178–193.

Campbell, Donald T., and Julian C. Stanley (1963). *Experimental and Quasi-Experimental Designs for Research*. Boston: Houghton Mifflin Company.

Carment, David, Yiagadeesen Samy, and Stewart Prest (2009). "State Fragility and Implications for Aid Allocation: An Empirical Analysis," *Conflict Management and Peace Science*, Vol. 25, No. 4, pp. 349–373.

Cartwright, Nancy (1989). *Nature's Capacities and Their Measurement*. Oxford: Oxford University Press.

CETIS (2007). "GTD2 (1998–2004): Global Terrorism Database, Draft 1.0," manuscript, University of Maryland.

参考文献

Chapman, Thomas, and Philip G. Roeder (2007). "Partition as a Solution to Wars of Nationalism: The Importance of Institutions," *American Political Science Review*, Vol. 101, No. 4, pp. 677–691.

Cheibub, José A., (2007). *Presidentialism, Parliamentarism, and Democracy*. Cambridge: Cambridge University Press.

Cioffi-Revilla, Claudio A., (1998). *Politics and Uncertainty: Theory, Models, and Applications*. Cambridge: Cambridge University Press.

Clark, William, Michael J. Gilligan, and Matt Golder (2006). "A Simple Multivariate Test for Asymmetric Hypotheses," *Political Analysis* Vol. 14, No. 3, pp. 311–331.

Clarke, Kevin A., (2002). "The Reverend and the Ravens: Comment on Seawright," *Political Analysis*, Vol. 10, No. 2, pp. 194–197.

―― (2005). "The Phantom Menace: Omitted Variable Bias in Econometric Research," *Conflict Management and Peace Science*, Vol. 22, No. 4, pp. 341–352.

Cohen, Bernard P., (1989). *Developing Sociological Knowledge: Theory and Method*, 2nd edition. Chicago: Nelson-Hall.

Collier, David (2011). "Understanding Process Tracing," *PS: Political Science and Politics*, Vol. 44, No. 4, pp. 823–830.

Collier, David, Henry E. Brady, and Jason Seawright (2010a). "Sources of Leverage in Causal Inference: Toward an Alternative View of Methodology," in Henry E. Brady and David Collier eds., *Rethinking Social Inquiry: Diverse Tools, Shared Standards*, 2nd edition. Lanham: Rowman & Littlefield. 泉川泰博・宮下明聡訳『社会科学の方法論争――多様な分析道具と共通の基準 ［原著第2版］』勁草書房, 2014年.

―― (2010b). "Introduction to the Second Edition: A Sea Change in Political Methodology," in Henry E. Brady and David Collier eds., *Rethinking Social Inquiry: Diverse Tools, Shared Standards*, 2nd edition. Lanham: Rowman & Littlefield. 泉川泰博・宮下明聡訳『社会科学の方法論争――多様な分析道具と共通の基準 ［原著第2版］』勁草書房, 2014年。

―― (2010c). "Outdated Views of Qualitative Methods: Time to Move On", *Political Analysis*, Vol. 18, No. 4, pp. 506–513.

Collier, David, and John Gerring eds., (2009). *Concepts and Method in Social Science: The Tradition of Giovanni Sartori*. London: Routledge.

Collier, David, Jody LaPorte, and Jason Seawright (2008). "Typologies: Forming Concepts and Creating Categorical Variable," in Janet M. Box-Steffensmeier, Henry E. Brady and David Collier eds., *The Oxford Handbook of Political Methodology*. Oxford: Oxford University Press.

―― (2012). "Putting Typologies to Work: Concept Formation, Measurement, and Analytic Rigor," *Political Research Quarterly*, Vol. 65, No. 1, pp. 217–232.

Collier, David, and Steven Levitsky (1997). "Democracy with Adjectives: Conceptual

Innovation in Comparative Research," *World Politics*, Vol. 49, No. 3, pp. 430–451.
Collier, David, and James Mahoney (1996). "Insights and Pitfalls: Selection Bias in Qualitative Research," *World Politics*, Vol. 49, No. 1, pp. 56–91.
Collier, David, James Mahoney, and Jason Seawright (2004). "Claiming Too Much: Warnings about Selection Bias," in Henry E. Brady, and David Collier eds., *Rethinking Social Inquiry: Diverse Tools, Shared Standards*. Lanham: Rowman & Littlefield. 泉川泰博・宮下明聡訳『社会科学の方法論争――多様な分析道具と共通の基準』勁草書房，2008年。
Collier, Paul, and Anke Hoeffler (2001). "Greed and Grievance in Civil War," *World Bank Policy Research Working Paper*, No. 2355.
Collier, Ruth Berins, and David Collier (1991). *Shaping the Political Arena: Critical Junctures, the Labor Movement, and Regime Dynamics in Latin America*. Princeton: Princeton University Press.
Collins, John, Ned Hall, and Laurie A. Paul eds., (2004). *Causation and Counterfactuals*. Cambridge: MIT Press.
Cooper, Gregory (1998). "Generalizations in Ecology: A Philosophical Taxonomy," *Biology and Philosophy*, Vol. 13, No. 4, pp. 555–586.
Copi, Irving M., (1982). *Introduction to Logic*, 6th edition. New York: Macmillan.
Copi, Irving M., Carl Cohen, and Kenneth McMahon (2010). *Introduction to Logic*, 14th edition. Upper Saddle River: Prentice Hall.
Cusack, Thomas R., Torben Iversen, and David Soskice (2007). "Economic Interests and the Origins of Electoral Systems," *American Political Science Review*, Vol. 101, No. 3, pp. 373–391.
――― (2010). "Coevolution of Capitalism and Political Representation: The Choice of Electoral Systems," *American Political Science Review*, Vol. 104, No. 2, pp. 393–403.
Dawid, Alexander P., (2000). "Causal Inference without Counterfactuals (with Discussion)," *Journal of the American Statistical Association*, Vol. 95, No. 2, pp. 407–448.
Deyo, Frederic C., (1987). "State and Labor: Modes of Political Exclusion in East Asian Development," in Frederic C. Deyo ed., *The Political Economy of the New Asian Industrialism*. Ithaca: Cornell University Press.
Diamond, Larry, and Leonardo Morlino eds., (2005). *Assessing the Quality of Democracy*. Baltimore: Johns Hopkins University Press.
Dion, Douglas (1998). "Evidence and Inference in the Comparative Case Study," *Comparative Politics*, Vol. 30, No. 2, pp. 127–146.
Downing, Brian (1992). *The Military Revolution and Political Change: Origins of Democracy and Autocracy in Early Modern Europe*. Princeton: Princeton University Press.
Downs, George W., (1989). "The Rational Deterrence Debate," *World Politics* Vol. 41,

参考文献

No. 2, pp. 225–237.
Doyle, Michael W., (1983a). "Kant, Liberal Legacies, and Foreign Affairs, part I," *Philosophy and Public Affairs*, Vol. 12, No. 3, pp. 205–235.
――― (1983b). "Kant, Liberal Legacies, and Foreign Affairs, part I," *Philosophy and Public Affairs*, Vol. 12, No. 4, pp. 323–353.
Drèze, Jean, and Amartya Sen (1989). *Hunger and Public Action*. Oxford: Oxford University Press.
Druckman, James N., Donald P. Green, James H. Kuklinski, and Arthur Lupia eds., (2011). *Cambridge Handbook of Experimental Political Science*. Cambridge: Cambridge University Press.
Dunning, Thad (2008). "Improving Causal Inference Strengths and Limitations of Natural Experiments," *Political Research Quarterly*, Vol. 61, No. 2, pp. 282–293.
――― (2012). *Natural Experiments in the Social Sciences: A Design-Based Approach*. Cambridge: Cambridge University Press.
Duverger, Maurice (1955). *Political Parties: Their Organization and Activity in the Modern State*. New York: Wiley. 岡野加穂留訳『政党社会学――現代政党の組織と活動』潮出版社, 1970 年.
Eckstein, Harry (1975). "Case Study and Theory in Political Science," in Fred I. Greenstein, and Nelson W. Polsby eds., *Handbook of Political Science*, Vol.7. Reading: Addison-Wesley.
Eliason, Scott R., and Robin Stryker (2009). "Goodness-of-Fit Tests and Descriptive Measures in Fuzzy-Set Analysis," *Sociological Methods and Research*, Vol. 38, No. 1, pp. 102–146.
Elman, Colin (2005). "Explanatory Typologies in Qualitative Studies of International Politics," *International Organization*, Vol. 59, No. 2, pp. 293–326.
Elster, Jon (1978). *Logic and Society: Contradictions and Possible Worlds*. Chichester: Wiley.
――― (1989). *Nuts and Bolts for the Social Sciences*. Cambridge: Cambridge University Press. 海野道郎訳『社会科学の道具箱――合理的選択理論入門』ハーベスト社, 1997 年.
――― (1999). *Strong Feelings: Emotion, Addiction, and Human Behavior*. Cambridge: MIT Press. 染谷昌義訳『合理性を圧倒する感情』勁草書房, 2008 年.
Esping-Andersen, Gøsta (1990). *The Three Worlds of Welfare Capitalism*. Cambridge: Polity Press. 岡沢憲芙・宮本太郎監訳『福祉資本主義の三つの世界――比較福祉国家の理論と動態』ミネルヴァ書房, 2001 年.
Falleti, Tulia G., and Julia Lynch (2009). "Context and Causal Mechanisms in Political Analysis," *Comparative Political Studies*, Vol. 42, No. 9, pp. 1143–1166.
Fearon, James D., (1991). "Counterfactuals and Hypothesis Testing in Political Sci-

ence," *World Politics*, Vol. 43, No. 2, pp. 169–195.
——— (1996). "Causes and Counterfactuals in Social Science: Exploring an Analogy between Cellular Automata and Historical Processes," in Philip E. Tetlock and Aaron Belkin eds., *Counterfactual Thought Experiments in World Politics: Logical, Methodological, and Psychological Perspectives*. Princeton: Princeton University Press.
——— (2003). "Ethnic and Cultural Diversity by Country," *Journal of Economic Growth*, Vol. 8, No. 2, pp. 195–222.
Fearon, James D., and David D. Latin (2003). "Ethnicity, Insurgency and Civil War," *American Political Science Review*, Vol. 97, No. 1, pp. 75–90.
——— (2008). "Integrating Qualitative and Quantitative Methods," in Janet M. Box-Steffensmeier, Henry E. Brady and David Collier eds., *The Oxford Handbook of Political Methodology*. Oxford: Oxford University Press.
Ferguson, Niall ed., (1999). *Virtual History: Alternatives and Counterfactuals*. New York: Basic Books.
Finnemore, Martha (1996). "Constructing Norms of Humanitarian Intervention," in Peter J. Katzenstein ed., *The Culture of National Security: Norms and Identity in World Politics*. New York: Columbia University Press.
Fischer, Claude S. et al., (1996). *Inequality by Design: Cracking the Bell Curve Myth*. Princeton: Princeton University Press.
Fischer, David H., (1970). *Historians' Fallacies: Toward a Logic of Historical Thought*. New York: Harper & Row.
Fortna, Virginia Page (2008). *Does Peacekeeping Work?: Shaping Belligerents' Choices after Civil War*. Princeton: Princeton University Press.
Franzese, R.J., Jr., (2003). "Quantitative Empirical Methods and the Context-Conditionality of Classic and Modern Comparative Politics," *CP: Newsletter of the Comparative Politics Organized Section of the American Political Science Association*, Vol. 14, No. 1, pp. 20–24.
Freedman, David (1991). "Statistical Models and Shoe Leather," *Sociological Methodology*, Vol. 21, pp. 291–313.
——— (2009). *Statistical Models: Theory and Practice*, revised edition. Cambridge: Cambridge University Press.
——— (2010a). *Statistical Models and Causal Inference: A Dialogue with the Social Sciences*. Cambridge: Cambridge University Press.
——— (2010b). "Black Ravens, White Shoes, and Case Selection," in David Freedman, *Statistical Models and Causal Inference: A Dialogue with the Social Sciences*. Cambridge: Cambridge University Press.
Garfinkel, Alan (1990). *Forms of Explanation: Rethinking the Questions in Social The-*

ory. New Haven: Yale University Press.

Gartzke, Erik, and Dong-Joon Jo (2009). "Bargaining, Nuclear Proliferation, and Interstate Disputes," *Journal of Conflict Resolution*, Vol. 53, No. 2, pp. 209–233.

Gates, Scott, Håvard Herge, Mark P. Jones, and Håvard Strand (2006). "Institutional Inconsistency and Political Instability: Polity Duration, 1800–2000," *American Journal of Political Science*, Vol. 50, No. 4, pp. 893–908.

Geddes, Barbara (1990). "How the Cases You Choose Affect the Answers You Get: Selection Bias in Comparative Politics," *Political Analysis*, Vol. 2, No. 1, pp. 131–150.

——— (1999). "What Do We Know about Democratization after Twenty Years?" *Annual Review of Political Science*, Vol. 2, pp. 115–144.

——— (2003). *Paradigms and Sand Castles: Theory Building and Research Design in Comparative Politics*. Ann Arbor: University of Michigan Press.

Geertz, Clifford (1973). *The Interpretation of Cultures: Selected Essays*. New York: Basic Books. 吉田禎吾ほか訳『文化の解釈学』上下巻, 岩波書店, 1987 年。

Gensler, Harry J., (2002). *Introduction to Logic*. London: Routledge.

George, Alexander L., and Andrew Bennett (2005). *Case Studies and Theory Development in the Social Sciences*. Cambridge: MIT Press. 泉川泰博訳『社会科学のケース・スタディ——理論形成のための定性的手法』勁草書房, 2013 年。

George, Alexander L., and Timothy J. McKeown (1985). "Case Studies and Theories of Organizational Decision Making," *Advances in Information Processing in Organizations*, Vol. 2, pp. 21–58.

George, Alexander L., and Richard Smoke (1974). *Deterrence in American Foreign Policy: Theory and Practice*. New York: Columbia University Press.

Gerring, John (2007a). *Case Study Research: Principles and Practices*. Cambridge: Cambridge University Press.

——— (2007b). "Is There a (Viable) Crucial-Case Method?" *Comparative Political Studies*, Vol. 40, No. 3, pp. 231–253.

——— (2008). "The Mechanismic World View: Thinking Inside the Box," *British Journal of Political Science*, Vol. 38, No. 1, pp. 161–179.

——— (2010). "Causal Mechanisms: Yes, But…," *Comparative Political Studies*, Vol. 43, No. 11, pp. 1499–1526.

——— (2012). *Social Science Methodology: A Unified Framework*, 2nd edition. Cambridge: Cambridge University Press.

Gerschenkron, Alexander (1943). *Bread and Democracy in Germany*. Berkeley: University of California Press.

Gill, Jeff (2007). *Bayesian Methods: A Social and Behavioral Sciences Approach*, 2nd edition. London: Chapman and Hall.

Glynn, Adam N., and Kevin M. Quinn (2011). "Why Process Matters for Causal Inference," *Political Analysis*, Vol. 19, No. 3, pp. 273–286.

Goemans, Henk E., (2000). "Fighting for Survival: The Fate of Leaders and the Duration of War," *Journal of Conflict Resolution*, Vol. 44, No. 5, pp. 555–579.

Goertz, Gary (1994). *Contexts of International Politics*. Cambridge: Cambridge University Press.

—— (2003a). *International Norms and Decision Making: A Punctuated Equilibrium Model*. Lanham: Rowman & Littlefield.

—— (2003b). "The Substantive Importance of Necessary Condition Hypotheses," in Gary Goertz and Harvey Starr eds., *Necessary Conditions: Theory, Methodology, and Applications*. Lanham: Rowman & Littlefield.

—— (2003c). "The Substantive Importance of Necessary Condition Hypotheses," in Gary Goertz, and Harvey Starr eds., *Necessary Conditions: Theory, Methodology, and Applications*. Lanham: Rowman & Littlefield.

—— (2006a). *Social Science Concepts: A User's Guide*. Princeton: Princeton University Press.

—— (2006b). "Assessing the Trivialness, Relevance, and Relative Importance of Necessary or Sufficient Conditions in Social Science," *Studies in Comparative International Development*, Vol. 41, No. 2, pp. 88–109.

—— (2008). "A Checklist for Constructing, Evaluating and Using Concepts or Quantitative Measures," in Janet M. Box-Steffensmeier, Henry E. Brady and David Collier eds., *The Oxford Handbook of Political Methodology*. Oxford: Oxford University Press.

Goertz, Gary, Tony Hak, and Jan Dul (2013). "Ceilings and Floors: Where Are There No Observations?" *Sociological Methods and Research*, Vol. 42, No. 1, pp. 3–40.

Goertz, Gary, and Jack S. Levy eds., (2007). *Explaining War and Peace: Case Studies and Necessary Condition Counterfactuals*. New York: Routledge.

Goertz, Gary, and James Mahoney (2005). "Two-Level Theories and Fuzzy-Set Analysis," *Sociological Methods and Research*, Vol. 33, No. 4, pp. 497–538.

—— (2009). "Scope in Case Study Research," in David Byrne, and Charles C. Ragin eds., *The SAGE Handbook of Case-Based Methods*. Newbury Park: Sage Publication.

Goertz, Gary, and Harvey Starr eds., (2003). *Necessary Conditions: Theory, Methodology, and Applications*. Lanham: Rowman & Littlefield.

Goldstone, Jack A., (2003). "Comparative Historical Analysis and Knowledge Accumulation in the Study of Revolutions" in James Mahoney, and Dietrich Rueschemeyer eds., *Comparative Historical Analysis in the Social Sciences*. Cambridge: Cambridge University Press.

Goodwin, Jeff, and Theda Skocpol (1989). "Explaining Revolutions in the Contemporary Third World," *Politics and Society*, Vol. 17, No. 4, pp. 489–509.

Green, Donald P., Shang E. Ha, and John G. Bullock (2010). "Enough Already about "Black Box" Experiments: Studying Mediation Is More Difficult than Most Scholars Suppose," *Annals of the American Academy of Political and Social Science*, Vol. 628, pp. 200–208.

Gurr, Ted R., (1974). "Persistence and Change in Political System, 1800–1971," *American Political Science Review*, Vol.68, No. 4, pp. 1482–1504.

Gurr, Ted R., Keith Jaggers and Will H. Moore (1990). "The Transformation of the Western State: the Growth of Democracy, Autocracy, and State Power since 1800," *Studies in Comparative International Development*, Vol. 25, No. 1, pp. 73–108.

Hale, Henry E., (2004) "Divided We Stand: Institutional Sources of Ethnofederal State Survival and Collapse," *World Politics*, Vol. 56, No. 2, pp.165–193.

Hall, Peter A., (2003) "Aligning Ontology and Methodology in Comparative Politics," in James Mahoney, and Dietrich Rueschemeyer eds., *Comparative Historical Analysis in the Social Sciences*. Cambridge: Cambridge University Press.

Hansen, Holley, Sara Mitchell, and Stephen Nemeth (2008). "International Organization Mediation of Interstate Conflicts: Moving Beyond the Global vs. Regional Dichotomy," *Journal of Conflict Resolution*, Vol. 52, No. 2, pp. 295–325.

Harff, Barbara (2003). "No Lessons Learned from the Holocaust?: Assessing Risks of Genocide and Political Mass Murder since 1955," *American Political Science Review*, Vol. 97, No. 1, pp. 57–73.

Hart, Herbert L.A., and Tony Honoré (1985). *Causation in the Law*, 2nd edition. Oxford: Oxford University Press. 井上祐司・真鍋毅・植田博訳『法における因果性』九州大学出版会, 1991年。

Harvey, Frank P., (2012). *Explaining the Iraq War: Counterfactual Theory, Logic and Evidence*. Cambridge: Cambridge University Press.

Hausman, Alan, Howard Kahane, and Paul Tidman (2010). *Logic and Philosophy: A Modern Introduction*, 11th edition, Boston: Wadsworth.

Heckman, James J., (1976). "The Common Structure of Statistical Models of Truncation, Sample Selection and Limited Dependent Variables and a Simple Estimator for Such Models," *Annals of Economic and Social Measurement*, Vol. 5, No. 4, pp. 475–492.

―――― (1979). "Sample Selection Bias as a Specification Error," *Econometrica*, Vol. 47, No. 1, pp. 153–161.

―――― (2005). "The Scientific Model of Causality," *Sociological Methodology*, Vol. 35, No. 1, pp. 1–97.

Hedström, Peter, and Richard Swedberg eds., (1998). *Social Mechanisms: An Analytical Approach to Social Theory*. Cambridge: Cambridge University Press.

Hedström, Peter, and Petri Ylikoski (2010). "Causal Mechanisms in the Social Sciences," *Annual Review of Sociology*, Vol. 36, pp. 49–67.

Heinze, Georg, and Michael Schemper (2002). "A Solution to the Problem of Separation in Logistic Regression," *Statistics in Medicine*, Vol. 21, No. 16, pp. 2409–2419.

Hempel, Carl G., (1942). "The Function of General Laws in History," *Journal of Philosophy*, Vol. 39, No. 2, pp. 35–48.

────── (1952). *Fundamentals of Concept Formation in Empirical Science*. Chicago: University of Chicago Press.

────── (1965). *Aspects of Scientific Explanation: And Other Essays in the Philosophy of Science*. New York: Free Press.

Herrnstein, Richard J., and Charles Murray (1994). *The Bell Curve: Intelligence and Class Structure in American Life*. New York: Free Press.

Herron, Michael C., and Kevin M. Quinn (2009). "A Careful Look at Modern Case Selection Methods," Paper presented at the annual meetings of the Midwest Political Science Association.

Hicks, Alexander, Joya Misra, and Tang Nah Ng (1995). "The Programmatic Emergence of the Social Security State," *American Sociological Review*, Vol. 60, No. 3, pp. 329–349.

Holland, Paul W., (1986). "Statistics and Causal Inference (with Discussion)," *Journal of the American Statistical Association*, Vol. 81, No. 4, pp. 945–970.

────── (1988). "Causal Inference, Path Analysis, and Recursive Structural Equation Models," *Sociological Methodology*, Vol. 18, pp. 449–484.

Howard, Marc Morjé, and Philip G. Roessler (2006). "Liberalizing Electoral Outcomes in Competitive Authoritarian Regimes," *American Journal of Political Science*, Vol. 50, No. 2, pp. 365–381.

Hume, David (1777/1975). *Enquiries Concerning Human Understanding and Concerning the Principles of Morals*. Oxford: Oxford University Press.

Imai, Kosuke, Luke Keele, Dustin Tingley and Teppei Yamamoto (2011). "Unpacking the Black Box of Causality: Learning about Causal Mechanisms from Experimental and Observational Studies," *American Political Science Review*, Vol. 105, No. 4, pp. 765–789.

Jackman, Robert W., (1985). "Cross-National Statistical Research and the Study of Comparative Politics," *American Political Science Review*, Vol. 29, No. 1, pp. 161–182.

Jackman, Simon (2009). *Bayesian Analysis for the Social Sciences*. Chichester: Wiley.

Jaggers, Keith, and Ted Robert Gurr (1995). "Tracking Democracy's Third Wave with the Polity III Data," *Journal of Peace Research*, Vol. 32, No 4, pp. 469–482.

Jones, Bryan D., et al., (2009). "A General Empirical Law of Public Budgets: A Comparative Analysis," *American Journal of Political Science*, Vol. 53, No. 4, pp. 855–873.

Kam, Cindy D., and Robert J. Franzese, Jr., (2007). *Modeling and Interpreting Interactive Hypotheses in Regression Analysis*. Ann Arbor: University of Michigan Press.

Kaufmann, Daniel, Aart Kraay and Massimo Mastruzzi (2007). "Growth and Governance: A Reply," *Journal of Politics*, Vol. 69, No. 2, pp. 555–562.

Kenworthy, Lane (2003). "Quantitative Indicators or Corporatism," *International Journal of Sociology*, Vol.33, No. 3, pp. 10–44.

Keohane, Robert (1980). "The Theory of Hegemonic Stability and Changes in International Regimes, 1967–1977," in Ole R. Holsti, Randolph M. Siverson, Alexander L. George eds., *Change in the International System*. Boulder: Westview Press.

Khong, Yuen Foong (1996). "Confronting Hitler and Its Consequences," in Philip E. Tetlock and Aaron Belkin eds., *Counterfactual Thought Experiments in World Politics: Logical, Methodological, and Psychological Perspectives*. Princeton: Princeton University Press.

King, Gary (1986). "How Not to Lie with Statistics: Avoiding Common Mistakes in Quantitative Political Science," *American Journal of Political Science*, Vol. 30, pp. 666–687.

―――― (1991). "'Truth' is Stranger than Prediction, More Questionable than Causal Inference," *American Journal of Political Science*, Vol. 35, pp. 1047–1053.

King, Gary, Robert O. Keohane, and Sidney Verba (1994). *Designing Social Inquiry: Scientific Inference in Qualitative Research*. Princeton: Princeton University Press. 真渕勝監訳『社会科学のリサーチ・デザイン――定性的研究における科学的推論』勁草書房，2004 年。

King, Gary, and Langche Zeng (2006). "The Dangers of Extreme Counterfactuals," *Political Analysis*, Vol. 14, No. 2, pp. 131–159.

―――― (2007). "When Can History Be Our Guide?: The Pitfalls of Counterfactual Inference," *International Studies Quarterly*, Vol. 51, No. 1, pp. 183–210.

Kiser, Edgar (1996). "The Revival of Narrative in Historical Sociology: What Rational Choice Theory Can Contribute," *Politics and Society*, Vol. 24, No. 3, pp. 249–271.

Klein, James P., Gary Goertz, and Paul F. Diehl (2006). "The New Rivalry Dataset: Procedures and Patterns," *Journal of Peace Research*, Vol. 43, No. 3, pp. 331–348.

Klir, George J., and Bo Yuan (1995). *Fuzzy Sets and Fuzzy Logic: Theory and Applications*. Upper Saddle River: Prentice Hall.

Klir, George J., Ute H. St. Clair, and Bo Yuan (1997). *Fuzzy Set Theory: Foundations and Applications*. Englewood Cliff: Prentice-Hall.

Koo, Hagen (1987). "The Interplay of State, Social Class, and World System in East

Asian Development: the Case of South Korea and Taiwan," in Frederic C. Deyo ed., *The Political Economy of the New Asian Industrialism*. Ithaca: Cornell University Press.

Kosko, Bart (1993). *Fuzzy Thinking: The New Science of Fuzzy Logic*. New York: Hyperion.

Kreuzer, Marcus (2010). "Historical Knowledge and Quantitative Analysis: The Case of the Origins of Proportional Representation," *American Political Science Review*, Vol. 104, No. 2, pp. 369–392.

Kurtz, Marcus J., and Andrew Schrank (2007). "Growth and Governance: Models, Measures, and Mechanisms," *Journal of Politics*, Vol. 69, No. 2, pp. 538–554.

Lakoff, George (1987). *Women, Fire, and Dangerous Things: What Categories Reveal about the Mind*. Chicago: University of Chicago Press. 池上嘉彦ほか訳『認知意味論——言語から見た人間の心』紀伊国屋書店，1993年。

Lakoff, George, and Rafael E. Núñez (2000). *Where Mathematics Comes From: How the Embodied Mind Brings Mathematics into Being*. New York: Basic Books. 植野義明・重光由加訳『数学の認知科学』丸善出版，2012年。

Lange, Matthew (2009). *Lineages of Despotism and Development: British Colonialism and State Power*. Chicago: University of Chicago Press.

Leamer, Edward E., (1978). *Specification Searches: Ad Hoc Inference with Nonexperimental Data*. New York: Wiley.

Lebow, Richard Ned (2010). *Forbidden Fruit: Counterfactuals and International Relations*. Princeton: Princeton University Press.

Levi, Margaret (1988). *Of Rule and Revenue*. Berkeley: University of California Press.

Levitsky, Steven, and Lucan A. Way (2010). *Competitive Authoritarianism: Hybrid Regimes after the Cold War*. Cambridge: Cambridge University.

Levy, Jack S., (1988). "Domestic Politics and War," *Journal of Interdisciplinary History*, Vol. 18, No. 4, pp. 653–673.

Levy, Jack S., and William R. Thompson (2010). "Balancing on Land and at Sea: Do States Ally against the Leading Global Power?" *International Security*, Vol. 35, No. 1, pp. 7–43.

Lewis, David (1973). *Counterfactuals*. Cambridge: Harvard University Press. 吉満昭宏訳『反事実的条件法』勁草書房，2007年。

―――― (1986a). "Causation, Postscripts to 'Causation'" in David Lewis, *Philosophical Papers*, vol.2, Oxford: Oxford University Press.

―――― (1986b). "Causal Explanation" in David Lewis, *Philosophical Papers*, vol.2, Oxford: Oxford University Press.

Lieberman, Evan S., (2003). *Race and Regionalism in the Politics of Taxation in Brazil and South Africa*. Cambridge: Cambridge University Press.

参考文献

―――― (2005). "Nested Analysis as a Mixed-Method Strategy for Comparative Research," *American Political Science Review*, Vol. 99, No. 3, pp. 435–452.

Lieberson, Stanley (1985). *Making It Count: the Improvement of Social Research and Theory*. Berkeley: University of California Press.

Lieberson, Stanley, and Freda B. Lynn (2002). "Barking Up the Wrong Branch: Scientific Alternatives to the Current Model of Sociological Science," *Annual Review of Sociology*, Vol. 28, pp. 1–19.

Lijphart, Arendt (1971). "Comparative Politics and the Comparative Method," *American Political Science Review*, Vol. 65, No. 3, pp. 682–693.

Linz, Juan J., and Alfred Stepan (1996). *Problems of Democratic Transition and Consolidation: Southern Europe, South America, and Post-Communist Europe*. Baltimore: Johns Hopkins University Press. 荒井祐介・五十嵐誠一・上田太郎訳『民主化の理論――民主主義への移行と定着の課題』一藝社，2005年。

Lipset, Seymour M., (1959). "Some Social Requisites of Democracy: Economic Development and Political Legitimacy," *American Political Science Review*, Vol. 53, No. 1, pp. 69–105.

Londregan, John B., and Keith T. Poole (1996). "Does High Income Promote Democracy?" *World Politics*, Vol. 49, No. 1, pp. 1–31

Lott, John R., Jr., (2000). "Gore Might Lose A Second Round: Media Suppressed the Bush Vote," *Philadelphia Inquirer*, Nov.14, p.23A.

Luebbert, Gregory M., (1991). *Liberalism, Fascism, or Social Democracy: Social Classes and the Political Origins of Regimes in Interwar Europe*. Oxford: Oxford University Press.

Mackie, John L., (1965). "Causes and Conditions," *American Philosophical Quarterly*, Vol. 2, No. 4, pp. 245–264.

―――― (1980). *The Cement of the Universe: A Study of Causation*. Oxford: Clarendon Press.

MacKinnon, David P., (2008). *Introduction to Statistical Mediation Analysis*. New York: Taylor and Francis.

Maddala, Gangadharrao S., (1983). *Limited-Dependent and Qualitative Variables in Econometrics*. Cambridge: Cambridge University Press, 1983

Mahoney, James (2001). "Beyond Correlational Analysis: Recent Innovations in Theory and Method," in *Sociological Forum*, Vol. 16, No. 3, pp. 575–593.

―――― (2010a). "After KKV: The New Methodology of Qualitative Research," *World Politics*, Vol. 62, No. 1, pp. 120–147.

―――― (2010b). *Colonialism and Postcolonial Development: Spanish America in Comparative Perspective*. Oxford: Oxford University Press.

―――― (2012). "The Logic of Process Tracing Tests in the Social Sciences," *Sociological*

Methods and Research, Vol. 41, No. 4, pp. 570–597.

Mahoney, James, and Gary Goertz (2004). "The Possibility Principle: Choosing Negative Cases in Comparative Research," *American Political Science Review*, Vol. 98, No. 4, pp. 653–669.

Mahoney, James, and Dietrich Rueschemeyer eds., (2003). *Comparative Historical Analysis in the Social Sciences*. Cambridge: Cambridge University Press.

Mainwaring, Scott (1993). "Presidentialism, Multipartism, and Democracy: The Difficult Combination," *Comparative Political Studies*, Vol. 26, No. 2, pp. 198–228.

Mainwaring, Scott, Daniel Brinks and Aníbal Pérez-Liñán (2001). "Classifying Political Regimes in Latin America, 1945–1999," *Studies in Comparative International Development*, Vol. 36, No. 1, pp. 37–65.

Manski, Charles F., (1995). *Identification Problems in the Social Sciences*. Cambridge: Harvard University Press.

Marshall, Monty G., and Keith Jaggers (2002). "Polity IV Project Dataset Users' Manual", unpublished manuscript, University of Maryland.

Marshall, Monty G., Keith Jaggers, and Ted R. Gurr (2010). *Polity IV Project: Political Regime Characteristics and Transitions, 1800–2009*. Center for Systemic Peace, www.systemicpeace.org/polity/polity4.htm.

Mayntz, Renate (2004). "Mechanisms in the Analysis of Social Macro-Phenomena," *Philosophy of the Social Sciences*, Vol. 34, No. 2, pp. 237–259.

McAdam, Doug, Sidney Tarrow, and Charles Tilly (2001). *Dynamics of Contention*. Cambridge: Cambridge University Press.

McClelland, Peter D., (1975). *Causal Explanation and Model Building in History, Economics, and the New Economic History*. Ithaca: Cornell University Press. 広松毅訳『新しい経済史の方法——因果的説明とモデル・ビルディング』日本経済新聞社，1979年。

McNeill, Dan, and Paul Freiberger (1994). *Fuzzy Logic: The Revolutionary Computer Technology That Is Changing Our World*. New York: Simon and Schuster. 田中啓子訳『ファジィ・ロジック——パラダイム革新のドラマ』新曜社，1995年。

Mikkelson, Gregory M., (1996). "Stretched Lines, Averted Leaps, and Excluded Competition: A Theory of Scientific Counterfactuals," *Philosophy of Science*, Vol. 63, No. 3, pp. 194–201.

Milgram, Stanley (1974). *Obedience to Authority: An Experimental View*. New York: Harper & Row. 山形浩生訳『服従の心理』河出書房新社，2012年。

Mill, John Stuart (1843/1974). "Of the Four Methods of Experimental Inquiry," in John Stuart Mill, *A System of Logic*, book 3 chap.8, Toronto: University of Toronto Press.

Moore, Barrington, Jr. (1966). *Social Origins of Dictatorship and Democracy: Lord and Peasant in the Making of the Modern World.* Boston: Beacon Press. 宮崎隆次・森山茂徳・高橋直樹訳『独裁と民主政治の社会的起源——近代世界形成過程における領主と農民』上下巻，岩波書店，1986-1987 年。

Morgan, Stephen L., and Christopher Winship (2007). *Counterfactuals and Causal Inference: Methods and Principles for Social Research.* Cambridge: Cambridge University Press.

Morton, Rebecca B., and Kenneth C. Williams (2010). *Experimental Political Science and the Study of Causality: From Nature to the Lab.* Cambridge: Cambridge University Press.

Narang, Vipin, and Rebecca M. Nelson (2009). "Who Are These Belligerent Democratizers?: Reassessing the Impact of Democratization on War," *International Organization*, Vol. 63, No. 2, pp. 357-379.

Neyman, Jerzy. (1923/1990) "On the Application of Probability Theory to Agricultural Experiments: Essay on Principles. Section.9," *Statistical Science*, Vol. 5, No. 4, pp. 465-472.

Norkus, Zenonas (2005). "Mechanisms as Miracle Makers?: the Rise and Inconsistencies of the 'Mechanismic Approach' in Social Science and History," *History and Theory*, Vol. 44, No. 3, pp. 348-372.

O'Donnell, Guillermo, and Philippe C. Schmitter (1986). *Transitions from Authoritarian Rule: Tentative Conclusions about Uncertain Democracies.* Baltimore: Johns Hopkins University Press. 真柄秀子・井戸正伸訳『民主化の比較政治学——権威主義支配以後の政治世界』未来社，1986 年。

Ostrom, Elinor (2005). *Understanding Institutional Diversity.* Princeton: Princeton University Press.

Pape, Robert A., (2005). *Dying to Win: The Strategic Logic of Suicide Terrorism.* New York: Random House.

Pearl, Judea (2000). *Causality: Models, Reasoning, and Inference.* Cambridge: Cambridge University Press. 黒木学訳『統計的因果推論——モデル・推論・推測』共立出版，2009 年。

——— (2012). "The Mediation Formula: A Guide to the Assessment of Causal Pathways in Non-Linear Models," in Carlo Berzuini, Philip Dawid, and Luisa Bernardinelli eds., *Causality: Statistical Perspectives and Applications.* Chichester: Wiley.

Pevehouse, Jon C., (2005). *Democracy from Above: Regional Organizations and Democratization.* Cambridge: Cambridge University Press.

Pevehouse, Jon C., and Jason D. Brozek (2008). "Time-Series Analysis," in Janet M. Box-Steffensmeier, Henry E. Brady and David Collier eds., *The Oxford Handbook of Political Methodology.* Oxford: Oxford University Press.

Plümper, Thomas, and Eric Neumayer (2010). "The Level of Democracy during Interregnum Periods: Recoding the Polity2 Score," *Political Analysis*, Vol. 18, No. 2, pp. 206–226.

Porpora, Douglas V., (2008). "Sociology's Causal Confusion," in Ruth Groff ed., *Revitalizing Causality: Realism about Causality in Philosophy and Social Science*. London: Routledge.

Przeworski, Adam, Michael Alvarez, José A. Cheibub, and Fernando Limongi (2000). *Democracy and Development: Political Institutions and Well-being in the World, 1950–1990*. Cambridge: Cambridge University Press.

Przeworski, Adam, and Henry Teune (1970). *The Logic of Comparative Social Inquiry*. New York: John Wiley & Sons.

Ragin, Charles C., (1987). *The Comparative Method: Moving beyond Qualitative and Quantitative Strategies*. Berkeley: University of California Press. 鹿又信夫監訳『社会科学における比較研究——質的分析と計量的分析の統合にむけて』ミネルヴァ書房, 1993年。

―――― (2000). *Fuzzy-Set Social Science*. Chicago: University of Chicago Press.

―――― (2008). *Redesigning Social Inquiry: Fuzzy Sets and Beyond*. Chicago: University of Chicago Press.

Ragin, Charles C., and Garrett A. Schneider (2009). "Case-Oriented versus Variable-Oriented Theory Building and Testing," manuscript, University of Arizona.

―――― (2010). "Comparative Political Analysis: Six Case-Oriented Strategies," manuscript, University of Arizona.

Ramirez, Francisco O., Yasemin Soysal, Suzanne Shanahan (1997). "The Changing Logic of Political Citizenship: National Acquisition of Women's Suffrage Rights, 1890–1990," *American Sociological Review*, Vol. 62, No. 5, pp. 735–745.

Ray, James L., (1993). "Wars between Democracies: Rare or Nonexistent?" *International Interactions*, Vol.18, No. 3, pp. 251–276.

―――― (2003). "Explaining Interstate Conflict and War: What Should Be Controlled for?" *Conflict Management and Peace Science*, Vol. 20, No. 2, pp. 1–31.

―――― (2005). "Constructing Multivariate Analyses (of Dangerous Dyads)," *Conflict Management and Peace Science*, Vol. 24, No. 4, pp. 277–292.

Reiss, Julian (2009). "Counterfactuals, Thought Experiments, and Singular Causal Analysis in History," *Philosophy of Science*, Vol. 76, No. 5, pp. 712–723.

Roberts, Clayton (1996). *The Logic of Historical Explanation*. University Park: Pennsylvania State University Press.

Robinson, James A., (2006). "Economic Development and Democracy," *Annual Review of Political Science*, Vol. 9, pp. 503–527.

Rodrick, Dani (2006). "Industrial Development: Stylized Facts and Policies," manuscript, Harvard University.

Rohlfing, Ingo (2008). "What You See and What You Get: Pitfalls and Principles of Nested Analysis in Comparative Research," *Comparative Political Studies*, Vol. 41, No. 11, pp. 1492–1514.

―――― (2012). *Case Studies and Causal Inference: An Integrative Framework*. London: Palgrave Macmillan.

Rubin, Donald. B., (1974). "Estimating Causal Effects of Treatments in Randomized and Nonrandomized Studies," *Journal of Educational Psychology*, Vol. 66, No. 5, pp. 688–701.

―――― (1978). "Bayesian Inference for Causal Effects: The Role of Randomization," *The Annals of Statistics*, Vol. 6, No. 1, pp. 34–58.

―――― (1990). "Comment: Neyman (1923) and Causal Inference in Experiments and Observational Studies," *Statistical Science*, Vol. 5, No. 4, pp. 472–480.

Rueschemeyer, Dietrich, Evelyne Huber Stephens, and John D. Stephens (1992). *Capitalist Development and Democracy*. Chicago: University of Chicago Press.

Russett, Bruce (1995). "The Democratic Peace: 'And Yet It Moves'," *International Security*, Vol. 19, No. 4, pp. 164–175.

Russett, Bruce, and Harvey Starr (2000). "From Democratic Peace to Kantian Peace: Democracy and Conflict in the International System," in Manus I. Midlarsky ed., *Handbook of War Studies*. Ann Arbor: University of Michigan Press.

Ryckman, Mike, and Gary Goertz (2009). "Rethinking and Re-Estimating the Impact of Wealth (GDP/capita) on Civil War Onset," Paper presented at Peace Science Society meetings.

Salmon, Wesley C., (1994). "Causality without Counterfactuals," *Philosophy of Science*, Vol. 61, No. 2, pp. 297–312.

―――― (1998). *Causality and Explanation*. Oxford: Oxford University Press.

Sambanis, Nicholas (2004a). "Using Case Studies to Expand Economic Models of Civil War," *Perspectives on Politics*, Vol. 2, No. 2, pp. 259–279.

―――― (2004b). "What Is Civil War?: Conceptual and Empirical Complexities of an Operational Definition," *Journal of Conflict Resolution*, Vol. 48, No. 6, pp. 814–858.

―――― (2008). "Terrorism and Civil War," in Philip Keefer, and Norman Loayza eds., *Terrorism, Economic Development, and Political Openness*. Cambridge: Cambridge University Press.

Sartori, Giovanni (1970). "Concept Misformation in Comparative Politics," *American Political Science Review*, Vol. 64, No. 4, pp. 1033–1053.

―――― (1984). "Guidelines for Concept Analysis," in Giovanni Sartori ed., *Social Science Concepts: A Systematic Analysis*. Beverly Hills: Sage Publications.

Schedler, Andreas (2002). "Elections without Democracy: the Menu of Manipulation," *Journal of Democracy*, Vol. 13, No. 2, pp. 36–50.

Schmid, Alex P., and Albert J. Jongman (1988). *Political Terrorism: A New Guide to Actors, Authors, Concepts, Data Bases, and Literature.* New York: North Holland.

Schmitter, Philippe C., (1974). "Still the Century of Corporatism," *Review of Politics*, Vol. 36, No. 1, pp.85–131.

Schneider, Carsten Q., (2007). "Opposition in Transition. Does Unity Bring Dictators Down?: A QCA Re-Analysis of Howard & Roessler's Study of Liberalizing Electoral Outcomes," manuscript, Central European University.

Schneider, Carsten Q., and Ingo Rohlfing (2010). "It's Complex!: Combining Set-Theoretic Methods and Case Studies in Multimethod Research," manuscript.

——— (2011). "Combining QCA and Process Tracing in Set-Theoretic Multi-Method Research," manuscript. [(2013). *Sociological Methods and Research*, Vol. 42, No. 4, pp. 559–597.]

Schneider, Carsten Q., and Claudius Wagemann (2012). *Set-Theoretic Methods for the Social Sciences: A Guide to Qualitative Comparative Analysis.* Cambridge: Cambridge University Press.

Schrodt, Philip (2010). "Seven Deadly Sins of Contemporary Quantitative Political Analysis." Paper presented at the annual meeting of the American Political Science Association.

Seawright, Jason (2002). "Testing for Necessary and/or Sufficient Causation: Which Cases Are Relevant?" *Political Analysis*, Vol. 10. No. 2, pp. 178–193.

——— (2005). "Qualitative Comparative Analysis vis-à-vis Regression," *Studies in Comparative International Development*, Vol. 40, No. 1, pp. 3–26.

——— (2011). "Matching Quantitative Case Selection Procedures with Case-Study Analytic Goals," manuscript, Northwestern University.

Seawright, Jason, and John Gerring (2007). "Techniques for Choosing Cases," in John Gerring, *Case Study Research: Principles and Practices.* Cambridge: Cambridge University Press.

——— (2008). "Case-Selection Techniques in Case Study Research: A Menu of Qualitative and Quantitative Options," *Political Research Quarterly*, Vol. 61, No. 2, pp. 294–308.

Sekhon, Jasjeet S., (2004). "Quality Meets Quantity: Case Studies, Conditional Probability and Counterfactuals," *Perspectives on Politics*, Vol. 2, No. 2, pp. 282–293.

——— (2009). "Opiates for the Matches: Matching Methods for Causal Inference," *Annual Review of Political Science*, Vol. 12, pp. 487–508.

Senese, Paul D., and John A. Vasquez (2008). *The Steps to War: An Empirical Study.* Princeton: Princeton University Press.

Sewell, William H., Jr. (2005). "The Concept (s) of Culture," in William H. Sewell, Jr., *Logics of History: Social Theory and Social Transformation.* Chicago: University of

参考文献

Chicago Press.
Shadish, William R., Thomas D. Cook, and Donald T. Campbell (2002). *Experimental and Quasi-Experimental Designs for Generalized Causal Inference*. Boston: Houghton Mifflin.
Shively, W. Phillips (2005). *The Craft of Political Research*. Upper Saddle River: Prentice-Hall.
Sikkink, Kathryn, and Carrie B. Walling (2007). "The Impact of Human Rights Trials in Latin America," *Journal of Peace Research*, Vol. 44, No. 4, pp. 427–445.
Singh, Sonali, and Christopher R. Way (2004). "The Correlates of Nuclear Proliferation: A Quantitative Test," *Journal of Conflict Resolution*, Vol. 48, No. 6, pp. 859–885.
Skocpol, Theda (1979). *States and Social Revolutions: A Comparative Analysis of France, Russia, and China*. Cambridge: Cambridge University Press.
Slater, Dan, and Benjamin Smith (2010). "Economic Origins of Democratic Breakdown?: Contrary Evidence from Southeast Asia and Beyond," manuscript. 〔Dan Slater, Benjamin Smith, and Gautam Nair (2014) "Economic Origins of Democratic Breakdown?: The Redistributive Model and the Postcolonial State," *Perspectives on Politics*, Vol. 12, No. 2, pp. 353–374.〕
Smelser, Neil J., (1968). *Essays in Sociological Explanation*. Englewood Cliffs: Prentice-Hall. 橋本真訳『変動の社会学――社会学的説明に関する論集』ミネルヴァ書房，1974年。
Smithson, Michael (1988). "Fuzzy Set Theory and the Social Sciences: The Scope for Applications," *Fuzzy Sets and Systems*, Vol. 26, pp. 1–21.
Snow, John (1855/1965). *On the Mode of Communication of Cholera*, 2nd edition. London: John Churchill.
Sobel, Michael E., (1995). "Causal Inference in the Social and Behavioral Sciences," in Gerhard Arminger, Clifford C. Clogg, and Michael E. Sobel eds., *Handbook of Statistical Modeling for the Social and Behavioral Sciences*. New York: Plenum Press.
Solingen, Etel (2008). "The Genesis, Design and Effects of Regional Institutions: Lessons from East Asia and the Middle East," *International Studies Quarterly*, Vol. 52, No. 2, pp. 261–264.
Stalnaker, Robert C., (1968). "A Theory of Conditionals," in Nicholas Rescher ed., *Studies in Logical Theory*. Oxford: Blackwell.
Stevens, Stanley S., (1946) "On the Theory of Scales of Measurement," *Science*, Vol. 103, No. 2684, pp. 677–680.
―――― (1968). "Measurement, Statistics and the Schemapiric View," *Science*, Vol. 161, No. 3844, pp. 849–856.
Stinchcombe, Arthur L., (1991). "The Conditions of Fruitfulness of Theorizing about

Mechanisms in Social Science," *Philosophy of the Social Sciences*, Vol. 21, No. 3, pp. 367–388.

Stokke, Olav Schram (2007). "Qualitative Comparative Analysis, Shaming, and International Regime Effectiveness," *Journal of Business Research*, Vol. 60, No. 5, pp. 501–511.

Stolzenberg, Ross M., and Daniel A. Relles (1990). "Theory Testing in a World of Constrained Research Design: The Significance of Heckman's Censored Sampling Bias Correction for Nonexperimental Research," *Sociological Methods and Research*, Vol. 18, No. 4, pp. 395–414.

Suppes, Patrick (1970). *A Probabilistic Theory of Causality*. Amsterdam: North Holland.

―――― (1999). *Introduction to Logic*. Mineola: Dover.

Tannenwald, Nina (1999). "The Nuclear Taboo: the United States and the Normative Basis of Nuclear Non-Use," *International Organization*, Vol. 53, No. 3, pp. 433–468.

Tetlock, Philip E. Tetlock and Aaron Belkin eds., (1996a). *Counterfactual Thought Experiments in World Politics: Logical, Methodological, and Psychological Perspectives*. Princeton: Princeton University Press.

―――― (1996b). "Counterfactual Thought Experiments in World Politics: Logical, Methodological, and Psychological Perspectives," in Philip E. Tetlock and Aaron Belkin eds., *Counterfactual Thought Experiments in World Politics: Logical, Methodological, and Psychological Perspectives*. Princeton: Princeton University Press.

Tomasky, Michael (2008). "How Historic a Victory?" *New York Review of Books*, Vol. 55, pp. 44–47.

Treier, Shawn, and Simon Jackman (2008). "Democracy as a Latent Variable," *American Journal of Political Science*, Vol.52, No. 1, pp. 201–217.

Vaisey, Stephen (2009). "QCA 3.0: The 'Ragin Revolution' Continues," *Contemporary Sociology*, Vol. 38, No. 4, pp. 308–312.

Van Evera, Stephen (1997). *Guide to Methods for Students of Political Science*. Ithaca: Cornell University Press. 野口和彦・渡辺紫乃訳『政治学のリサーチ・メソッド』勁草書房，2009 年。

Vreeland, James R., (2008). "The Effect of Political Regime on Civil War," *Journal of Conflict Resolution*, Vol. 52, No. 3, pp. 401–425.

Waldner, David (2012). "Process Tracing and Causal Mechanisms," in Harold Kincaid ed., *The Oxford Handbook of Philosophy of Social Science*. Oxford: Oxford University Press.

Walker, Henry A., and Bernard P. Cohen (1985). "Scope Statements: Imperatives for Evaluating Theory," *American Sociological Review*, Vol. 50, No. 3, pp. 288–301.

Walt, Stephen M., (1996). *Revolution and War*. Ithaca: Cornell University Press.

参考文献

Walter, Barbara F., (1997). "The Critical Barrier to Civil War Settlement," *International Organization*, Vol.51, No. 3, pp.335-364.
Waltz, Kenneth N., (1979). *Theory of International Politics*. Boston: Addison-Wesley. 河野勝・岡垣知子訳『国際政治の理論』勁草書房，2010 年。
Weber, Max (1949a). *Max Weber on the Methodology of the Social Sciences*. New York: Free Press.
――― (1949b). "Objective Possibility and Adequate Causation in Historical Explanation," in Max Weber, *Max Weber on the Methodology of the Social Sciences*. New York: Free Press.
Wendt, Alexander (1992). "Anarchy Is What States Make of It: the Social Construction of Power Politics," *International Organization*, Vol. 46, No. 2, pp. 391-425.
Wickham-Crowley, Timothy P., (1992). *Guerrillas and Revolution in Latin America: A Comparative Study of Insurgents and Regimes since 1956*. Princeton: Princeton University Press.
Woodward, James (2003). *Making Things Happen: A Theory of Causal Explanation*. Oxford: Oxford University Press.
Woodward, James, and Christopher Hitchcock (2003). "Explanatory Generalizations, part I: A Counterfactual Account," *Noûs*, Vol. 37, No. 1, pp. 1-24.
Young, Joseph K., (2008). "Repression, Dissent, and the Onset of Civil War," Ph.D. dissertation, Florida State University. 〔(2013). *Political Research Quarterly*, Vol. 66, No. 3, pp. 516-532.〕
Young, Oran R., and Gail Osherenko (1993). "International Regime Formation: Findings, Research Priorities and Applications," in Oran R. Young and Gail Osherenko eds., *Polar Politics: Creating International Environmental Regimes*. Ithaca: Cornell University Press.
Zadeh, Lotfi A. (1965). "Fuzzy Sets," *Information and Control*, Vol. 8, No. 3, pp. 338-353.
Zorn, Christopher (2005). "A Solution to Separation in Binary Response Models," *Political Analysis*, Vol. 13, No. 2, pp. 157-170.

事項索引

アルファベット──

INUS 条件　30, 89, 98, 137, 203, 215
　　──の定義　30（注7）

ア行──

言い換え問題　23–25, 36–38, 51–52, 65, 72–73, 86, 159–160
一致法　14, 16, 206, 224
一般化
　　──と因果分析　221–224
　　──と仮説検証　106
　　──と記述　219–220
　　──と反実仮想分析　133–134
　　──の具体例　222–224
　　──の定義　219–221
　　定性的研究の目標としての──　50–51, 239, 247
　　定量的研究の目標としての──　213–214, 239, 244, 247
因果過程観察（CPOs）
　　──と因果メカニズム　118
　　──と過程追跡による検証　110–115
　　──の具体例　108–109
　　──の定義　107
因果関係の恒常的連接定義　93–94
因果関係の複雑さ　68–71, 240–241
因果推論
　　──と反実仮想　131–134
　　──の事例比較分析 対 事例過程分析　12–14, 103–107
　　──の標準モデル　61–65
　　実験研究における──　119–120

　　定性的研究における──　5, 11, 49–51, 55–58, 120–125
　　定量的研究における──　5, 49–58
　　→　因果モデルの項目も参照
　　→　「結果の理由」アプローチの項目も参照
　　→　「原因の効果」アプローチの項目も参照
因果推論の根本原則　92, 133–134
因果メカニズム
　　──と過程追跡　65–66, 112, 119–125, 210–211, 216
　　──と「厳密」な因果推論　120
　　──と実験研究　119–120, 129–130
　　──と射程条件　237–238, 242–243
　　──と統計的研究　118–119, 122, 125–127, 209–210
　　──の定義　117
因果モデル
　　──と個別事例　55–57
　　──と事例選択　203, 212
　　──とデータとの適合　38–43
　　加算・線形の──　62–63, 126, 129–130, 203–207
　　集合論に基づく──　61–68, 76–83, 115, 203–204, 208, 212, 221–225, 238–239, 240–241
　　→　INUS 条件の項目も参照
　　→　十分条件の項目も参照
　　→　必要条件の項目も参照
　　→　平均処置効果の項目も参照

カ行──

解釈に基づく手法　5-6, 11, 260
概念
　　──と意味論　21, 146-150, 160-165, 173-179, 188, 190, 195-199
　　──とその対義語　26（注5），187-192, 199
　　──と定義的特徴　146-148, 174-176
　　──と定量的指標　147-150
　　──とデータの変形　163-170
　　──と必要条件・十分条件　14-16, 149
　　──と分類枠組み　188, 192-199, 260
　　──と理念型　153, 213
　　──の古典的アプローチ　15-16
　　→　測定の項目も参照
　　→　変数変形の項目も参照
概念上の重複の原則　194
概念上の対義語の原則　192
過剰決定　55（注1），79
過程追跡
　　──と動かぬ証拠の検証　14, 113-115
　　──と厳密な因果推論　120
　　──と絞り込みの検証　14, 66, 111-113
　　──と統計学の時系列分析との対比　106-107
　　──と反実仮想分析　137-138
　　──と必要条件・十分条件　14-15, 127-129, 224
　　──に関する懐疑的見解　120-121
　　──の具体例　122-125
　　多重手法的研究における──　121-122, 125-127
　　定性的研究の基礎としての──　12, 103, 120, 216, 261
　　→　因果メカニズムの項目も参照
　　→　事例過程分析の項目も参照
完全予測変数の逆説　227
「結果の理由」アプローチ
　　──と一般化　55-57
　　──と「原因の効果」アプローチとの対比　49-53
　　──の定義　49-51
ゲーム理論　21（注4），125, 260
「原因の効果」アプローチ
　　──と「結果の発生に寄与する」原因　126-127
　　──と「結果の理由」アプローチとの対比　49-53
　　──の根底にある実験パラダイム　52-53
　　──の定義　49-51
　　定性的研究における──　50, 54-55
交互作用項　36, 65, 69-70, 71（注5），124, 128-129, 237-238, 262
誤差
　　──対ファジー性　151-152
　　──と事例選択　206-208
　　測定──　145-146, 151-156, 174, 210, 242
　　統計モデルにおける──　68
個別事例分析
　　──対母集団の視点　51, 57, 213-214
　　──と因果メカニズム　117-125
　　──と概念の測定　152-153
　　──と結果の理由　50-51, 55-58, 110, 125-127
　　──と射程条件　240-241
　　──と反実仮想　91, 95-97, 132
　　──と変数変形　173-174
　　定性的研究の視点としての──　2, 55-57, 103-104, 105-106, 253
根本的代償　236, 238-239, 245, 248-249

事項索引

サ行——

差異法　14, 106, 121, 224
実験　10, 13-14, 50, 52, 57, 63, 106-107, 119, 129-130, 247-248, 261-262
　　自然——・擬似——　119（注1）, 121-122
　　→ 「原因の効果」アプローチの項目も参照
　　→ 平均処置効果の項目も参照
射程条件
　　——と因果関係の錯綜性　235-239
　　——と厳密な検証　248-249
　　——と集合論モデル　238-239
　　——とフックの法則　233-235
　　——と母集団の構築　245
　　——とモデル内対応　235-239
　　——の設定 対 外れ事例の除去　242-243
　　——の設定の根拠　233-235, 239-244
　　——の要約　240-241
　　定性的研究における——の狭さ　56, 72, 215, 224-225
　　定量的研究における——　58, 235-238, 246-247
集合論
　　——と因果モデル　61-71, 78-83, 203-204, 208, 212, 221-224, 238-239, 240-241
　　——と「合致」の測定　38-40
　　——と過程追跡　128-129
　　——とクリスプ集合　31, 33
　　——と「範囲」の測定　40-41
　　——と論理学との対比　23
　　——の記号　64-65
　　→ ファジー集合分析の項目も参照
　　→ 論理学の項目も参照
十分条件
　　——とINUS条件　29-30
　　——と一般化　221, 238-239
　　——と因果関係の定義　93-95
　　——と因果モデル　50-51, 68-71
　　——と動かぬ証拠の検証　113-115
　　——と過程追跡　127-129
　　——と瑣末性　42-43, 243
　　——と集合論　23, 128
　　——と事例選択　14, 211（注5）, 216
　　——と統制変数　229-230
　　——とファジー論理　33
　　——とモデルの適合　38-40
　　——の具体例　23-34, 78-83, 222-224, 241-244
　　——の定義　23-26
　　——の非対称性　76-78, 226
　　さまざまな仮説に見られる——　15
　　定性的手法の基礎としての——　14, 19, 23-38, 54
　　統計的研究における——　10, 23
事例
　　——数　12-13, 58-59, 103-104, 260
　　—— 対 因果過程観察　110
　　——と稀有な結果　210-212
　　——と従属変数に基づく選択　203-208
　　——と自由度の問題　13, 109-110
　　——と代表性　209-210, 213-214
　　——と無作為選択　209-212, 236
　　逸脱——　214, 217
　　極端——　175, 211
　　経路——　215-216
　　決定的——　215-216
　　実質的に重要な——　212-214, 217
　　線上の——　214
　　典型——　214, 217
　　→ 個別事例分析の項目も参照
事例過程分析

303

――と因果過程観察　107-110
　　――と因果メカニズム　120-125
　　――と集合論に基づく因果モデル
　　　65-68, 224
　　――と事例の専門知識　212-214
　　――と反実仮想　132, 138-140
　　定性的研究の基礎としての――　12-
　　　14, 16, 58-59, 103-107
　　→　過程追跡の項目も参照
政治・社会研究大学間コンソーシアム
　　（ICPSR）　6
説明
　　→　因果推論の項目を参照
潜在反応の枠組み　7, 10, 12, 53, 63, 92-
　　93, 131, 133-134, 262
測定
　　――と誤差　11, 145-146, 151-156, 233
　　――と二値　169-170, 189-190, 225
　　――とファジー集合分析　161-171
　　――レベル　168-171
　　定性的研究における――　145-150,
　　　154-155, 160-171
　　定量的研究における――　148-154

タ行――

多重手法的研究　3, 4-5, 11, 58-59, 104,
　　115-116, 121, 125-129, 251, 257-258,
　　260
妥当性　247-248
定性的研究と定量的研究
　　――の定義　2, 16, 251
定性的研究と定量的研究における集計方法
　　35-38
定性的比較分析（QCA）　5, 12, 14, 16,
　　20（注2）, 29-31, 38, 80, 84, 261
定性的・複数的手法研究会（IQMR）　7
データセット観察（DSOs）
　　――の定義　109

　　統計的研究の基礎としての――　107,
　　　109
同一結果帰着性　23-24, 30, 71-73, 94,
　　260-261
　　→　論理和の項目も参照
統計的手法
　　――とオッズ比　27, 227-228, 244（注
　　　3）
　　――と確率論　20
　　――と確率論モデル　22, 90, 94
　　――と頑健性の分析　229
　　――と完全予測変数　226-228
　　――と厳密な検定　104-105, 118-119
　　――と構造方程式モデル　54
　　――と固定効果　229
　　――と集合論・論理学との対比　20,
　　　26-31, 34-35, 62
　　――と操作変数　262
　　――と統制変数　50, 62, 68, 119, 127,
　　　134, 228-230, 235-238, 246
　　――とパス・モデル　54
　　――とマルコフ遷移行列　80（注5）
　　――とモデルの適合　38-39, 50, 53-54,
　　　241-244, 261-262
　　――と有意性検定　38, 244
　　――の頻度主義学派　4, 64
　　相関関係に関する――　27, 28, 225,
　　　244
　　測定のための――　147, 153-154, 180-
　　　183
DID 回帰　62, 66
OLS 回帰　22, 34, 39, 62, 76, 261-262
回帰不連続　107
最尤法　226
時系列　106-107, 261-262
多項式回帰　62
非線形　62
プロビット　22, 134

事項索引

ロジット　22, 27, 71, 76, 79, 86, 134, 261-262

ナ行

ネイマン＝ルービン＝ホランド・モデル
　→　潜在反応の枠組みの項目を参照

ハ行

反実仮想分析
　——と因果関係の定義　89-93, 95-97, 133
　——と最小書き換え基準　136-138
　——の具体例　131
　仮説検証の手法としての——　103, 126-127, 136-138
　定性的研究における——　132, 136-140, 260-261
　定量的研究における——　134-136, 138-140
非重要変数の原則　165-168, 178
非対称性
　——と概念形成　187-192
　——と統計的手法との対比　27-28, 34-35, 75-80, 83-86, 226
　「因果関係の静態的——」　75-76
　説明の——　80
　定性的研究における——　8-9, 27-28, 34-35, 78-83, 163-165, 226
必要条件
　——と一般化　221, 238-239
　——と因果関係の定義　96-97
　——と概念　149
　——と過程追跡　127-129
　——と「結果の理由」モデル　50-51
　——と瑣末性　40-42, 206（注1）
　——と絞り込みの検証　111-113
　——と集合論　23, 40-41, 127-128
　——と事例選択　14, 205-206, 208, 210-211, 215, 216
　——と統制変数　229-230
　——と反実仮想　131（注1）
　——とファジー論理　33
　——とモデルの適合　38-40
　——の具体例　24-34, 65-68, 78-83, 122-123, 207-208, 222-224
　——の定義　23-26, 205-206
　——の非対称性　76-78, 226
　さまざまな仮説に見られる——　15
　定性的手法の基礎としての——　14, 19, 23-38, 230
　統計的研究における——　10, 23, 127
批判理論　5
被覆法則　90（注1）, 219-222
ファジー集合分析
　——と概念形成　151-152, 161-171, 177-179, 182, 188, 190-191, 193-195
　——とクリスプ集合論との対比　31, 33-34
　——と「範囲」　40-43
　——と非対称関係　78, 190-191
　十分条件に関する——　31-35
　定性的手法の基礎としての——　20, 31-35
　必要条件に関する——　31-35
複数因果関係
　→　同一結果帰着性の項目を参照
複数手法的研究
　→　多重手法的研究の項目を参照
ブール代数　29, 64, 70, 72, 80
　→　定性的比較分析（QCA）の項目も参照
　→　ファジー集合分析の項目も参照
文化
　——と言い換え問題　159-160
　——の定義　1-2, 262
　——の分析　3-4, 257-258

305

比喩としての―― 37
分散不均一性 34, 35
平均処置効果
　――と一般化 220, 230-231
　――と因果関係の反実仮想理論 92-93, 133-134
　――と因果関係の複雑さ 68
　――と「原因の効果」アプローチ 49-52
　――と事例選択 203, 212, 217
　――と射程条件 235-236, 241
　――と必要条件・十分条件との対比 10
　――の定義 63
　→　「原因の効果」アプローチの項目も参照
　→　潜在反応の枠組みの項目も参照
ベイズ推定 5, 63-64, 147, 227（注2）, 261-262
変数変形
　――と対数値 173, 179-183
　――と標準化 173, 174-175, 182
　――とモデル指定の探索 183
　――の原理的根拠 180-183
変数変形の根本原則 174-177, 182, 183

マ行――

メカニズム
　→　因果メカニズムの項目を参照

ラ行――

連結の因果関係
　→　論理積の項目を参照
ロールシャッハの原理 28, 34, 83-86, 206-208
論理学
　――と因果関係の定義 93-97
　――と因果モデル 64-65
　――と自然言語 15, 21-23
　――と集計方法 36
　アリストテレス―― 31
　定性的手法の基礎としての―― 2, 12, 16, 19-21
論理積
　――とINUS条件 29-30
　――と統計学の乗算との対比 36-37, 70
　――の記号 64
　――の集計方法 36-37
論理和
　――と統計学の加算との対比 37-38, 74
　――と複数の因果経路 71-73
　――の記号 64, 72
　――の集計方法 37-38

人名索引

A

Abbott, A.　87
Acemoglu, D.　124–125
Achen, C. H.　54, 74, 205, 217–218, 246–247, 249
Adcock, R.　145, 156, 171
Ahn, W.　117
Allison, P.　74
Alvarez, M. E.　156（注3）, 222
Angrist, J. D.　7, 53, 66
Arfi, B.　152
Armstrong, D. M.　221

B

Bartels, L.　223, 249
Barton, A. H.　116
Bates, D.　62（注1）
Bates, R.　126（注7）
Baumgartner, M.　74, 98
Beauchamp, T. L.　98
Beck, N.　53, 109, 116, 121（注3）
Becker, H.　222, 224
Belkin, A.　137, 141
Bennett, A.　9, 11–12, 59, 71, 105, 111, 116, 117, 118, 120, 130, 200, 249
Bennett, D.　245
Berk, R.　7, 237
Bermeo, N.　223–224
Blalock, H. M., Jr.　54, 171, 200
Bollen, K. A.　54, 149, 150, 151, 157, 171, 249
Bowman, K.　149

Box, G.　106
Brady, H. E.　9, 11, 12, 13, 59, 66–68, 69, 105, 107, 109, 110, 111–112, 116, 118, 119, 121, 130, 214
Brambor, T.　74
Braumoeller, B.　70, 74, 113, 206, 211, 218, 231
Brinks, D.　149
Brozek, J. D.　116
Bueno de Mesquita, B.　245
Buhaug, H.　223–224
Bullock, J. G.　116, 119, 130
Bunge, M.　130

C

Campbell, D. T.　13, 89, 106, 116, 237（注2）
Cartwright, N.　61, 69（注4）
Cheibub, J. A.　52, 156（注3）, 222
Cioffi-Revilla, C.　25
Clark, W.　74
Clarke, K. A.　211, 218, 249
Cohen, B.　249
Cohen, C.　44
Collier, D.　7, 9, 11, 12, 13, 55, 59, 103, 105, 107, 109, 110, 111, 116, 118, 119, 121, 130, 145, 149, 156, 171, 200, 204, 214, 218, 249
Collier, P.　124
Collier, R. B.　55
Collins, J.　131（注1）
Cook, T. D.　89, 237（注2）
Copi, I. M.　44, 98

Cusack, T.　123–124

D

Dawid, A. P.　53, 59, 141
Deyo, F. C.　208
Diamond, L.　157
Diehl, P.　198（注6）
Dion, D.　206, 231
Downing, B.　70
Downs, G.　40
Drèze, J.　222
Druckman, J. N.　130
Dunning, T.　74, 80（注4), 107, 122
Durkheim, E.　251
Duverger, M.　222

E

Eckstein, H.　203
Eliason, S. R.　25, 74, 153
Elman, C.　200
Elster, J.　90（注1), 130, 137
English, R.　131
Esping-Andersen, G.　72

F

Falleti, T. G.　130
Fearon, J. D.　124, 132, 135–136, 137, 141, 193, 209, 212, 218
Ferguson, N.　141
Finnemore, M.　15（注4）
Fischer, D. H.　141
Fortna, V.　126
Fox, J.　173
Franzese, R.　74
Freedman, D.　5, 7, 114, 121, 177（注3), 218, 233
Freiberger, P.　20, 161, 171, 200

G

Galileo　89
Garfinkel, A.　137
Gartzke, E.　227
Geddes, B.　122, 205, 206–208, 215, 218, 249
Geertz, C.　5
Gelman, S. A.　117
Gensler, H. J.　44
George, A. L.　7, 9, 11, 12, 59, 71, 105, 116, 117, 118, 120, 130, 205, 249
Gerring, J.　11, 59, 121, 130, 171, 175, 204, 214–216, 218, 242
Gerschenkron, A.　108, 112
Gill, J.　74
Gilligan, M.　74
Gleditsch, K. S.　223–224
Glynn, A. N.　116, 130
Goemans, H.　192（注4), 225, 227
Goertz, G.　15, 21（注4), 25, 40, 85（注7), 98, 113, 131（注1), 141, 155, 171, 190, 198（注6), 200, 206, 211, 218, 231, 243, 249
Golder, M.　74
Goldstone, J. A.　213
Goodwin, J.　241
Grandjean, B.　149, 150, 157
Green, D. P.　116, 119, 130
Greif, A.　126（注7）
Gurr, T.　157, 169, 174, 189, 195–199

H

Ha, S. E.　119, 130
Hall, P. A.　130
Hart, H. L. A.　96, 98, 113, 141
Harvey, F.　138
Hausman, A.　44

人名索引

Heckman, J. J.　59, 205, 217
Hedström, P.　120, 130, 219
Heinze, G.　226（注1）
Hempel, C.　90（注1）, 150, 221
Herron, M. C.　210（注3）, 211–212, 216（注8）, 218
Hicks, A.　72
Hitchcock, C.　221
Hoeffler, A.　124
Holland, P. W.　7, 51–52, 59, 92–93, 98, 130, 131（注1）, 133,
Honoré, T.　96, 98, 113, 141
Howard, M.　83–86
Hume, D.　89–99

I

Imai, K.　116, 119（注2）, 130
Iversen, T.　123–124

J

Jackman, R. W.　200
Jackman, S.　5, 64, 74, 149, 154, 157, 200
Jaggers, K.　157, 169, 174, 189, 196–197
Jenkins, G.　106
Jo, D.　227
Jones, B.　183
Jongman, A.　147

K

Kahane, H.　44
Kalish, C. W.　117
Kam, C.　74
Kaufmann, D.　183（注4）
Keele, L.　116, 119（注2）, 130
Kenworthy, L.　148
Keohane, R. O.　2, 3（注1）, 4, 13, 15（注4）, 57, 71（注5）, 74, 87, 99, 121, 199–200, 203, 204, 210（注4）, 218, 219–220, 231, 251
King, G.　2, 3（注1）, 4, 13, 54, 57, 71（注5）, 74, 87, 99, 121, 132, 136, 138–139, 141, 199–200, 203, 204, 210（注4）, 218, 219–220, 231, 251
Kiser, E.　249
Klein, J.　198（注6）
Klir, G. J.　44, 152
Koo, H.　208
Kosko, B.　161, 171, 200
Kraay, A.　183（注4）
Kreuzer, M.　123–124
Kuklinski, J. H.　130
Kurtz, M.　183（注4）

L

Laitin, D. D.　124, 193, 209, 212, 218
Lakoff, G.　19（注1）, 21
Lange, M.　126
LaPorte, J.　200
Lazarsfeld, P. F.　116
Leamer, E. E.　183
Lebow, R. N.　141
Lehoucq, F.　149
Levi, M.　15（注4）, 126（注7）
Levitsky, S.　55, 149, 171, 192（注4）
Levy, J.　15（注4）, 141
Lewis, D.　90, 95–96, 98, 131（注1）, 132, 137, 141
Lieberman, E. S.　73, 126, 130, 204, 214, 218
Lieberson, S.　75–76, 78, 87, 229
Lijphart, A.　13, 116
Limongi, F.　156（注3）, 222
Linz, J.　15（注4）
Londregan, J.　52
Lott, J. R., Jr.　66–68, 114

Luebbert, G.　56, 70–71, 108–109, 112
Lupia, A.　130
Lynch, J.　130
Lynn, F.　229

M

Mackie, J. L.　30, 74, 98
MacKinnon, D. P.　121, 130
Maddala, G. S.　217
Mahoney, J.　59, 70, 82–83, 111, 113, 116, 130, 149, 204, 218, 249
Mainwaring, S.　52, 149
Manski, C. F.　217
Marshall, M. G.　169, 174, 189, 196–197
Mastruzzi, M.　183（注4）
Mayntz, R.　130
McAdam, D.　130
McClelland, P. D.　141
McKeown, T. J.　116
McMahon, K.　44
McNeill, D.　20, 161, 171, 200
Medin, D. L.　117
Mikkelson, G.　139
Milgram, S.　57
Mill, J. S.　14, 16, 106, 145, 206, 224
Misra, J.　72
Mohamedali, K.　259
Moore, B., Jr.　15（注4）, 72, 108, 112
Moore, W.　157
Morgan, S.　7, 54, 63, 74, 90, 91–92, 99
Morlino, L.　157
Morton, R.　52–53, 59, 130, 248

N

Narang, V.　222
Nelson, R. M.　222
Neumayer, E.　197（注5）
Neyman, J. S.　7, 92, 99, 131（注1）
Ng, T.　72
Nguyen, C.　259
Norkus, Z.　121, 130
Núñez, R. E.　19（注1）

O

O'Donnell, G.　15（注4）
Osherenko, G.　15（注4）

P

Pape, R.　223
Paul, L. A.　131（注1）
Pearl, J.　54, 63（注2）, 116, 133, 141, 231
Pérez-Liñán, A.　149
Pevehouse, J. C.　116, 126
Pischke, J.-S.　7, 53, 66
Plümper, T.　197（注5）
Poole, K.　52
Porpora, D. V.　119
Przeworski, A.　156（注3）, 222, 236, 245, 249

Q

Quinn, K. M.　116, 130, 210（注3）, 211–212, 216（注8）, 218

R

Ragin, C. C.　7, 9, 11, 12, 16, 20, 29, 31, 39, 40, 44, 69, 70, 71, 74, 80, 85（注7）, 87, 94, 98, 113, 141, 153, 161, 166, 171, 178, 180, 184, 206, 218, 231, 241, 243, 245, 249
Ray, J.　249
Reiss, J.　137
Relles, D. A.　217–218
Roberts, C.　130
Robinson, J. A.　122, 124–125

人名索引

Roessler, P.　83–86
Rohlfing, I.　44, 130, 215, 218
Rosenberg, A.　98
Rosenthal, J. L.　126（注7）
Rubin, D. B.　7, 92, 99, 131（注1）
Rueschemeyer, D.　15（注4）, 59, 122, 223
Russett, B.　27

S

Salmon, W. C.　98, 141
Sambanis, N.　124
Sartori, G.　7, 15–16, 19, 159, 171
Schedler, A.　192（注4）
Schemper, M.　226（注1）
Schmid, A.　147
Schmitter, P.　15（注4）, 147–148
Schneider, C.　20（注2）, 44, 83（注6）, 84, 87, 130, 215, 218, 241
Schrank, A.　183（注4）
Schrodt, P.　64
Schweller, R.　131
Seawright, J.　13, 25, 59, 74, 105, 107, 109, 110, 116, 118, 119, 121, 130, 175, 200, 204, 211, 214–216, 218, 229
Sekhon, J.　119（注1）, 130, 218
Sen, A.　222
Senese, P.　238
Sewell, W. H., Jr.　2
Shadish, W. R.　89, 237（注2）
Shively, W. P.　200
Sikkink, K.　222
Skocpol, T.　15（注4）, 56, 70, 205, 241
Slater, D.　125
Smelser, N. J.　116
Smith, B.　125
Smithson, M.　20
Smoke, R.　205

Snidal, D.　205, 218
Snow, J.　114, 121
Sobel, M.　53
Solingen, E.　223
Soskice, D.　123–124
Stalnaker, R. C.　137
Stam, A.　245
Stanley, J. C.　106
Starr, H.　98–99, 131（注1）
Stepan, A.　15（注4）
Stephens, E. H.　15（注4）, 122, 223
Stephens, J. D.　15（注4）, 122, 223
Stevens, S. S.　168, 200
Stinchcombe, A. L.　130
Stokke, O.　81–82
Stolzenberg, R. M.　217–218
Stryker, R.　25, 74, 153
Suppes, P.　44, 90–91, 98
Swedberg, R.　130

T

Tannenwald, N.　108–109
Tarrow, S.　130
Tetlock, P. E.　137, 141
Teune, H.　236, 245, 249
Thompson, W.　15（注4）
Tidman, P.　44
Tilly, C.　130
Ting, K.　150（注1）
Tingley, D.　116, 119（注2）, 130
Tomasky, M.　223
Treier, S.　149, 154, 157

V

Vaisey, S.　78–79
Van Evera, S.　111, 116, 130
Vasquez, J.　238
Verba, S.　2, 3（注1）, 4, 13, 57, 71

（注5），74, 87, 99, 121, 199–200, 203, 204, 210（注4），218, 219–220, 231
Vreeland, J.　192（注4），196

W

Wagemann, C.　20（注2），44, 87
Waldner, D.　130
Walker, H.　249
Walling, C. B.　222
Walt, S. M.　108
Walter, B.　198（注6）
Waltz, K.　15（注4），22, 245
Watts, D.　62（注1）
Way, L. A.　55, 192（注4）
Weber, M.　96, 132, 137, 141
Weingast, B.　126（注7）
Wendt, A.　15（注4）
Wickham-Crowley, T.　80–81
Williams, K.　52, 53, 59, 130, 248
Winship, C.　7, 54, 63, 74, 90, 91–92, 99
Wohlforth, W.　131
Woodward, J.　141, 221

Y

Yamamoto, T.　116, 119（注2），130
Ylikoski, P.　120, 219
Young, O.　15（注4）
Yuan, B.　44, 152

Z

Zadeh, L. A.　44, 164, 171, 187
Zeng, L.　132, 136, 138–139, 141
Zorn, C.　226, 227–228

著者紹介

ゲイリー・ガーツ（Gary Goertz）
ミシガン大学大学院博士課程を修了，Ph.D.（政治学）を取得。アリゾナ大学政治学部教授などを経て，
現在：ノートルダム大学クロック研究所教授。専門は国際政治，定性的方法論。
主著：*Contexts of International Politics*（Cambridge University Press, 1994），
　　　International Norms and Decision Making: A Punctuated Equilibrium Model（Rowman & Littlefield, 2003），
　　　Social Science Concepts: A User's Guide（Princeton University Press, 2006）など。

ジェイムズ・マホニー（James Mahoney）
カリフォルニア大学バークレー校大学院博士課程を修了，Ph.D.（政治学）を取得。ブラウン大学社会学部准教授などを経て，
現在：ノースウェスタン大学社会学部・政治学部教授。専門は比較歴史分析，定性的方法論。
主著：*The Legacies of Liberalism: Path Dependence and Political Regimes in Central America*（Johns Hopkins University Press, 2001），
　　　Comparative Historical Analysis in the Social Sciences（co-edited with Dietrich Rueschemeyer, Cambridge University Press, 2003），
　　　Colonialism and Postcolonial Development: Spanish America in Comparative Perspective（Oxford University Press, 2010）など。

訳者紹介

西川　賢（にしかわ　まさる）
慶應義塾大学大学院法学研究科博士課程を修了，博士（法学）を取得。日本国際問題研究所研究員などを経て，
現在：津田塾大学学芸学部教授。専門はアメリカ政治。
主著：『ニューディール期民主党の変容――政党組織・集票構造・利益誘導』（慶應義塾大学出版会，2008 年），
　　　「政治史は科学的足り得るのか？――過程追跡と科学的説明に基づく事例研究に関する試論」『津田塾大学紀要』第 45 号（2013 年），
　　　「1960 年大統領選挙におけるリチャード・ニクソンと公民権――「顕著な争点」による説明の再検証」『年報政治学・2014 年 I 号』（2014 年）など。

今井 真士（いまい まこと）
慶應義塾大学大学院法学研究科博士課程を修了。日本学術振興会特別研究員（PD）を経て，現在：文教大学国際学部非常勤講師。専門は比較政治，政治体制論，中東研究。
主著：「憲法起草と暫定政権期の政党政治——ポスト・ムバーラク期のエジプトにおける政党間対立の分極化過程」『日本中東学会年報』第 29 号（2013 年），
　　　「権威主義体制下の単一政党優位と体制転換——競合性の制度化の効果」日本比較政治学会・編『体制転換／非転換の比較政治』（日本比較政治学会年報第 16 号，ミネルヴァ書房，2014 年），
　　　ポール・ピアソン『ポリティクス・イン・タイム——歴史・制度・社会分析』（粕谷祐子監訳，翻訳を担当，勁草書房，2010 年）など。

社会科学のパラダイム論争
2つの文化の物語

2015年8月20日　第1版第1刷発行
2017年6月20日　第1版第2刷発行

著　者　　ゲイリー・ガーツ
　　　　　ジェイムズ・マホニー

訳　者　　西　川　　　賢
　　　　　今　井　真　士

発行者　　井　村　寿　人

発行所　　株式会社　勁　草　書　房
112-0005　東京都文京区水道 2-1-1　振替 00150-2-175253
　　　　（編集）電話 03-3815-5277／FAX 03-3814-6968
　　　　（営業）電話 03-3814-6861／FAX 03-3814-6854
　　　　　　　　　　　　　　　　　　　　理想社・松岳社

©NISHIKAWA Masaru, IMAI Makoto　2015

ISBN978-4-326-30242-0　　Printed in Japan

JCOPY〈㈳出版者著作権管理機構　委託出版物〉
本書の無断複写は著作権法上での例外を除き禁じられています。
複写される場合は、そのつど事前に、㈳出版者著作権管理機構
（電話 03-3513-6969、FAX 03-3513-6979、e-mail: info @ jcopy.or.jp）
の許諾を得てください。

＊落丁本・乱丁本はお取替いたします。

http://www.keisoshobo.co.jp

G. キング，R. O. コヘイン，S. ヴァーバ　真渕勝 監訳
社会科学のリサーチ・デザイン──定性的研究における科学的推論
 どのように研究をすすめればよいのか？　アメリカの政治学会で定性的手法復興のきっかけとなった，実践的方法論の教科書。　　　　3800円

スティーヴン・ヴァン・エヴェラ　野口和彦・渡辺紫乃 訳
政治学のリサーチ・メソッド
 すぐれた研究の進め方とは？　全米の大学で使われている定番テキストをついに完訳！　社会科学のエッセンスを伝授する。　　　　1900円

A. ジョージ & A. ベネット　泉川泰博 訳
社会科学のケース・スタディ──理論形成のための定性的手法
 すぐれた事例研究の進め方とは？　事例研究による理論の構築と検証，事例研究の3段階などを実践的にガイドする。　　　　4500円

H. ブレイディ & D. コリアー編　泉川泰博・宮下明聡 訳
社会科学の方法論争──多様な分析道具と共通の基準［原著第2版］
 Rethinking Social Inquiry の全訳。どの研究手法をどう使えばいいのか？　KKV論争がこれで理解できる。便利な用語解説つき。　　　　4700円

ケネス・ウォルツ　河野勝・岡垣知子 訳
国際政治の理論
 国際関係論におけるネオリアリズムの金字塔。政治家や国家体制ではなく無政府状態とパワー分布から戦争原因を明らかにする。　　　　3800円

ポール・ピアソン　粕谷祐子 監訳
ポリティクス・イン・タイム──歴史・制度・社会分析
 歴史は重要である。では，どんな意味で重要なのか？　政治における経路依存に光を当て，フロンティアを切り開いた画期的著作。　　　　3600円

──────────────────勁草書房刊
＊刊行状況と表示価格は2017年6月現在。消費税は含まれておりません。